海洋臺灣：
歷史上與東西洋的交接

蔡石山◎著
黃中憲◎譯

獻給

「臺灣研究」先鋒曹永和院士以及秀娟、文杞、春月

目次

表格、插圖一覽表

表格

插圖

誌謝

動筆前的初步研究工作，自一九九六年後即在臺灣斷斷續續進行，但我是在二〇〇五至二〇〇六年期間，在中央研究院的臺灣史研究所當客座資深研究員時，寫下此書的大部分手稿。我得感謝該研究所讓我得以取用包羅廣泛的一手和二手資料，包括荷蘭文、中文、英文、法文、日文的資料；感謝該機構邀我提交個人論文，供所內研究班討論、批判。對臺灣海上活動史的不同面向做了縝密研究的臺灣學界同僚，也令我受惠良多，特別是研究怡和洋行(Jardine, Matheson & Company)之貿易機構的黃富三；研究十七至十九世紀臺灣海上活動經歷的陳國棟；研究臺灣大熔爐文化的周婉窈；研究臺籍日本軍人與軍屬的許雪姬、蔡慧玉；研究二次大戰期間臺灣拓殖株式會社的鍾淑敏、林玉茹；研究十九世紀末期中、日對臺主權與領土爭議的張隆志；研究臺灣人海外投資與貿易活動的林滿紅。

在整個寫書、出書期間，我兒子九峯再度給我始終如一的支持，包括從他極度繁忙的律師工作中抽出時間，修改導論的稿子。我還要感謝杜格·梅爾溫(Doug Merwin)提供寶貴建議，不辭辛勞編輯了整份手稿。我的老友，英國歷史學家湯瑪斯·肯尼迪(Thomas C. Kennedy)，爲我校讀了第四章〈英國人在臺灣的足跡：領事館、商行、長老會教堂〉；我的鄰居暨二次大戰歷史學家伊文·布基(Evan B. Bukey)批讀了第八章〈第二次世界大戰期間的臺灣：從殖民地變成避難所〉；我的同事，法國歷史學家理察·松恩(Richard D. Sonn)，校讀了第五、六章〈戰略要地：法國攻臺之役〉、〈姍姍來遲的美國人〉；另一位同事，唐納德·恩格斯(Donald W. Engles)，校讀了第二章〈十七世紀統治臺灣者：荷蘭人、西班牙人、鄭成功〉。我要特別感謝施芳瓏博士，邀我於二〇〇七年一月赴倫敦政經學院提報論文〈再談十九世紀英臺關係〉。此外，有幾位來自臺、美的友人、學者，給了我啓發、建議、協助，包括劉翠溶、曹昌平、莊英章、金德芳(June T. Dreyer)、張格物(Murray A. Rubinstein)、陳秋坤、施添福、趙綺娜、周惠玲、吳叡人、洪麗完。

我尤其要感謝弟弟文杞開車載我到臺灣各地，讓我得以踏查重要的歷史遺址，一探十九世紀時歐美外交官與中國官員交手的地方，外國航運業者、商人與臺灣同業做買賣的地方。他帶我去參觀的地方，包括淡水紅毛城、和平島、貢寮鄉的鹽寮；鹿港、梧棲、安平這三座古港；高雄港的英國領事館；小島旗津，即傳教士馬雅各(James Maxwell)創立其第一座小教堂的地方。我還要感謝林文欽、何敏滄(安東尼)、林榮崑(傑克森)的鼓勵與協助。我的研究助理——阿肯色大學的麥特・帕內爾(Matt Parnell),幫我弄妥圖書館館際借書事宜,幫我取得絕版書和期刊。臺灣交通大學的鄧雅嬪女士,提供後勤支援。最後,我要感謝妻子秀娟和醫生女兒雪楓,因爲她們的操持家務,我才得以全心全力完成這本書。

我要感謝遠流出版公司同意我使用其臺灣史合集裡的古照片。本書的出版,得到曹永和文教基金會的補助支持。

海洋臺灣

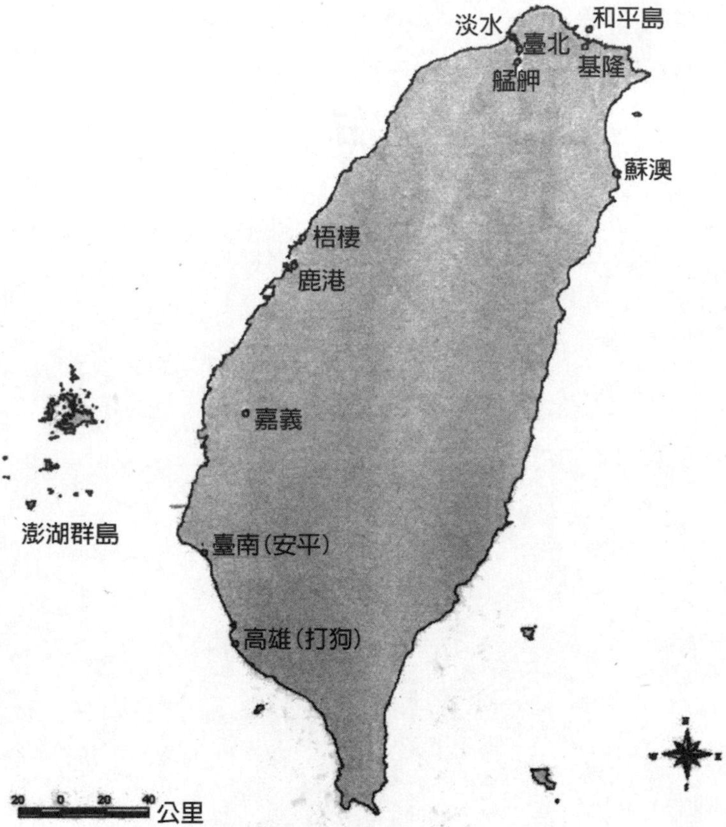
淡水
和平島
臺北
基隆
艋舺
蘇澳
梧棲
鹿港
嘉義
澎湖群島
臺南(安平)
高雄(打狗)
20 0 20 40
公里

臺灣主要港口

第一章 導論

臺灣一名的由來

在歐洲，一六四八年的韋斯特發利亞條約認可了現代國家的主權觀念。在東亞，中、日、韓、臺、越南諸國，則進入有著與歐洲大不相同之歷史背景的現代時期。這些東亞國家地理位置相近，同受佛教與儒家影響，因而在文化和體制上有某些相似之處，但在國家形成和文化聚合上，各有自己的獨特模式。

中國史籍記載，西元前一〇八年，漢朝征服朝鮮半島北部，設立樂浪郡。中國對當地的影響，包括文字、貨幣制度、稻米文化、政治體制，一直持續到西元三一三年本土部落王國高句麗將漢人趕到滿洲內陸深處爲止。

西元前二世紀的大部分期間(至西元前一一一年爲止)，越南北部由名叫南越國的漢人叛離政權統治，涵蓋紅河三角洲地區。此後，採行漢字、儒家學說、中國官僚制度的越南北部，被併入中華帝國千餘年，直到西元九三九年爲止；西元一四〇七至一四二七年間，又短暫併入明朝版圖。

在聖德太子治下(五七三—六二一)，日本開始襲取中國政府的律令和術語(但非本質和根本原則)，襲取中國思想與藝術的基本精神。日本以兼容並蓄的原則襲取中國文化，因此得以在其整個歷史演變過程，在種族、語言、習俗上保持有別於中國的獨立特性。

臺灣的情況則稍有不同。

雖然臺灣島與大陸只隔著一道一百多公里寬的海峽，但中國對臺灣的影響，要到十七世紀下半葉才可明顯察覺到，而這與一般人對中臺關係史的錯誤認知其實大相逕庭。此外，中國文化傳布到臺灣的過程中，不斷遭遇來自更大海洋世界之別種文化的抗衡。

一六四四年，滿人入主中國，創建清朝，國勢於一八〇〇年左右達到巔峰，隨後逐漸衰落。在日本，一六〇三年，軍事政權「德川幕府」建立封建國家，不久採行鎖國政策，除了讓中國人、荷蘭人前來，與外界斷絕往來，直到一八五四年才改弦更張。明治維新(一八六八)三十年後，日本一躍而成強大、統一的現代國家。韓國在李氏王朝(一三九二—一九一〇)期間一直是個

「隱士王國」，頑強抗拒西方的影響，但一八九四至一九四五年間卻成爲日本軍國主義的受害者。經過三十年內戰和王朝對峙，越南於一六七三年分裂爲安南、東京、交趾支那三國，最後淪爲法國殖民地。一六四八年，臺灣落入荷蘭東印度公司之手，該公司以臺灣島爲中國絲織品和瓷器、日本銀和銅、東南亞香料的配銷中心，獲利豐厚①。但接下來的三百五十年期間，隨著外部強權一再入侵臺灣島，臺灣史成爲動亂頻頻的歷史。

十六世紀之前，臺灣島上的住民是一些未與其他民族（包括中國人）有接觸或貿易往來的原住民部落。這得歸因於島上天然資源豐富，以及孤懸海外的地理位置。中國人從八世紀起就活躍於沿海航運和對外貿易，但中國的舢舨和貨運帆船往返於東南亞、南亞時，總是盡可能緊貼著中國沿海航行。因此，除了十二世紀時開始有漢人漁民定居於澎湖，除了蒙古帝國曾在該地設置一軍事基地，中國商人和水手鮮少踏上臺灣的土地。事實上，在十七世紀結束之前，這個島的存在，中國文獻都很少提到。臺灣首次爲中國人所認知到時，中國人是以流求之類名字指稱該島。《隋史》（五八九—六一八）和《宋史》（九六〇—一二七九）裡就出現「流求」一名。但這些名字的使用太模糊，太多變，因而最終未沿用下來。現代時期最常用來指稱此島的兩個名稱，福爾摩沙和

① Ts'ao Yung-ho（曹永和）"Taiwan as an Entrepot in East Asia in the Seventeenth Century," *Itinerario* 21, no. 3(1997): 100.

臺灣，都非中國人所創，而是航行海上的歐洲人所造出來。

十六世紀末期(很可能是一五八二)，有艘來自澳門的船，因遇暴風雨，船身嚴重受創，而沿著臺灣島岸尋找避難所，航行途中，船上的葡萄牙水手看到島上的自然美景，不由得讚嘆Ilha Formosa!(美麗島)。船上有位名叫林斯霍登(Linschotten)的荷蘭軍官，迅即將此名寫在其海圖上，給了此島第一個名字。接著，一五九七年左右，地圖繪製者洛斯・里奧斯・科羅內爾(Los Rios Coronel)繪出第一張臺灣詳圖，使西方人開始注意到此島①。「臺灣」一名很可能源自十七世紀荷蘭人在臺灣的殖民地首府大員(Tayouan)。大員位在今日臺南市瀕海行政區安平境內，當地人把Tayouan唸作"Tai-wan"，使荷蘭人取的這個名字從此保留下來。中國人跟著把這島叫作Taiwan，從而使這一地名的由來湮沒不明。一如華盛頓年幼時砍櫻桃樹然後坦承自己所爲那則流傳甚廣但令人存疑的說法，「臺灣」一名源自中國語這則說法，儘管有鐵證予以駁斥，如今仍廣爲中國人所認同。在民族主義高張的年代，臺北的國民政府和北京的共產政權都選擇在學校教育裡反覆灌輸此一語源上的虛構說法。

---

① James W. Davidson(禮密臣), *The Island of Formosa: Past and Present* (London: Macmillan, 1903), 30. 另有些史料宣稱，西班牙耶穌會士Alonso Sanchez、葡萄牙耶穌會士Francisco Pirez也已把這島叫作"Ilha Formosa"(美麗島)。參見Jose Eugenio Borao, *Spaniards in Taiwan*, vol. 1(Taipei: SMC Publishing, 2001), 10, 13.

直到十七世紀，臺灣仍是無主之地。中世紀中國人可能已知此島的存在，且到了十六世紀末期時，島上除了原住民，已住有少數漢人，主要是漁民、走投無路的難民、海盜。但臺灣絕未納入大明帝國(一三六八—一六四四)的版圖，中國人既無興趣，也無必要，去介入一個島上居民普遍未開化的遙遠島嶼。凡是鑽研過明朝檔案(包括《明實錄》)的學者，都可證明「臺灣」一名從未出現於整個明朝期間①。要到一六八三年九月八日，中國才第一次提出臺灣爲其領土的主張。要到十六世紀快結束，島上三個供漁民取得淡水和食物的補給站(北港、基隆、淡水)，變成中國亡命之徒和叛徒盤踞的海盜據點時，中國才開始對臺灣感興趣，開始與臺灣接觸。一五七四年版的《明實錄》稱這些亡命之徒是「東番」。這些事全發生於荷蘭人在島上建要塞、倉庫、教堂、政府機關之前約五十年。中國有關臺灣的第一份可信的歷史文獻，乃是陳第根據個人實地考察臺灣的海盜活動寫成的《東番記》(一六〇三)。研讀過兵法的福建人陳第，一六〇一年冬步入六十二歲年紀時，隨明朝總兵沈有容前來追剿當時正避難於臺灣的倭寇②。

① 欲進一步了解明朝和中國的帝國建造，參見Shih-Shan Henry Tsai(蔡石山的*Eunuchs in the Ming Dynasty* (Albany, NY: State University of New York Press, 1996)and Tsai, *Perpetual Happiness: The Emperor Yongle,* (Seattle: University of Washington Press, 2001). 中譯本見《明代宦官》(臺北：聯經)及《永樂皇帝》(臺北：聯經，二〇〇八)。

② 欲更深入了解，請參見周婉窈的〈明清文獻中「臺灣非明版圖」例證〉，《鄭欽仁教授榮退論文集》(臺北：稻鄉出版，一九九九)，頁二六七—二九三。也請參見John E. Wills, Jr., "Seventeenth-Century

在當前臺灣應與中國統一或保持獨立這個情緒性問題的爭辯中，主張統一者常援引陳第的著作，辯稱東番的土地屬於明朝。這一論點頗爲常見，且看來頗能打動人，但追根究柢既無根據，且流於淺薄。沈有容追剿倭寇，雖曾挺進這個以原住民部落爲主要居民的島嶼，卻只進入一次，且不久就撤走。沈有容撤走後，明朝未留下部隊駐守。此外，後來荷蘭人入主時，中國人面對這些白皮膚的歐洲「番人」將島上原住民，還有當時住在島上的少數漢人，都納入管轄，並未出手制止。事實上，提供誘因(包括現金、水牛、免費搭乘荷蘭船)，誘使更多漢人定居島上者，乃是荷蘭人。但荷蘭的殖民者未找日本人前來島上拓殖，乃是因爲日本九州爆發反基督教運動，導致一百二十名傳教士和日本基督教徒於一六二二年遭處死，因爲一連串貿易糾紛，導致日本船長濱田彌兵衛於一六二八年夏曾試圖傷害荷蘭臺灣長官彼得・奴易茲(Pieter Nuyts)和其幼兒勞倫斯・奴易茲(Laurens Nuyts)①。

荷蘭統治臺灣三十八年期間(一六二四—一六六二)，將此島作爲其亞洲貿易的貨物集散地，藉此將其亞洲貿易與其全球商業網連結。荷蘭地理學家腓力普・梅(Philippus Daniel Meij van Meijensteen)進行了臺灣首次的土地測量。荷蘭新教傳教士將基督教和拉丁文傳給島上的原住民，

(續)

Transformation: Taiwan Under the Dutch and the Cheng Regime," in Murray A. Rubinstein, ed., *Taiwan: A New History* (Armonk, NY: M. E. Sharpe, 1999: expanded edition 2007), 87.

① 曹永和，《臺灣早期歷史研究續集》(臺北：聯經出版，二〇〇〇)，頁五九—六一。

進而將臺灣帶進有歷史的時期(詳見第二章)。與此同時，西班牙人也在北臺灣建立一聚落，挑戰荷蘭人對亞洲貿易的支配。一六四二年，荷蘭人將西班牙對手逐出臺灣，繼續在臺灣執行其卓有成效的傳教活動和繁榮貿易。但一六六二年，日本女子所生的鄭成功(一六二四—一六六二)，率領反清復明志士將荷蘭人趕出臺灣，臺灣的荷蘭化隨之戛然而止。鄭成功於一六六二年六月壯年早逝之後，臺灣的鄭氏政權仍積極與日本、東南亞公開商業往來和與中國暗中買賣。爲餵飽軍隊，臺灣貿易船載著中國、越南東京的絲織品、日本的銀、銅、暹邏的黃金，到東南亞換取量多又較便宜的米。派系鬥爭削弱了鄭氏統治家族，在澎湖一場慘敗之後，鄭家艦隊遭殲滅，鄭成功孫子於一六八三年九月八日正式向滿清皇帝投降。

有很長一段時間，清廷搞不定該如何處置臺灣這個「既險又遠」的島。事實上，清廷甚至曾想說服荷蘭人買回臺灣，但幫清廷打敗鄭軍的荷蘭人婉拒這提議①。一八九五年，清廷看出就要敗於日本人之手時，決定趁損失不大時早早收手。清廷再度斷定，繼續抓著這個島不划算，因此主動向英國兜售臺灣。但英國首相羅茲貝里伯爵(Earl of Rosebery)和外相慶伯利勛爵(Lord Kimberley)兩度拒絕清廷的提議②。最後，一八九五年，清廷將臺灣割讓日本，完全不顧臺灣住民

---

① John E. Wills, Jr., *Embassies and Illusions: Dutch and Portuguese Envoys to K'ang-hsi, 1666-1687* (Cambridge, MA: Council on East Asian Studies, Harvard University, 1984), 148, 151.

② Davidson, *Island of Formosa*, 265-266.

的心願。

臺灣之從芒刺在背的威脅，轉變爲國際政治棋局上可有可無的卒子，始於一六八四年五月二十七日清廷設置臺灣府，隸屬福建省之時。臺灣府署仍設在荷蘭人原建普羅民遮城的地方。一六八五年，康熙皇帝(一六六二—一七二二在位)採取一連串措施，以恢復大陸與臺灣的海上貿易。每年有數百艘中式帆船，利用這一商機，載運稻米、糖、花生油、鹿皮、靛藍染料、大麻，到廈門、福州、泉州、寧波、上海，乃至華北的天津港。稻米、花生油、靛藍染料在中國境內賣掉，糖與鹿皮則通常轉銷日本。駛往臺灣的中式帆船，往往載運棉布(南京棉布)、銀、鐵器、草藥，但大部分只裝著壓艙物前來。中式帆船的船東大部分來自閩南，但也有來自浙江、江蘇、華北、東南亞的商船參與臺灣貿易。十八世紀初期，臺灣府境內成立三個商業行會(臺灣話稱「郊」)，以利商品買賣和其他生意往來(詳見第三章)。

臺灣與其他海洋國家

由於獨特的地理位置和豐富的資源，臺灣很快就恢復其在荷蘭人於十七世紀初期所開創的亞洲海上貿易網中舉足輕重的地位。臺灣與大陸貿易巔峰時，每年有一千多艘中式帆船來臺。但到了一八五〇年，更大、更快、更有效率的歐美汽船，包括來自英、法、普魯士、丹麥、葡萄牙、祕魯的汽船，已取代較小、較慢、風險較大的中式帆船，肩負起載運臺灣貨橫越凶險臺灣海峽的任務。然後，西方的海上商人把源源不斷的現金和經商本事帶到這亞熱帶島嶼，協助打破官府對樟腦之類產品的專賣（專賣制度助長臺灣的海上劫掠和走私）。美國商行，例如羅賓內（Robinet）、奈伊（Nye）、威廉士（Williams），英國商行，例如怡和（Jardine Matheson & Co.）、顛地（Dent）、怡記（Elles），定期發船到淡水、基隆、高雄、臺灣府（今臺南）。一八五五年，美國商人花四萬五千美元改善高雄港口設施，英國籍的燈塔管理員喬治·泰勒（George Taylor），則在臺灣各大港口設置並維護照明系統。在淡水河口上游十八公里處，緊鄰臺北城北城牆邊，約二十名外國商人——最著名者是德國人詹姆斯·美利士（James Milisch）、蘇格蘭人約翰·陶德（John Dodd）、美國人法蘭克·卡斯（Frank Cass）——替大稻埕碼頭區建造了堤防以防氾濫。他們建造了一處「寬敞舒適」的俱樂部會所，開了幾間店鋪，擔任洋行在臺灣各大港的商業代理人。在今日的貴德街，仍保留有幾棟西式建築。

洋商賣鴉片給島民，利用賣得的錢買茶和樟腦外銷，獲取巨額利潤，但他們也帶臺灣人認識現代的銀行業、商業管理、國際貿易。貿易糾紛的確時有所聞；而且中國有一套涵蓋商業與行政事務的複雜法律傳統，至少書面上有明文記載。但中國法律主要用於刑罰，且施行嚴酷，幾未顧及程序正義和公正，結果就是中國法律在島民眼中形同具文。中國的集權社會——或過去所謂的「東方」社會——貶抑競爭與創新，未能創造出現代經濟體制，認為老百姓無權與官員協商；另一方面，臺灣住民與行走海上的歐、美人來往已久，因此熟悉法律、競爭、個人私利這些原則。事實上，臺灣人把大稻埕的淡水河沿岸稱作「外國人」居留區，一九二一年，臺灣知識分子，就是在這裡，在慈善家林獻堂(一八八一——一九五六)和名醫蔣渭水(一八九一——一九三一)領導下，組成臺灣文化協會，推動臺灣文化①。

至今仍讓歷史學界莫衷一是的問題，乃是臺灣是否在清朝兩百一十二年統治下被改造為「東方」社會，或臺灣已奮力擺脫中國封閉內向的惰性，發展出外向開放的海洋社會。在這問題能得到滿意答覆之前，我們得強調一樁事實，在清朝兩百年的法理統治期間，臺灣大部分地區從未納入北京中央的實質管轄。作為一地理實體，臺灣的孤懸海外，地處偏遠，使島民不致染上中國對龐然威權與帝國體制的偏愛。皇帝的絕對威權，因從大陸派來的少數官員的貪腐無能，因邊陲島民不受管束的性格，而更進一步受到削弱。島民的確習得儒家倫理，且拜道觀佛寺，在道觀佛寺行中國習俗和禮儀。島上有些上層人士，不管是出於不由自主或出於共同信念，也認同高高在上之中央官員的價值觀。他們習儒家典籍，參加科考，一旦榜上有名，即成為鄉紳，躋身臺灣上流社會。但這一「涓滴細流般」的漢化，對一般人民影響極有限，高高在上的清廷官員，最終未能在根本上將臺灣轉化為真正的「東方式」中國社會。

① 遠流臺灣館編，《臺北歷史深度旅遊》第三卷(臺北：遠流出版，二〇〇〇)，頁九六——九九。

傳統中國社會向來推崇穩定與和諧，尊古，但不鼓勵開發資源。不過，來自閩、粵的移民，冒險渡過危險的臺灣海峽，深入蠻荒，主要是因爲他們想自由生活，擺脫加諸他們的嚴格規範，想不受壓抑的追求個人的經濟利益。因此，邊疆區臺灣人常違抗清朝當局，糾眾反抗不合理的束縛、官僚的掠奪、帝國的控制。晚至一八三六年時，嘉義縣、彰化縣的清朝官員仍苦於臺灣鄉間治理的棘手。從一六八四至一八九五年，共有一百五十九場大亂，從一七六八至一八八七年間，據稱有五十七場武裝衝突①。此外，嘉慶年間（一七九六—一八二〇），惡名昭彰的福建海盜頭子蔡牽（?—一八〇九），糾集一幫海盜，一八〇四年入侵沿海城鎮鹿港。兩年後，他的手下摧毀清廷駐紮臺北的整個兵力（當時駐紮於淡水河岸的艋舺區）。蔡牽在臺灣宣告稱王，建元「光明」，封鎖臺灣與大陸之間的海上交通。接下來兩年，蔡牽形同臺灣的統治者，向每艘經過臺灣海峽的船隻強索「保護費」。難怪清朝官方文獻寫道：「臺灣人三年一小反，五年一大亂。」②

---

① Hsiao Kung-Chuan(蕭公權), *Rural China: Imperial Control in the Nineteenth Century* (Seattle: University of Washington Press, 1967), 26, 48, 55, 58. 也請參見Maurice Meisner, "The Development of Formosan Nationalism," *China Quarterly* 15(July-September, 1963): 92; Ramon Myers, "Taiwan Under Ch'ing Imperial Rule, 1684-1895: The Traditional Order," *Journal of the Institute of Chinese Studies of the Chinese University of Hong Kong* 4, no. 2(1971): 495-520.

② 遠流臺灣館編，《臺北歷史深度旅遊》第三卷，頁六；也參見Philip A. Kuhn, *Rebellion and Its Enemies in Late Imperial China: Militarization and Social Structure, 1796-1864* (Cambridge, MA: Harvard University

劉銘傳將軍出任臺灣首任巡撫期間(一八八五—一八九一)，試圖將土地稅一年總收入由十八萬三千三百六十六銀兩再往上大大提升。但島民，特別是有錢氏族(大租戶)和土地開發者(小租戶)，激烈反對。一八八八年，臺灣省政府收到的土地稅，遠低於劉銘傳所預計的六十七萬四千四百六十八兩。劉氏的財政短缺，與政府管轄權的有限有密切關係，乃是臺灣半自治狀態的副產品。要等日本殖民政府徹底測量土地，大幅改革土地稅，才能扭轉這局面。

劉銘傳在基隆設置現代機器以開採煤礦，在北臺灣鋪設電燈，在臺北地區建造了約二十二公里長的新鐵路，設立電報總局。但革新舉措不夠連貫，沒有一條像樣的公路，街道漫天灰塵，彎彎曲曲。事實上，劉銘傳得靠關稅收入支應其現代化工程的開銷，而在一八八八至一八九五年間，一年關稅收入平均是一百零八萬四千三百六十四兩①。清皇帝不放心由中國官員獨掌海關事務，因此不得不雇請外國人掌理通商口岸的關稅收繳。最終是外國籍的稅務司協助提高當地生產，發展貿易，進而產生龐大海關稅收。這些外籍稅務司人數不少，犖犖大者有派駐淡水海關的德國人夏

(續)

Press, 1980), 24-27, 51.

① Myers, "Taiwan under Ch'ing Jmperial Rule," 385; 林滿紅〈晚清臺灣茶、糖及樟腦業〉，《臺北文獻》第三十八期(一九七六)，頁五。也請參見William M. Speidel, "The Administrative and Fiscal Reforms of Liu Ming-ch'uan in Taiwan, 1884-1891: Foundation for Self-strengthening," *Journal of Asian Studies* 35, no. 3(May 1976): 453-455.

德(Friedrich Hirth)、派駐淡水、基隆海關的美國人馬士(Hosea B. Morse)、派駐南福爾摩沙海關的英國人孟國美(P.H.S. Montgomery)、派駐臺南、高雄海關的美國人威廉·史品尼(William F. Spinney)。清廷渴求穩定，試圖將其普世性的律法和體制用在遙遠而危險的臺灣上，但派駐臺灣的清朝官員發覺欲使這邊陲島嶼穩定、和諧並不容易。清廷認爲臺灣理該歸其統治，且欲維繫住這看法，但事實證明那是過時且魯莽的舉動。最後，清廷沒有且未能在領土、司法或財政上將臺灣完全納入管轄。

只要臺灣因地理因素和歷史條件而繼續作爲海上邊陲地區，大陸與臺灣之間的基本差異就不會消失。地理上來看，危險的臺灣海峽構成一道天然屏障，將中國主流文化與臺灣的邊疆拓荒者隔開。臺灣拓荒者得適應難以掌控的環境、濕熱的氣候、熱帶疾病、無邊無際的沼澤、無法翻越的高山、野獸、颱風、地震、原住民。因此，中國文化雖傳到這島上，但臺灣予以修正，將其發展成具有獨特臺灣特色的文化。整個十八世紀和十九世紀上半葉期間，臺灣是野蠻與文明的交會之地。清廷的管轄範圍幾乎只限於城牆內，因此，臺灣的拓荒農民與原住民打交道時帶著武器。甚至在漢人移民內部，族群對立也司空見慣。例如河洛人與客家人不斷爲搶地和水而械鬥。河洛人裡最大的兩個族群漳州人和泉州人，其宗族仇恨往往升高爲激烈的地區性械鬥①。

① Harry J. Lamley, "From Far Canada to Set Up the First Tamsui Churches," *Free China Review* 43 no. 5(May

這類見諸史籍的衝突多達數百件，使臺灣不適於作爲研究所謂明清「巨區」(macroregion)的對象。相對的，由於臺灣與在海上活動的歐洲人、東南亞人、沿海中國人、日本人、美國人有深遠的關聯，臺灣反倒是研究全球海上活動史的理想案例。船難和其他暴力事件，以及始終不減的煤、茶葉、淡水、糧食補給需求，往往使這座島受到海上強權的注意。眾所周知的，美國海軍准將培里(Matthew C. Perry, 1794-1858)於一八五三至一八五四年那趟打開日本門戶的歷史性航行期間，曾建議將臺灣納爲美國的「保護地」，因爲誠如培里向總統米拉德·菲爾莫爾(Millard Fillmore, 1800-1874)所報告的，「這座重要島嶼(臺灣)，名義上是中國一省，實際上是獨立之身。」其他具有見識的美國人，例如商人吉頓·奈伊(Gideon Nye)、傳教士彼得·伯嘉(Peter Parker, 1804-1888)、外交官湯森德·赫利思(Townsend Harris, 1807-1878)，也建議以一千萬元現金「直接買下這島」(詳見第六章)①。早在一八二五年時，就有英格蘭商人前來基隆購買樟腦，當時臺灣是全球最大的樟腦產地。一八四二年，兩艘英格蘭船在基隆港外失事，倖存的一百九十七名水手

(續)

1993): 56. 也請參見Chen Chiukun(陳秋坤), From Landlords to Local Strongmen: The Transformation of Local Elites in Mid-Ch'ing Taiwan, 1780-1862," in Murray A. Rubinstein, ed., *Taiwan: A New History*, 133-160.

① George H. Kerr, *Formosa Betrayed* (Boston: Houghton Mifflin Co, 1965), 5; Thomas A. Bailey, *A Diplomatic History of the American People* (New York: Appleton-Century-Crofts, 1964), 315; Simon Long, *Taiwan: China's Last Frontier* (New York: St Martin's Press, 1991), 18.

遭處決。賽門．隆(Simon Long)指出，英格蘭「一度考慮將臺灣納爲類似澳洲的罪犯流放地」①。後來，一八六八年，英格蘭爲了樟腦官賣問題派砲艇到臺灣(詳見第四章)。

有了砲艇和眾多條約上明訂之權利的保護，外籍傳教士才敢再放心前來臺灣傳播基督教福音。這時，距荷蘭、西班牙傳教士開始在臺積極傳教，已過了將近兩百年。歐洲人第一波傳播基督教的行動，因爲鄭成功的殘暴作風而悲慘中止，但第二波基督教傳教活動，雖然一開始困難重重，最終卻獲致長遠的成功。在英格蘭長老教會支持下，馬雅各(James L. Maxwell)醫生、甘爲霖(William Campbell)牧師和他們大無畏的同僚前來臺灣，從山村到海鎮向臺灣人傳播基督教福音。一八八五年時，他們已在中臺灣、南臺灣建立三十五座長老會教堂。在這期間，馬偕(George L. Mackay)醫生在加拿大長老教會支持下，也已在北臺灣建立二十座與喀爾文派神學完全契合的禮拜堂。這些英、加籍傳教團，加上英、美人的貿易活動，不只將臺灣帶進汽輪時代，還改善了島上運輸、通訊、醫療、教育方面的基礎設施，從而使臺灣成爲全球海上貿易活動不可或缺的一環，把臺灣推進現代世界，使臺灣比中國大陸任何省分都進步了數十年②。

到十九世紀中葉時，中國已因爲紛至沓來的外力入侵和帶來嚴重破壞的太平天國之亂摧殘，衰

---

① Simon Long, *Taiwan: China's Last Frontier*, 17-18.

② 欲進一步了解十九世紀初期外國人對臺灣的影響，參見George William Carrington, *Foreigners in Formosa, 1841-1874* (San Francisco: Chinese Materials Center, 1978).

弱不堪，中國社會以積重難返之勢漸漸墮入衰落的深淵。清帝國的衰退始於中英鴉片戰爭（一八四〇—一八四二）的慘敗。十九世紀下半葉期間，清帝國解體之勢愈來愈快，最終失去幾乎所有緩衝國和戰略要地，包括越南與廣州灣落入法國之手；臺灣與韓國落入日本之手；膠州灣（山東半島附近）落入德國之手；香港、九龍、西藏落入英國之手；遼東半島與蒙古落入俄國之手。一八七四年，日本派約三千六百人的部隊遠征臺灣西南海岸，以教訓三年前殺害五十四名遭船難琉球船民的臺灣原住民。十年後的一八八四年，法國占領澎湖和淡水、基隆，封鎖臺灣海峽將近一年。法國封鎖臺灣期間（詳見第五章），北京的決策者終於理解到，凡是掌控臺灣者，都能嚴重威脅大陸。因此，他們於一八八五年將臺灣升格為省。接下來四任巡撫，靠主要來自臺灣外貿收入的資金，做了些枝微末節的改革。然後，一八九四至一八九五年，國庫空虛而政治停滯的中國，因朝鮮問題與國力蒸蒸日上的日本交戰，結果慘敗，被迫簽署馬關條約，臺灣與澎湖因此割讓日本。

日本殖民統治初期，日軍殘酷鎮壓臺灣人堅決而持久的反抗。但殺了一萬多名臺灣人後，日本殖民統治者改弦更張，改以懷柔政策拉攏臺灣民心。一八九八年，東京指派醫生後藤新平（一八五七—一九二九）為臺灣民政長官，開始一連串改革。後藤撤掉憲兵隊，換上正規警察，採用「保甲」制度以滲透進本地鄉鎮，為島上的菁英階層提供經濟、教育機會。後藤在臺任職期間（一八九八—一九〇六）成功平息了島民的敵視心態，大大提升島民的生活水平。臺灣總督府還進行了地籍調查和人口普查，一八九九年設立臺灣銀行。地籍調查記錄了先前未登錄於政府課稅清冊上的六十一萬八千七百四十四英畝土地。因此，臺灣的土地稅收從一九〇三年的九十二萬日圓增加爲一九〇五年的兩百九十八萬日圓，增加了兩倍[①]。

土地一旦成爲商品，日本財閥立即入侵臺灣市場。到一九二六年，已有五百多家日本公司在臺設立事業單位。儘管已確立典型的殖民經濟，殖民政府仍建造了超過六千五百公里長的鐵公路，興築混凝土壩和水庫，開鑿一萬六千公尺長的大圳，以促進灌溉和利用水力發電。在推行這一經濟政策的同時，日本政府找臺灣人協助執行其「南進政策」。臺灣總督府提供補助金鼓勵臺人搬到東南亞種橡膠樹、馬尼拉麻、甘蔗、茶樹，以使日本能取得該地區的原料。臺灣的外貿漸漸擴張，不只涵蓋日本和東北亞，還涵蓋香港和中國沿海。在美軍有效占領中太平洋島嶼，一九四五年開始不斷轟炸臺灣、日本之前，有二十一家定期船運公司提供臺灣與外界的往來服務(詳見第七章)。

在這期間，日本鼓勵島民說日語、改日本名、「穿、吃、住如日本人」，試圖藉此同化臺人。到一九三〇年，只有百分之十二．三六的臺人能讀寫日語，但到了一九三七年，這比率成長爲百分之三十七．三八，到一九四〇年則是百分之五十一[②]。但所謂的「皇民化」運動(旨在把臺

① 羅吉甫，《野心帝國：日本經營臺灣的策謀剖析》(臺北：遠流出版，一九九二)，頁一一二、一一九—一二〇。

② 《興南新聞》，一九四三年七月十二日晚版，頁一。

人改造成日本天皇忠貞子民的運動），就沒這麼成功。到一九四一年快結束時，五百七十多萬島民中，只有七萬人改漢名爲日本名。到一九四五年日本結束其殖民統治時，只有百分之一・七的臺灣家庭（百分之二的島民）選擇改日本名①。總而言之，大部分臺灣人的確學會說日語，卻不願意拋棄自己的民族身分。

一九三六年，臺灣總督府設立臺灣拓殖株式會社，以利用東南亞的原物料，以與侵華日軍合作。到一九四二年，該公司已投注資金於三十二項計畫，涵蓋從礦、漁、林、農到畜牧、不動產、營造、運輸、商業的多種產業。數千名臺灣技師和專業人員被派到菲律賓、印尼、越南、海南島、中國東北和其他地方，推動和協助管理這些計畫。諷刺的是在東南亞和中國部分地區，臺灣人被迫與日籍同僚合作，隨之搖身一變成爲「暫時的殖民者」。例如臺灣人謝介石曾任日本傀儡政權滿洲國的外交部長，還有些傑出的臺灣人在天津、南京、廣州等日本占領城市和海南島位居要職。

偷襲珍珠港後，東京不只將臺灣有效改造爲日軍在菲律賓等東南亞國家征戰的發動平台，還有系統的動員臺灣人力、物資，以支持日本戰爭機器的升級。日本招募臺灣志願兵入伍，臺籍軍人、軍屬、護士被派到上海、南京、廣州、婆羅洲、帝汶、西里伯斯島（Celebes）、拉包爾

① 《興南新聞》，一九四四年一月廿四日晚版，頁二。

(Rabaul，位於索羅門群島)、新幾內亞、中國東北、西伯利亞、其他許多當時遭日軍占領的地方。二次大戰期間總共有二十萬七千一百八十三名臺籍日本兵參戰，據估計有三萬三百零四人死於戰場。此外，有八千多名臺灣少年工被帶到日本，製造轟炸機與神風特攻隊飛機的零件。自一九四五年九月二日(日本時間九月三日)日軍於東京灣密蘇里號美軍軍艦上正式簽署降書以來，已過了六十多年，但有關臺灣人參加二次大戰的新故事仍繼續在出現(詳見第八章)。倖存的臺籍老兵一般來講避談他們在與盟軍作戰時展露的英勇、殘忍的日本武德。但在二次大戰期間，數十萬臺灣人在血腥的亞洲戰場和戰俘營囚犯身上，留下他們的足跡。

競奪臺灣

對於日本投降，五百五十萬厭倦戰爭的臺灣人普遍歡迎；事實上，已有一些臺灣領袖在九月三日日本將臺灣交給橫濱的盟軍最高統帥後，立即開始鼓吹臺灣獨立。但十月二十五日，日本末代臺灣總督安藤利吉將臺灣連同據估計值二十億美元的日本資產交給國民政府將領陳儀(一八八三—一九五〇)。日本對臺五十年的統治，就這樣給美國炸彈和美軍終結。此後，臺灣地位一直未定，因爲不管是開羅宣言(一九四三年十一月二十七日)，還是波茨坦宣言(一九四五年七月二十六日)，都未言明臺灣該由誰接收。或許可以說，臺灣人注定要再經歷一次認同危機，一如一八九五年日本從清廷手中奪得臺灣時他們的祖輩所經歷的，一如一六六一年鄭成功軍隊趕走荷蘭人時，他們的遙遠先祖所經歷的。

日本殖民統治期間，臺灣人對中國人有了新的認知和看法，而在大戰期間，這些認知和看法更為強化。這些新的思維模式和情感模式，加上國民黨為支應國共內戰不斷剝削島上資源的催化，最終於一九四七年二月二十八日引爆全島暴動。接下來幾星期，國民黨統治者派兵屠殺了數萬臺灣人。此後，臺灣獨立運動一直從這一民族創傷中汲取養分。

一部分因為華盛頓當局希望讓國民黨繼續與共產黨作戰，一部分為了戰後東亞的安全、穩定考量，一九四七年時的臺灣，在美國心目中，頂多是第三順位的問題，因此決定不干預國民黨對臺人暴動的殘酷鎮壓。不過美國國務卿杜勒斯(一八八八—一九五九)未讓臺灣的中華民國和北京的中華人民共和國，參與一九五一年九月八日在舊金山舉行的戰後對日和會(共四十八國參與的會議)。接下來杜勒斯施壓日本首相吉田茂(一八七八—一九六七)，使日本於一九五二年四月二十八日(日本正式恢復主權的日子)與中華民國，而非中華人民共和國，個別簽訂和約。在這兩份和約中，日本宣布放棄對臺灣、澎湖的「權利、權利根據、要求」，但放棄後的受益人一樣未言明；這兩份條約也未明訂將臺灣主權轉交中華人民共和國。精研國際法的荷蘭前總理范奈格(Andreas van Agt)表示，從法律角度看，這兩份條約使臺灣成為未遭任何獲承認的政治實體占有的「無主之地」(terra nullius)。

范奈格從現今臺灣統獨爭辯的角度解讀這段歷史，指出關於臺灣地位有兩派認知。有些人認爲中華民國取得了臺灣，因爲蔣介石和國民政府於一九四九年敗退臺灣後，中華民國有效占領此島。但范奈格本人表示，這一主張是否吻合臺灣的戰後歷史有待商榷，「因爲國民黨政權的高壓統治期間，社會上一直鬱積著反抗高壓政權的心態和有時突然爆發的反高壓政權行動，以及日益高張的……臺灣主體意識。」另一派主張臺灣處於法律未定狀態。持這看法者通常是認爲臺灣人有權決定自己政治未來的主權論者。范奈格引用英國外相安東尼・艾登(Anthony Eden)在一九五五年所說的話，指臺灣和澎湖的法理主權不明確且未定①。

克里斯多福・休斯(Christopher Hughes)已指出，「中華民國於一九二五、一九三四或一九三六草擬的憲法中，都未將臺灣列爲其一省。」②二次大戰期間，掙扎求生的中國共產黨遭國民黨軍隊和日軍困在貧窮的中國西北時，黨主席毛澤東告訴美國記者埃德加・斯諾(Edgar Snow)，他想對韓國、臺灣「脫離日本的獨立鬥爭」伸出援手③。幾十年後，較好戰的中共卻常傷害臺灣新興民主

① 摘錄自二〇〇六年五月廿九日范奈格在臺北中央圖書館舉行的臺灣、文化國際研討會上發表的定調演說。

② Christopher Hughes, *Taiwan and Chinese Nationalism: National Identity and Status in International Society* (London: Routledge, 1997), 5, 12.

③ Edgar Snow(埃德加・斯諾), *Red Star over China* (New York: Penguin, 1978), 128-129.

的情感，一再揚言臺灣若敢更動憲法就要攻打臺灣。美國從未清楚承認中國擁有臺灣主權，不管宣稱擁有臺灣主權者是中華人民共和國，或蔣介石領導的國民黨政權。迪恩．魯斯克(Dean Rusk)於杜魯門當政時擔任主管遠東事務的助理國務卿，後來在約翰．甘迺迪、詹森兩位總統當政時出任國務卿。他早在一九五一年五月就公開支持「兩個中國」政策，稱北京政權是「斯拉夫人扶植的更大型滿洲國」，並因爲「臺灣人希望不受外力掌控的重大要求」而保證支持臺灣①。國際法教授暨臺獨領袖之一的彭明敏寫道：「嚴格來講，福爾摩沙與其人民的國際地位未定。就連一九五四年十二月簽署的美國、國民黨共同防禦條約都避開這問題。」②

一九五四年八月十七日，中共大規模砲擊金門之前十七天，美臺共同防禦條約獲美國參院通過之前數個月，奧勒岡州選出的民主黨籍參議員韋恩．莫爾斯(Wayne Morse, 1900-1974)，在有關中、臺問題的政策辯論時，於參院做出如下陳述：

> 參院主席先生，我認爲在世界和平有望之後，福爾摩沙問題在國際法庭得到解決的時

---

① 一九五一年五月廿八日美國國務院《公報》(*Bulletin*)，頁八四七。

② Peng Ming-min(彭明敏), *A Taste of Freedom: Memoirs of a Formosan Independence Leader* (New York: Holt, Rinehard and Winston, 1972), 93. 也參見Frank P. Morello, "The International Legal Status of Formosa," Ph.D. dissertation, St. John's University, 1965.

刻將會到來，而那會是許多年以後的事，說不定五十年、七十五年、或一百年。那法庭將裁定誰在國際法的規範下有權對福爾摩沙行使領土管轄權和治權①。

一如荷蘭前總理范奈格，韋恩．莫爾斯也是國際法專家，一九三六年在奧勒岡大學成爲當時美國最年輕的法學院院長。一九六四年投票反對「東京灣決議」(授權總統派兵到越南)的參議員只有兩位，莫爾斯就是其中之一，他的政治判斷和法律見解深受同僚和其同胞敬重，特別是越戰期間。莫爾斯關於臺灣前途的預言不管會不會應驗，自他發出那預言以來，臺灣已在許多方面有長足進展。臺灣目前是世上第十九大經濟體，臺灣社會已變得更文明，媒體變得更自由(可能有人會說太自由)，政治已走上民主、自由之境，而這很大一部分得歸功於美國在軍事、經濟、教育、技術方面的援助(詳見第九章)。這些進步已賦予臺灣新的認同，迥異於仍受嚴密掌控之共產中國之文化的認同。過去四百年，臺灣與荷蘭、英國、法國、日本、美國等歷史上的海上強權有過千絲萬縷的深遠關係(本書所竭力欲傳達的關係)。海洋文化與西方價值觀的合於一身，如今仍可在臺灣風土——包括從港口到要塞廢墟，從教堂到診所，從地契到地名，從商業、銀行的經營手

---

① Senator J. William Fulbright Papers, University of Arkansas Special Collections, Series 71, Box 7, Folder 26, under "Congressional Record—Senate," August 17, 1954, 14162-14164.

法，到葬了外籍戰死軍人而幾乎被人遺忘的墓地——的匆匆一瞥中見到。

過去的確存在於臺灣各地。日本人花了八年(一九一一—一九一九)建成的十一層樓臺北總統府，自一九五〇年代起一直是臺灣主權的重要象徵。日本人於一九二五、一九二八年創立的國立臺灣師範大學和國立臺灣大學，如今仍是亞洲名校，是過去、現在、未來臺灣政治領袖、學者、科學家、工程師的搖籃。從十七世紀荷蘭聯合東印度公司到十八世紀耶穌會的法籍地圖繪製者馮秉正(Moyriac de Mailla)，從十九世紀蘇格蘭籍茶商約翰·陶德(John Dodd)、英格蘭籍植物學家羅伯特·郇和(Robert Swinhoe)、加拿大籍醫生傳教士馬偕、美國籍稅務司馬士，到十九、二十世紀之交日本籍民政長官後藤新平、一九五〇年代末期美國駐華共同安全分署署長赫樂遜(Wesley C. Haraldson)，形形色色的遺風和影響熔於一爐，協助促進並主導臺灣的發展。接下來幾章將詳述臺灣與海洋世界交往的經驗，闡明過去四百年裡，臺灣不只是附屬於復仇心切之中國的一個漢化地區，還是有著豐富殖民過去與獨特海上活動傳統而充滿活力、吸引多種文化匯聚於一身的地方。

第二章　十七世紀統治臺灣者

——荷蘭人、西班牙人、鄭成功

十七世紀的海上國家發現國際貿易、海上航運、拓展殖民地已成爲財富的新來源後，臺灣島因位在東亞與東南亞的繁忙海路上，受到冒險家、海盜、漁民、各種商人的注意。多個民族的海盜發覺臺灣是安全的撤退之地，撤到這島上可休養生息，可分贓，而不必擔心官府上門。在這些惡名昭彰的海盜中，有幾位海盜頭子赫赫有名：林鳳（又叫林阿鳳）、顏思齊（洋人稱之爲Pedro China）、鄭芝龍（洋人稱之爲尼古拉・一官〔Nicholas Iquan〕）。據說有六百名日本亡命之徒加入林鳳的劫掠活動。顏思齊則於一六二四年率領其海盜部眾來到臺灣，在名叫北港的沿海殖民地住了一段時間。顏氏死後，權力真空，鄭芝龍在臺灣海峽既當合法貿易，也幹海盜勾當（鄭芝龍的日籍妻子生下鄭成功，洋人稱之爲Koxinga，即國姓爺）。此外，臺灣島周邊水域有各種値錢魚類（包括鯔魚、大比目魚、白帶魚、小蝦、牡蠣)，捕漁收成甚好。最後，在海上活動的亞洲人和歐洲人理解到，臺灣島是商人會面交換香料、絲、黃金、白銀、衣服、瓷器、交換情報、談成交易的理想處所[①]。不久臺灣就受到荷蘭、西班牙這兩個歐洲海上強權的注意，兩國都想探索、殖民該島。

荷蘭人在臺殖民

一五九五年，第一支荷蘭遠征隊繞過南非洲的好望角，抵達遠東；該隊指揮官科內留斯・豪特曼(Cornelius Houtman)在爪哇與萬丹(Bantam)的蘇丹簽了貿易條約。為控制並保護其在亞洲的貿易利益，甫獨立的尼德蘭荷蘭共和國於一六〇二年創立聯合東印度公司。荷蘭不只讓該公司享有好望角與南美麥哲倫海峽之間的免稅獨占貿易權，還賦予該公司商訂條約、建造要塞、鑄幣、維持所需軍力、在大西洋與太平洋之間的廣大領域建立殖民地的權力。在幾位幹練總督領導下，荷蘭東印度公司不只取代葡萄牙，稱霸東南亞，還在一六五二至一六七四年間的連續三場戰爭中擊敗英國艦隊。因此，荷蘭七聯合省共和國不只得到國際的完全承認，還使他們的船隻得以從本國

① 中村孝志，〈荷蘭時代臺灣史研究的回顧與展望〉，許賢瑤譯，《荷蘭時代臺灣史論文集》(宜蘭市：佛光大學人文與社會科學院，二〇〇一)，頁二三七。

港口進入英吉利海峽、北海①。

十六、十七世紀之交，荷蘭變得更活躍、更積極，利用他們的艦隊在亞洲取得貿易權和戰略要地。他們理解到若欲削弱葡萄牙、西班牙與中國、日本的貿易，臺灣是絕佳的切入點。因此，在爪哇的巴達維亞建立一據點之後不久，荷蘭人即開始探查臺灣周邊水域。一六〇四年八月七日，荷蘭艦隊司令韋麻郎(Wijbrand van Waerwijck)率領七百噸重的荷蘭迪亞號(Hollandia)和五百噸重的佛利辛恩號(Vlissingen)來到澎湖。荷蘭人在這裡待了整整一百三十一天，測繪臺灣沿海水域，然後於十二月十五日前往位於暹邏南部的帕塔尼(Patani)。一六〇九年，荷蘭東印度公司在巴達維亞設置總督府，與英國聯手對抗葡萄人、西班牙人，爭奪通往波斯、印度、中國、日本之貿易路線的控制權②。就是在這背景下，荷蘭東印度公司巴達維亞城總督揚·彼得斯·顧恩(Jan Pietersz Coen)一得知西班牙人在臺灣尋找戰略基地時，立即命科內利斯·雷爾生(Cornelis Reyersen)率艦隊占領澎湖。

早在南宋(一一二七—一二七九)時，澎湖就已是中國的漁場，元朝(一二七九—一三六八)

---

① 欲更深入了解荷蘭人在亞洲蒸蒸日上的海上貿易，參見William Campbell(甘為霖), *Formosa under the Dutch* (London: Kegan Paul, Trench, Trubner & Co., 1903), 47-74. 也參見曹永和的《臺灣早期歷史研究續集》(臺北：聯經出版，二〇〇〇)，頁五二。

② 曹永和，《臺灣早期歷史研究續集》，頁五三—五四。

時，蒙古統治者在澎湖設置寨巡檢司，以利中式帆船貿易。十四世紀下半葉，被明朝政府稱之爲倭寇的海盜興起。倭寇成員包括日本浪人（沒有主人的武士）、中國亡命之徒、朝鮮不法之徒、僞稱爲日本海盜的其他亞洲水手。他們掠劫中國沿海城鎮，將違禁品偷偷帶進、帶出中國大陸，把違禁品藏在荒島上。明朝洪武帝朱元璋（一三六八—一三九八在位）採取一連串措施對付海盜和走私販子，包括下令離島居民遷居內地。由於這一命令，明朝放棄澎湖，也切斷臺灣與大陸的往來①。因此，荷蘭艦隊於一六二二年七月十一日駛入澎湖主要港口馬公時，幾未遇到漢人的抵抗。這一次，荷蘭人招募了一千名福建漁民建造了三座小要塞。

一如中國、日本海盜，荷蘭人既營貿易也幹海盜，藉此牟利。荷蘭人逗留澎湖期間，在距澎湖不到一天船

圖一　荷蘭聯合東印度公司董事，17世紀

①《明太祖實錄》（臺北：中研院，一九六二），第七〇卷，頁三a—三b，洪武四年十二月。

圖二　荷蘭熱蘭遮城，建於1632年

程的大員（當地人唸成「臺灣」），找到更理想的貿易基地。一六二二年十月下旬起，荷蘭人開始在大員河西邊一座乾燥高起的沙洲上，建造方形要塞「奧蘭治」（荷蘭王室之名）的地基。他們在要塞角落和兩面牆上建了三道胸牆（主要以烘乾的磚爲建材），到十一月二十日已安置六門Cartouw、Saecker砲。但由於士兵生病，材料不足，營造工程進展相當緩慢。一直到一六二三年九月二十六日，才建成第四道胸牆，並用沙子填入所有胸牆裡。此外，他們又安置了二十三門砲，以厚木板覆蓋要塞上方。那之後，荷蘭人派了約一百人的部隊駐守該要塞①。

一六二四年八月一日，熱蘭遮號（Zeelandia）航抵達澎湖。船上有位名叫馬蒂努斯・宋克（Martinus Sonck）的醫生，係前來接替司令官科內利斯・雷爾生，接管荷蘭在臺事務。不久宋克即

① 這一連串事件的敘述，主要根據雷爾生的命令、日記、通信。這些資料如今保存於海牙某圖書館，也記載於W. P. Groeneveldt, *De Nederlanders in China: Eerste Deel (1601-1624)* (The Hague: Nijhoff, 1898). 關於雷爾生在澎湖待的時間，參見顏尚文編的《續澎湖縣志》（澎湖縣政府，二〇〇五），頁一〇〇—一〇六。

下令毀掉諸要塞，將所有荷蘭人撤出澎湖；然後，一六二四年九月十日，荷蘭人駕著十三艘船航往東邊的大員。後來宋克被任命爲臺灣長官，位於大員的那座要塞，則根據宋克搭往臺灣島的那艘船改名爲熱蘭遮。宋克理解到熱蘭遮城沒有護城河或木柵防護，於是要求部隊和雇來的漢人石工、木匠用四英尺厚的石頭強化兩道內牆，並蓋了一道六英尺厚的石牆圍住熱蘭遮城①。修補、增建、美化(包括繪飾要塞裡的長官府邸)的工程，進行到一六三二年要塞大門頂上終於安上"Te Casteel Zeelandia Gebouwd Anno 1632"標牌才停止②。一六二五年一月，宋克拿十五匹的康甘布(cangan)，跟友善的新港社(當時約有五百人的一個部落)換取了大員河邊的土地。然後他爲荷蘭東印度公司的員工建造住所，還有診所、倉庫等建築。在這同時，他歡迎來自中國的難民定居當時稱之爲普羅民遮(Provintia)城的地方。普羅民遮即今日的臺南市，但一六八三至一八八五年間稱臺灣府。

---

① William Campbell, Formosa under the Dutch, 34-36.

② 熱蘭遮城的建成年代，未有定論。日本的荷蘭研究專家村上直次郎認為是一六三二年，一七一四年造訪過該要塞的法國耶穌會神父馮秉正稱它建成於一六三四年，第一任英國駐臺領事羅伯特·郇和於一八六一年造訪該要塞時，想起曾見到資料記載完成於一六三〇年。欲更深入了解，參見方豪的《臺灣早期史綱》(臺北：臺灣學生書局，一九九四)，頁一八二。

不可忘記的，荷蘭人拓殖臺灣的首要目的，乃是設立貿易基地，讓貨物便於轉運到散居世界各地的約二十九處荷蘭商館。事實證明這筆投資沒白費，因爲臺灣最後成爲荷蘭東印度公司在遠東獲利最高的分支機構之一。一六四九年，荷蘭人在臺灣的營業獲利，占了該公司全球獲利的百分之二十六。因此，殖民臺灣的荷蘭人，人數不多，全從事荷蘭東印度公司的業務和會計。他們還養了一小支陸、海軍以保護他們在島上的利益。就一六四四年十二月來說，約有五百部隊駐守在熱蘭遮城和大員周邊地區。這時，已有數萬漢人移居島上，全是滿清在大陸殺戮，造成政治動亂，社會、經濟混亂之後，逃難而來。到了一六四八年，已有約四萬漢人與

表一　荷蘭歷任臺灣長官，1624-1661

姓　　名	上任日期	卸任日期
1.馬蒂努斯·宋克	8/7/1624	9/17/1625
2.傑拉德·德偉特	9/10/1625	1627
3.彼得·奴易茲	6/30/1627	1629
4.漢斯·普特曼斯	6/21/1629	10/5/1636
5.約翰·范·德包爾	9/10/1636	1640
6.保羅·杜拉弟紐司	1641年11月	1643
7.馬克西米連·勒麥爾	1643	8/10/1644
8.佛朗索瓦·加龍	8/10/1644	1646
9.彼得·安東尼松·歐沃德	1646	1650
10.尼古萊斯·費爾勃格	1650	1653
11.科內利斯·凱撒	1653	1656
12.佛雷德里克·揆一	1656	6/10/1661
13.赫馬努斯·柯蘭克·范奧德斯	7/30/1661	

六萬三千八百多原住民受荷蘭人統治①。任職剛滿一年，宋克就卸任，換上傑拉德・德偉特（Gerard Fredrickszoon de With）。德偉特決定在熱蘭遮城北邊另建一座名叫海堡（Zeeburg）的要塞。海堡於一六五六年毀於強烈暴風雨，但一六三四年建於熱蘭遮城附近的烏特勒支城（Fort Utrecht）和一六三六年建於臺南北邊布袋港的佛利辛恩城，都撐到荷蘭人於一六六二年遭趕走之後。荷蘭臺灣長官的任期，如表一所見，一般為兩到四年。

圖三　荷蘭臺灣長官

荷蘭人從脫離西班牙統治的獨立戰爭期間，奧蘭治—拿騷（Orange-Nassau）家族在歐洲和海外都扮演了吃重角色。因此，奧蘭治—拿騷家族的親王代表王室象徵、宗教領袖和荷蘭人在臺灣的法理上統治權。荷蘭在臺的最高當局是臺灣長官，負責執行荷蘭東印度公司的政策。該公司還設

① 方豪，《臺灣早期史綱》，頁一八三；也參見周婉窈《臺灣歷史圖說》（臺北：聯經出版，一九九七），頁五六。

置熱蘭遮議會制衡臺灣長官的行政權，臺灣長官不在期間，議會主席擔任代理長官。臺灣長官做決定或執行政策之前，得向議會諮詢意見，議會成員則遴選自荷蘭東印度公司的業務經理、大商人、高階軍官、艦隊司令。臺灣長官和議會底下有地方行政官、收稅員、會計、檢察官、法官、孤兒院院長、醫生、倉庫經理。根據第八任臺灣長官佛朗索瓦·加龍(François Caron)於一六四四年十二月二十七日所提的報告，荷蘭東印度公司在臺灣的主要職員，包括表二所列諸人①。

荷蘭軍部署在島上的戰略要地。一六三一年四月，荷蘭東印度公司在臺兵力共約四百人，其中將近一半駐紮在熱蘭遮城、普羅民遮城、海堡、新港村。到了一六三六年，駐防

①　村上直次郎譯，中村孝志編，《巴達維亞城日記》(*Dagh-Register gehouden int Casteel Batavia*)，第二卷(東京：平凡社，一九七五)，頁三三一。

表二　荷屬東印度公司在臺要員

姓名	背景	職位
馬克西米連·勒麥爾	業務經理	議會主席
科內利斯·凱撒	業務經理	北部行政官
阿德里安·范·德·布爾赫	業務經理	檢察官、診所所長
尼卡修斯·德·霍赫	業務經理	會計暨教堂執事
加布里耶爾·哈珀特	商人	記帳員
愛德華·歐布雷比斯	不詳	厚重商品的經理
席萊曼斯	商人	收稅員
安東尼·布依	商人助理	南部行政官

這些要塞與要塞周邊地區的陸、海軍兵力增加了一倍。隨著荷蘭人往南、往北、往中央山脈逐漸擴大管轄範圍，他們駐軍的兵力也增加，從一六四二年三月的六三三人，增加爲一六四四年十二月的七〇一人，一六五〇年之後則超過一千兩百人。表三說明了一六五四年荷蘭兵力的數目和部署地①。

在荷蘭人殖民大員之前，西班牙人就已考慮在東亞建立一殖民基地兼貨物集散地。一六一九年，道明會修士巴托洛梅·馬蒂內斯(Bartolome Martinez)勸馬尼拉的西班牙長官，基於以下理由，占領臺灣②。

> 對馬尼拉來說，以這裡(埃爾摩沙島)爲基地，會比以皮納爾(Pinar)或中國沿海其他地方，乃至澳門，都來得好……埃爾摩沙島將一年到頭有大型商品交易會和市場，會有大量商品自由進出，而不會受到中國官員的騷擾。這島很靠近中國貿易重鎮泉州，且靠近中國較富庶地區，因而一年任何時候都可以運送小而輕的商品。

---

① 同前，第一卷，頁一〇九、一四七、一七三、二六〇。也參見中村孝志所撰〈荷蘭人對臺灣的治理〉，《天理大學學報》(日本奈良天理大學)，第四十三期(一九六四年三月)，頁七八。

② José Eugenio Borao Mateo, *Spaniards in Taiwan*, vol. 1 (Taipei: SMC Publishing 2001), 16-17.

表三　1654年荷蘭兵力部署

區　域	人數	部隊組成
熱蘭遮城	333	上尉(1)，少尉(1)，中士(8)，下士(19)，憲兵(29)，鼓手(3)，兵(272)
熱蘭遮城外圍	187	中尉(2)，中士(7)，下士(11)，憲兵(20)，鼓手(3)，兵(144)
烏特勒支城	29	中士(1)，下士(1)，兵與水手(26)
海堡	26	中士(1)，下士(1)，兵與水手(24)
佛利辛恩城	20	中士(1)，下士(1)，兵(18)
卑南覓	18	中士(2)，下士(4)，兵(12)
巴羅武瀯	31	中士(2)，下士(1)，兵(28)
普羅民遮城	33	中尉(1)，中士(1)，下士(3)，鼓手(1)，兵(27)
大員城	13	下士(1)，兵(12)
開貫河	8	中士(1)，兵(7)
營業所	16	
醫院	35	
學校	34	
淡水	68	
基隆	59	
其他	51	
總數	961	

西班牙人到來

西班牙人得悉荷蘭人在南臺灣殖民時，擔心自己對華貿易的壟斷地位可能不保。此外，由於海盜猖獗、中國當局課徵高關稅、西班牙與日本的關係日益惡化，馬尼拉的貿易量已大幅萎縮。西班牙人因此深信，爲挽回他們失去的貿易地位，得占領北臺灣。於是，一六二六年晚春，西班牙的馬尼拉長官斐南多·德·西爾巴(Fernando de Silva)派安東尼歐·卡雷諾·德·巴爾德斯(Antonio Carreno de Valdes)到臺灣。由兩艘多槳大帆船、十二艘舢舨組成的西班牙船隊，載著數百士兵，五月五日離開菲律賓北部的卡加延(Cagayan)港，航行臺灣東岸，一路測繪地形。五月十一日船隊抵達位在北緯二十五度的臺灣島北角，將其取名爲聖地牙哥(Santiago，臺灣人讀作三貂角)。隔天他們進入基隆灣，未遇到任何抵抗，將該港命名爲至聖三位一體(Santisima Trinidad)。一理解到這港口水深且廣，可同時容下五百艘船，他們立即在小島和平島(又名棕櫚島)上建了名叫聖薩爾瓦多(San Salvador)的要塞，並在聖薩爾瓦多的船塢附近建了一座小禮拜堂。在這期間，有位名叫佩德羅·德·貝拉(Pedro de Vera)的下士畫了三張臺灣地圖，特別標舉出臺灣島的戰略特點和地理特徵，而在馬尼拉的西班牙行政長官則整軍經武，準備和臺灣的荷蘭軍一決雌雄。但由於猛烈暴風雨和強烈颱風作梗，西班牙遠征軍未能及時趕赴臺灣將荷蘭人趕走①。

一六二八年初，西班牙人占領淡水，接著建了名叫聖多明哥（Santo Domingo）的要塞，以擴大他們在臺灣北端的控制範圍。淡水既是河名，也是港名，但當地居民不稱淡水，而稱滬尾（Huwei）或散拿（Senar），外國人則將其羅馬拼音爲Hobe（滬尾）。到一六三四年，已有約三百名西班牙殖民者住在基隆灣周邊，約兩百人住在淡水河口植物蔓生的北岸，其中有一半以上其實是菲律賓人。當時淡水住了八或九個不同的原住民聚落，其中大巴里社（Taparri）和金包里社（Quimauri）彼此征戰不斷。但道明會神父哈辛托·耶士基貝（Jacinto Esquivel）到來後，讓這兩個聚落皈依基督教，從而化解了他們存在已久的世仇。一六三二年八月，耶士基貝神父帶領八十名西班牙人和原住民乘船溯淡水河而上，抵達淡水河與基隆河交會處（今臺北市所在地），教他們既驚又喜。耶士基貝將基隆河取名爲基馬松河（Kimazon River），並繼續往內陸航行直到基隆②。一六四五年，即荷蘭人將西班牙人趕出北臺灣的五年後，荷蘭人調查了淡水的人口，記載了散拿社有三十七戶、一百三十一個居民；一六五〇年，淡水人口增加到四十戶，一百六十人，但或許因爲天花流行，一六五五年

① 參見曹永和，《臺灣早期歷史研究續集》，頁五五—五七。也參見Jose E. B. Mateo, "Spanish Presence in Taiwan, 1626-1642,"，《臺灣大學歷史學報》第十七期（一九九二），頁三一七。和平島過去叫社寮島，也被漢人叫作雞籠島，但在英美語和法語文獻裡，它叫作棕櫚島（Palm Island）。

② 方豪，《臺灣早期史綱》，頁二一一—二一二。

減少為只剩二十二戶，八十一人①。

西班牙殖民者的最高當局是個准尉，這人同時也擔任臺灣長官(見表四)，有權核發經商、採礦執照。在他下面是一些下士，他們指揮普通兵，督導駐防工作，並統率水兵、砲手之類特殊軍職人員。此外有西班牙籍會計、醫生、木匠、石工等。他們通常薪水微薄，食物和必需品大部分從馬尼拉用船運來，但供應一直不穩定。據說在最艱困時期，他們甚至得吃鼠肉、狗肉果腹。但大部分士兵其實是菲律賓人，他們若不是被西班牙人強征來——西班牙人承諾只要服役兩個月——就是犯了罪而被帶上槳帆船工作抵罪的罪犯②。據荷蘭原始資料，一六三一

① 姜道章，〈臺灣淡水之歷史與貿易〉，《臺灣經濟史十集》(臺北：臺灣銀行經濟研究室，一九六六)，卷十，頁一五六。鮑曉鷗引用西班牙文資料，指金包里社共有六百戶人家。參見他的"Spanish Presence in Taiwan, 321.

② Jose E. B. Mateo, "Spanish Presence in Taiwan," 318-319; 也參見廖漢臣，〈西班牙人據臺考〉，《臺北文物季刊》第一卷第一期(一九五二年十二月)，頁四二。

表四　西班牙歷任臺灣長官，1626-1642

姓　名	任　期	辦公地點
1.安東尼歐・卡雷諾・德・巴爾德斯	1626	基　隆
2.璜・德・阿爾卡拉索	1630	基　隆
3.路易斯・德・古斯曼	1630	淡　水
4.巴托洛梅・狄亞士・巴雷拉	1632-34	基　隆
5.阿隆索・賈西亞・羅梅洛	1634	基　隆
6.佛朗西斯科・埃爾南德斯	1635-37	淡　水
7.佩德羅・帕洛米諾	1637-39	基　隆
8.克里斯托瓦爾・馬克斯	1639-40	基　隆
9.龔薩洛・波蒂略	1640	基　隆

年四月時，西班牙全部兵力包括三百至四百名來自邦板牙(Pampangos)省的菲律賓人，還有兩百至三百名西班牙人。但西班牙方面的資料顯示，駐守臺灣的西班牙人只有一百人，頂多一百五十人。無論如何，西班牙駐軍大部分是強征來，士氣不高。首先，一六三七年的臺灣事務經費比前一年少了一半，一六三八年又再削減。再者，殖民者在島上只能找到極少量金銀①。因爲這些難題和生活艱苦，西班牙殖民者的士氣很快就由滿心期待變爲失望，由失望變成絕望。

來臺的西班牙人中，最重要者是居於核心的軍事人員，其次就是幾位分屬道明會、方濟會、奧古斯丁會、耶穌會而潛心奉獻的修士。隨第一次西班牙遠征軍前來的，除了哈辛托．耶士基貝神父，還有另外四名道明會修士巴托洛梅．馬蒂內斯、佛朗西斯科．莫拉(Francisco Mola)、赫羅尼莫．莫雷爾(Jeronimo Morel)、璜．埃爾蓋塔(Juan Elgueta)，以及日籍天主教神父西六左衛門。這些修士不受軍方管轄，任務是將臺灣原住民轉化爲天主教徒(policia-cristiana)。爲達成這目標，神父巴托洛梅．馬蒂內斯於一六二七年五月五日在馬尼拉參加了一場地區性的傳教士會議，募集到足夠在基隆的漢人聚居區八連(Parian)興建一座教堂的款項。接著馬蒂內斯神父來到淡水，在原住民聚落傳播福音，但還未能建立據點，就在一六二九年八月一日搭乘小船時意外溺死。

---

① 方豪說一六二六年遠征基隆的西班牙部隊只有三百人，鮑曉鷗則稱六百人。參見方豪的《臺灣早期史綱》，頁二〇六.; Jose E. B. Mateo, "Spanish Presence in Taiwan," 317, 326-327.

當時約有一千五百名原住民散居在從宜蘭(Santa Catarina)、基隆到淡水、臺北盆地、桃園(西班牙語稱Parakucho)的北臺灣。但原住民第一次聽到震耳欲聾的砲擊聲，嚇得全跑到山上躲藏。將他們帶回平原，像西班牙基督徒一樣過活，就成了這些修士的責任。在基隆，最早改信天主教者是一位日籍居民和其平埔族妻子茵席爾・伊絲萊娜(Insiel Islena)以及他們的兩個小孩①。一六三〇年，強烈暴風雨吹垮漢人居住區那座禮拜堂，但神父哈辛托・耶士基貝搶救下剩餘東西，然後帶著更多材料到淡水北邊的大巴里，蓋了名叫聖璜包蒂斯塔(San Juan Bautista)的新禮拜堂。此外，這些幹勁十足的修士在金包里(基隆港西邊、萬里與金山兩鎮之間的地區)蓋了聖荷西(San Jose)教堂，在淡水蓋了玫瑰聖母堂(Nuestra Senora de Rosario)②。

到一六三二年，由於淡水的天主教堂區居民穩定成長，神父耶士基貝決定在該地創立一小型神學院，由他和研究神學的同僚開課教授拉丁語、西班牙語文法、神學。此外，耶士基貝編成《淡水當地語言辭典》(*Vocabulario de la lengua de los Indios Tanchui en la Isla Hermosa*)、《淡水基督教義手冊》(*Doctrina Cristiana en la lengua de los Indios Tanchui en la Isla Hermosa*)③。另一位西

---

① 方豪，《臺灣早期史綱》，頁二〇八—二〇九。

② 翁佳音，〈西班牙道明會在北臺灣的宣教〉，《臺灣教會公報》，第二三八一期(一九九七年十月十九日)，頁一〇。

③ 方豪，《臺灣早期史綱》，頁二一二—二一三。原受命到日本而非臺灣的耶士基貝神父，一六三三年與

班牙神父佛朗西斯科・巴耶斯・德・聖多明哥(Francisco Vaez de Santo Domingo)，熱中於調解兩個最好戰原住民聚落之間的紛爭，但在一六三三年一月二十七日遭一平埔族人殺害。日籍道明會修士西六左衛門於北臺灣傳教三年後，一六二九年決定不顧德川幕府的禁教令返回日本。一六三四年八月四日他遭日本當局捕獲，一個星期後死於絕食抗議。神父盧科斯・賈西亞(Lucos Garcia)在臺待了五年(一六三一—一六三六)，孜孜不倦於向基隆、淡水，乃至蘭陽平原的原住民傳播基督教義①。

修士呈報上級的報告有時流於誇大，但現存的西班牙文獻顯示，西班牙道明會修士可能也曾去到今日的桃園、花蓮(Chicasuan或Saquiraya)、臺東(Tabaron)和其他地方②。馬尼拉的西班牙長官在呈給國王腓力四世的某份報告中，提到一六三〇年時臺灣有三百名天主教徒。一六三四年，天花猖獗期間，神父基洛斯(Teodoro Quiros de la Madre de Dios)一人，在短短八天內，就在淡水河原住民聚落施洗了三百二十名垂死病人，而其他道明會修士則在短短五天內，在三貂角地區，施洗

(續)

另一位神父搭船前往日本，但船東殺了他們，把他們的耳朵和鼻子獻給長崎當局。

① 方豪，《臺灣早期史綱》，頁二一三—二一五。欲進一步了解，參見Henry Rowold, "Seventeenth Century Roman Catholic Missions in Taiwan," *South East Asia Journal of Theology*, Vol. 15, no. 2(1974): 68-79.

② 翁佳音，〈西班牙道明會在北臺灣的宣教〉，頁一〇。

了一百四十一名臨終原住民①。

荷蘭人挑戰西班牙威權

西班牙人在北臺灣殖民時，南臺灣的荷蘭人憂心日增。他們擔心西班牙人這時能攔截他們駛往中國、日本的快艇和其他船隻。此外，荷蘭人獨立戰爭的記憶猶新，新教荷蘭與天主教西班牙間的對立未消。在這背景下，荷蘭的臺灣長官彼得．奴易茲(Pieter Nuyts)，得到巴達維亞的許可，一六二九年派了兩支特遣隊前去攻打西班牙人。其中一隊從新竹走陸路往北挺進，另一支則乘船徑直航向淡水河。一六二九年七月下旬，進攻的荷蘭軍與淡水的西班牙守軍交火，荷蘭軍死傷慘重而撤退。接下來幾年裡，荷蘭殖民政府時時監視西班牙人在北臺灣的動靜，同時處理了其他一些緊急事務。例如，臺灣長官奴易茲於一六三三年被派到日本當人質，以讓荷蘭東印度公司能從德川幕府獲致特殊貿易權。荷軍專注於鎮壓、降服今臺南縣境內的原住民聚落，包括麻豆社(Mattau，約兩千人於一六三五年十一月降服）、大傑顛社(Taccarejangh，一六三六年十二月一千人

① 方豪，〈臺灣早期史綱〉，頁二一四。

降服）、蕭壠社（Saulang，一六三六年一月一千人降服）①。最後，在牧師尤羅伯（Robertus Junius）的敦促和勸說下，二十八社的代表群集於在新港舉行的一年一度盛宴上。二十八社中有北部社十五個，南部社十三個，包括最南端的瑯嶠社。在這場盛宴中，各社酋長向荷蘭長官漢斯・普特曼斯（Hans Putmans）獻上一株栽於泥土中的椰子樹幼苗，藉此向他宣誓效忠。然後普特曼斯賜予每個酋長一面名叫親王旗（prinsvlag）的荷蘭共和國國旗、一件衣服、一根手杖②。一六四一年開始，這種儀式性大會稱作東部地方會議（oostelijke landdag）。在這會議期間，荷蘭統治者費心解釋政府所頒行的法令，勸誡與會代表要上教堂做禮拜，要與漢人移民和睦相處。但這種會議的形式和職能，要到一六四四年加龍出任第八任臺灣長官後才成為定制③。

當時一直有傳言稱東南臺灣有黃金。曾任東印度群島特派政務委員（councilor-extraordinary）的第五任臺灣長官約翰・范・德包爾（Johan van der Burg），一六三八年初派了一小支軍隊與卑南覓社（當地勢力最大的聚落）領袖接觸。這支遠征軍包含一百零六名荷蘭士兵、五十名瑯嶠社勇士、一百五十名留灣社（Lowaen）戰士，由約翰・范林哈（Johan Van Linga）統率。一六三八年二月二日，

---

① 在《臺灣早期歷史研究續集》（頁三七）中，曹永和說一六三六年年底時已有五十七個原住民部落宣誓效忠於荷蘭統治者。

② 村上直次郎，〈荷蘭人的番社教化〉，許賢瑤譯，《荷蘭時代臺灣史論文集》，頁二七—二九。

③ 中村孝志，〈近代臺灣史要〉，賴永祥譯，《臺灣文獻》第六卷第二期（一九五五年六月），頁五七。

范林哈與卑南覓社攝政者馬戈爾(Magol)談成協議。藉由這一協議，荷蘭東印度公司不只取得在卑南覓領土以北獨家開採黃金的權利，還將影響力擴及到臺灣東海岸①。在這期間，荷蘭人繼續監控西班牙人在北臺灣的活動，得知馬尼拉的西班牙長官得抽調部分在臺兵力回去鎮壓菲律賓境內的叛亂，得悉西班牙人沒錢維持淡水的聖多明哥要塞，得悉馬尼拉已死了和日本通商的念頭。對西班牙人來說，在這樣的情況下，在臺灣維持一殖民地，就不再是首要考量。事實上，一六四〇年時西班牙人只留下四百人駐守基隆。一六四一年八月二十六日，荷蘭第六任臺灣長官保羅·杜拉弟紐司(Paulus Traudenius)致函基隆的西班牙長官龔薩洛·波蒂略(Gonzalo Portillo)②：

> 特此告知閣下，您若願意帶著你的人離開位於至聖三位一體的防禦工事，和位於基隆的其他要塞……我們會繼續給閣下和你的人合理的對待……；如若不然，我們只得對閣下和你的人動手，照慣例用武力解決這類問題……。

在日期註明爲一六四一年九月六日的強硬回函中，波蒂略不只拒絕投降，還提醒荷蘭駐臺長

① Peter Kang(康培德), "Inherited Geography: Post-national History and the Emerging Dominance of Pimaba in East Taiwan,"《臺灣史研究》，第十二卷第二期(中研院臺史所，二〇〇五年十二月)，頁二—三。

② William Campbell, *Formosa under the Dutch*, 62.

官他在法蘭德斯等地方打過仗。最後，熱蘭遮城的領導班子決定在雨季結束前用武力解決這問題。荷蘭在臺當局指派上尉亨得里克．哈魯茲(Hendrick Harouse)為艦隊司令，統率五艘船、兩艘快艇、六百九十人的部隊前去討伐。一六四二年八月三日，哈魯茲的部隊登陸淡水，迅即打垮西班牙的小支守軍(只有十二名西班牙人、八名菲律賓人、四十名原住民弓箭手)。他們以重砲轟擊聖多明哥要塞，守軍稍事抵抗即投降。荷蘭人於一六四二年八月二十一日航抵和平島時，只有一百名西班牙人和一百五十名來自邦板牙的菲律賓人駐守這個基隆殖民地。守軍未發一砲一彈，撐了五天之後，聖薩爾瓦多的守軍司令舉白旗投降。荷蘭人還俘虜了五名道明會神學家和一名方濟會修士，將他們押到熱蘭遮城短暫拘禁，隨後送到巴達維亞審問；但一個月後全部釋放①。

一六四二年九月，荷蘭人慶功八天，宣稱他們是臺灣無可爭議的統治者。不久後，他們建商館和倉庫，修復基隆與淡水的要塞(將基隆的地名由聖薩爾瓦多改為北荷蘭)，用磚、石強化他們的北部要塞，並迅即派文職管理人員和部隊前來鞏固他們對北臺灣的掌控。到一六四八年，荷蘭人已能透過向獵人和漁民收取許可費，將從臺北盆地到太平洋濱這地區內的四十七個村落納入管轄。兩年後的一六五〇年(一般認為是荷蘭在臺統治的巔峰)，有三百一十五個村落受他們管轄。

① 關於一六四二年淡水、基隆兩地西班牙守軍的人數，各方說法有小小歧異。見方豪，《臺灣早期史綱》，頁二二〇—二二一；Davidson, *Island of Formosa*, 22; 村上直次郎，〈基隆的紅毛城址〉，許賢瑤譯，《荷蘭時代臺灣史論文集》，頁四七—四八。

但大概因爲感染歐洲人所帶來的天花和其他傳染病，原住民人數開始減少(見表五)①。

將近四十年的荷蘭統治

荷蘭人開始統治時，全島分爲四個行政區(politiken)，荷蘭東印度公司派部隊、代理人、傳教士到各行政區，確保各區在政治、軍事上與荷蘭人合作。每個區下轄數個村，村裡的長老充當原住民與荷蘭人之間的中間人。荷蘭統治者未向原住民課以固定稅賦，但要求各村上繳多種貢品，例如豬、鹿皮、獸皮、稻米、玉米，乃至興建禮拜堂的人力。一六三七年一月，目加留灣社(Baccaluwangh)在六天內建了一座禮拜堂和一棟神職人員住所。貢品由聚落長老收齊，繳給荷蘭東印度公司的代理人或傳教士。例如，身兼理髮師、外科醫生的該公司

① 這些數據來自海牙中央檔案館(The Hague Algemeen Rijksarchief)，為中村孝志在〈近代臺灣史要〉中所引用，頁五七。

表五　臺北盆地原住民人口調查，1647-1656

年	村落數	戶數	總人口
1647	246	13,619	62,849
1648	251	13,955	63,861
1650	315	15,249	68,657
1654	271	14,262	至少49,324
1655	223	11,029	至少39,223
1656	162	8,294	至少31,221

代理人馬爾滕・衛瑟林(Maarten Wesseling)，從一六三八至一六四一年派駐卑南覓。任職期間，他爲荷蘭東印度公司收集鹿皮、竹材、黃金。一六四八年九月，牧師范堡(Antonius Hambroek)在麻豆社收集到五十四袋米①。這類貢品大大提升了普羅民遮政府的歲收，以一六四四年爲例：各種規費共收了八萬八千荷蘭盾，但如果加計各社上繳的貢品，總額就來到九萬八千五百荷蘭盾②。另一方面，各社可派代表參加一年一次的「地方會議」(landdag)，陳述民怨，然後重申他們對荷蘭長官的效忠。「地方會議」通常於三、四月間在普羅民遮城舉行。一六五二年，行政區增加爲七個，其中五個位在大員以北的西岸，一個位在南岸，另一個位在東南岸。但在北部(例如淡水)和南部(例如卑南覓)，因爲天花爆發或地方不靖，「地方會議」的舉行並不固定③。

荷蘭傳教士

約有一千名訓練有素且裝備精良的荷蘭部隊駐臺，其中三分之一部署在普羅民遮城周圍和熱

① Peter Kang, "Post-national History and the Emerging Dominance of Pimaba in East Taiwan," 5-6; William Campbell, *Formosa under the Dutch*, 230; 村上直次郎譯，《巴達維亞城日記》，第一卷，頁二九八。

② 村上直次郎譯，《巴達維亞城日記》，第二卷，頁二八〇—二八六。

③ James Davidson, *Island of Formosa*, 23-24.

蘭遮城。荷蘭軍隊消滅了小琉球的絕大部分居民，殺掉麻豆社將近一半居民，但荷蘭能有效統治臺灣的漢人農民和原住民，不是靠軍力，而是靠一小群潛心奉獻的喀爾文派傳教士。他們受巴達維亞總督的聘請，在荷蘭東印度公司的公開批可下派來臺灣。該公司向來會視情況需要派出牧師，通常任期二至五年。那意味著不管什麼時候，只會有約六名神職人員赴全島宣講教義。頭十年只有一兩名傳教士，一六五四年，三名常駐臺灣的傳教士，無一人想去偏遠的南部。從法律和政治的觀點看，傳教士受合約束縛和不成文的義務規範，得每個月在熱蘭遮城講道一次，得在聖誕節時在熱蘭遮城裡與臺灣長官一起舉行聖餐儀式。一六二七至一六六二年，共有二十九名傳教士來臺灣，其中有三人當了兩任。東印度公司每年撥下約四千荷蘭盾，支應大員一地神職人員——例如候補牧師漢斯·阿勒豪夫(Hans Olhoff)——的薪水和生活開銷。神職人員的月薪在七十五至一百二十荷蘭盾之間，相對的，臺灣長官的月薪爲兩百荷蘭盾，熱蘭遮議會主席是一百五十，荷蘭東印度公司業務經理是七十五，陸軍上尉是八十，中士是二十①。

一般來講，荷蘭東印度公司派到臺灣的神職人員用心學習原住民語言以求精通，與原住民生活在一塊，且可以娶原住民女子。除了一兩個例外——例如蘇格搭拿斯(Johannes Schotanus)，服務於一六三八—三九)——大部分荷蘭神職人員不只是人格高潔的虔誠基督徒，還是用心的老師。例

---

① William Campbell, *Formosa under the Dutch*, 104.

如他們偶爾會發一些康甘布給原住民，親切有禮對待原住民聚落長老，拿食物、飲料招待他們。藉此，透過長老，吸引來全聚落的人[①]。又如他們教原住民農耕技巧，教讀洋文小冊子，教用羽毛筆蘸墨水寫羅馬拼音族語。第一所學校於一六三六年在新港社創立；羅馬拼音的原住民語言因此得名「新港語」。到一六三八年，已有四十五名男性和五十至六十名女性入學。但後來，隨著全島各地設立的教會學校變多，入學人數劇增。一六三九年，有五百二十六名小學生，四年後增加爲六百多名。甚至有五十名原住民老師協助教導一千多名成人學生。一六四八年起，荷蘭人鼓勵成年男子每天清晨到學校上一小時的課，成年女子也每天上課一小時，但上課時段排在下午四點[②]。此後，臺灣人寫信、寫文件、擬合約，都以羅馬拼音的新港語書寫。現存約一百五十件新港文書表明，晚至一八一三年，臺灣人仍在使用這些拉丁化的文字擬合約。此外，荷蘭傳教士還發展出新港數字體系供數學和簿記之用。毫無疑問的，將臺灣帶進「歷史時期」者是荷蘭人，而非中國人或日本人[③]。

第一位荷蘭傳教士干治士(George Candidius)於一六二七年五月四日來到大員。感情豐富而幹

---

① *Ibid.*, 92.

② 方豪，《臺灣早期史綱》，頁一六五—一六六、一七三；曹永和，《臺灣早期歷史研究續集》，頁七三。

③ 欲進一步了解新港語，參見村上直次郎所著《新港文書》(臺北：捷幼出版，一九九五)。

勁十足的干治士深信，基督教可以打動原住民。但他得做的第一件事乃是學會原住民語。因此，他決定住在新港社，而非有人守護的要塞裡。不久他就編出新港語字彙表，以便教他的堂區居民讀寫。干治士還利用他自己發明的羅馬拼音新港文，編寫出教堂禱文和基督教的主要信條。他待到一六三一年，然後要求派人接替他的位置，但後來又回到新港，一六三三至一六三七年一直在那裡工作①。干治士的同僚暨接替他職位的尤羅伯牧師於一六二九年來臺，在臺當了兩個任期的傳教士，直到一六四三年爲止。尤羅伯也用心學原住民語，爲長會期和短會期編寫教理問答，將聖經部分篇章譯爲新港語。到一六三八年，據估計已有一千名臺灣原住民受洗②。由於新港人皈依基督非常順利，臺灣長官爲他們在新港社裡蓋了幾間石屋。干治士在臺任職期間，光他一人就施洗了五千九百名臺灣人。他可以說是在這島上播下基督教的種子。花德烈(Jacobus Vertrecht)牧師於一六四七年七月十一日抵臺後不久，走訪他轄區內的所有地方，「發現一切井井有條」③。

荷蘭傳教士的傳教活動集中在今臺南、嘉義、西岸中央平原這片地區。臺南以南地區太熱、太潮濕，荷蘭人受不了。阿勒豪夫從一六四四年到巴羅武壠(Vorrovorong)傳教，直到一六五一年死於任上，此後，荷蘭人未再派駐臺牧師到南部。荷蘭人雖於一六四二年將西班牙人趕出淡水和

---

① William Campbell, *Formosa under the Dutch*, 78-79, 97, 101.

② 曹永和，《臺灣早期歷史研究續集》，頁七三。

③ 中村孝志，〈近代臺灣史要〉，頁五八；William Campbell, *Formosa under the Dutch*, 228.

基隆，卻要在十二年後的一六五五年，才有馬修司(Marcus Masius)牧師在淡水設立第一個荷蘭傳教團。一般來講，荷蘭神職人員竭盡所能使原住民女巫師失去族人的信任，提倡經過盟誓的婚姻，反對墮胎。荷蘭統治結束時，荷蘭傳教士已大大改變十七世紀臺灣原住民的習俗和文化①。但諷刺的是其中許多傳教士未能得到他們救世主耶穌基督的恩典，反倒遭到不同形式的懲罰。二十九名荷蘭歸正宗傳教士中，有十一人死於在臺灣傳教時(相對的，在一六二六至一六四二年西班牙統治期間，有三十多位天主教神父在北臺灣工作)。范堡、牟士(Petrus Mus)、溫世繆(Arnoldus A. Winsem)三人遭鄭成功處死，另外兩名遭捕送到中國大陸下獄②。

但倪歐・葛費亞斯(Daniel Gravius)牧師在其服務期間(一六四七—一六五一)，不只買了一百二十一頭牛供蕭壠社耕種土地，還寫了手稿《基督教信仰要項》(*Formulary of Christianity*)。這部作品的第一頁寫道："1: 1 Oulat ki kavouytan ti Jezus Christus, ka na alak ti David, ka na alak ti Abraham"(一：一耶穌基督的族譜，大衛之子，亞伯拉罕之子。)范堡牧師於一六四八年三月二十二

---

① G. H. Bondifield, "The Dutch and Dutch Missions in Formosa," *The Chinese Recorder*, 35(April 1904), 161-171; William Campbell, *Formosa under the Dutch*, 81, 248, 251, 261, 311.

② William Campbell, *Formosa under the Dutch*, 84-86, 275. 欲進一步了解，參見J. J. A. M. Kuepers, *The Dutch Reformed Church in Formosa, 1627-1662: Mission in a Colonial Context* (Switzerland: Nouvelle Revue de Science Missionaire, 1978).

日帶著家眷抵臺後，建議將較爲好戰的南部地區全部交給他負責。在一些語言學家協助下，范堡譯成新港語版的聖約翰福音書、聖馬太福音書。靠荷蘭東印度公司核發的經費，這份手稿於一六六一年以荷蘭語、新港語左右雙欄對照的方式在荷蘭印刷出版（圖四爲荷蘭語、新港語左右對照聖馬太福音書殘本）①。

賺大錢的荷蘭東印度公司

基督教在臺傳教的成功，肯定有助於殖民政權的統治，且還促進了荷蘭東印度公司的生意；在該公司的十九個亞洲轉口貿易中心，日本（長崎）獲利最高，其次就是臺灣，另外九個轉口中心，包括位於斯里蘭卡和暹邏者，都賠錢。金、銀這兩項商品讓該公司賺了大錢。十七世紀上半葉，境內銀礦不多的中國，亟需銀塊作爲流通貨幣。相對的，日本是產銀國，但渴求中國的精緻絲織品。事實上，在一六三〇年代期間，荷蘭輸入日本的商品，絲占了八成多。因此，扮演中間人角色的荷蘭人，從中國沿海購買大量生絲（一擔生絲一百三十五至一百四十五銀兩，一擔約合六

① Daniel Gravius, *The Gospel of St. Matthew in Formosan (Sinkan Dialect)*, 1662 edition (London: Trubner & Co., 1888), 1. 也參見方豪，《臺灣早期史綱》，頁一七二；周婉窈，《臺灣歷史圖說》，頁五。

十．五公斤），在臺灣包裝，打上商標之後，轉運到日本脫手，換取白銀回來。荷蘭東印度公司船隻返程時，裝上日本上等白銀和銅，運往臺灣列冊儲存。該公司文獻記載，一六三六至一六三七年間，荷蘭船總共從日本運出兩千零七十二萬七千四百九十二兩（相當於七十七萬七千兩百八十一公斤）的白銀，其中百分之七十一．九，一千四百八十九萬九千零三十一兩（五十五萬八千七百一十三公斤），運到臺灣。這些白銀將用來購買中國絲和瓷器。但一六五〇、一六六一年間，存放於臺灣的白銀中，有九成其實運到印度和波斯①。這表示荷蘭人不只靠貿易賺錢，還利用國際匯率的利潤率賺錢。

Cap. j. fol: I

Het H. Euangelium
na [de beschrijvinge]
MATTHEI.
Het eerste Capittel.

1 HET Boeck des Geslachtes JESU CHRISTI, des soons Davids / des soons Abrahams.
2 Abraham gewan Isaac. ende Isaac gewan Jacob. ende Jacob ghewan Judam / ende sijne broeders.
3 Ende Judas ghewan Phares ende Zara by Thamar. ende Phares ghewan Esrom. ende Esrom gewan Aram.
4 Ende Aram gewan Aminadab. ende Aminadab gewan Naasson. ende Naasson gewan Salmon.
5 Ende Salmon ghewan Booz by Rachab. ende Booz gewan Obed by Ruth. ende Obed ghewan Jesse.
6 Ende Jesse ghewan David den Koningh. ende David de Koningh gewan Salomon by de ghene die Urias

Hagnau ka D'lligh
Matiktik ka na sasoulat ti
MATTHEUS.
Naunamou ki lbægh ki soulat.

1 SOulat ki kavouytan ti JEZUS CHRISTUS, ka na alak ti David, ka na alak ti Abraham.
2 Ti Abraham ta ni-pou-alak ti Isaac-an. ti Isaac ta ni-pou-alak ti Jakob-an. ti Jacob ta ni-pou-alak ti Juda-an, ki tæ'i-a-papar'appa tyn-da.
3 Ti Judas ta ni-pou-alak na Fares-an na Zara-an-appa p'ouh-koua ti Thamar-an. Ti Fares ta ni-pou-alak ti Esrom-an. Ti Esrom ta ni-pou-alak ti Aram-an.
4 Ti Aram ta ni-pou-alak ti Aminadab-an. Ti Aminadab ta ni-pou-alak ti Naasson-an. Ti Naasson ta ni-pou-alak ti Salmon-an.
5 Ti Salmon ta ni-pou-alak na Boös-an p'ouh-koua ti Rachab-an. Ti Boös ta ni-pou-alak na Obed-an p'ouh-koua ti Ruth-an. Ti Obed ta ni-pou-alak ti Jesse-an.
6 Ti Jesse ta ni-pou-alak ti David-an ka na Mei-sasou ka Si bavau. Ti David ka na Mei-sasou ta ni-pou-alak ti Salomon-an p'ouh-
A koua

CHAP. I. (1) THE book of the generation of Jesus Christ, the son of David, the son of Abraham. (2) Abraham begat Isaac; and Isaac begat Jacob; and Jacob begat Judas and his brethren; (3) and Judas begat Phares and Zara of Thamar; and Phares begat Esrom; and Esrom begat Aram; (4) and Aram begat Aminadab; and Aminadab begat Naasson; and Naasson begat Salmon; (5) and Salmon begat Booz of Rachab; and Booz begat Obed of Ruth; and Obed begat Jesse; (6) and Jesse begat David the king; and David the king begat

圖四　荷蘭語、新港語左右對照的聖馬太福音書殘本

① 白銀統計數據摘自陳國棟的《臺灣的山海經驗》（臺北：遠流出版，二〇〇五），頁三八九。

除了靠賣絲、銀賺錢，荷蘭東印度公司還藉由將中國瓷器賣到歐洲獲利。可靠的統計資料顯示，一六○二至一六八二年間，荷蘭商人總共從中國買了一千六百萬件瓷器(一年平均二十萬件)。這些瓷器同樣先運到熱蘭遮城列冊儲存。文獻還表示，一六三八年有八十九萬三百二十八件精瓷存放於熱蘭遮城；但隔年(一六三九)，有四十七萬件精瓷從臺灣船運到荷蘭①。精明的荷蘭商人總是等有好價錢再將他們獨占的商品投入歐洲不同市場，從生意人的角度看，自是順理成章。荷蘭東印度公司的商人還從東南亞買進琥珀、胡椒、珊瑚、鉛、多種衣物之類商品，先運到臺灣加工、存放，然後轉運到中國、日本和其他地方的市場。但該公司也出口臺灣本地生產的產品，包括大麻、醃薑、white and red gilams、硫磺、鹿皮與長鬃山羊皮，以及大角羚羊皮、乳牛皮、水牛皮、白糖與紅糖。

為提高糖、大麻之類值錢作物的產量，荷蘭人歡迎從飽受戰火摧殘、貧窮不堪的大陸逃難而來的數千名漢人。荷蘭東印度公司透過一小群皈依基督教的漢人和海盜出身的買辦(荷蘭人稱之為Cabessa)，發給每名漢人難民三銀兩的獎勵金，並提供低租金的便宜土地，以及「每個三口之家一條水牛」。到一六六○年，據估計已有超過十萬漢人在臺灣沿海地區落戶，將沼澤地和山坡地開

---

① 瓷器統計數據同樣摘自陳國棟該書，頁三九一。二○○二年七月，本書作者蔡石山教授到波羅的海的彼得大帝夏宮彼得宮(Peterhuff)，親自檢視了許多件這類精美瓷器。

墾爲富生產力的農田。除了付釀酒規費和漁獵許可費，每個漢人男子（受雇於荷蘭東印度公司者例外）還得繳一年一次的人頭稅。但稅與許可費的徵收相當寬鬆，因爲有三分之一的漢人移民從未繳。漢人移民集中耕種稻與甘蔗。到一六五六年，殖民政權登錄的甘蔗田總共有一八三七・三摩根（morgen，荷蘭地積單位，一摩根合〇・八五六公頃），稻田有六五一四・四摩根，稻田大部分位於臺南地區。米是漢人主食，因此可剩餘出口的不多。另一方面，甘蔗很快成爲值錢的經濟作物，外銷到日本、波斯、巴達維亞。稻農得繳一成的收成給荷蘭東印度公司，甘蔗農則完全不必繳田賦。因此，蔗糖的年產量從一六三七年的三千至四千擔增加爲一六五〇年的兩萬至三萬擔①。

另一項値錢產物是鹿，鹿皮外銷日本供製作皮革，乾鹿肉賣到中國當藥材。漢人移民想出各種妙法（包括設陷阱）獵捕鹿和長鬃山羊。一六三八年，荷蘭東印度公司收集到十五萬張獸皮。另一方面，荷蘭人想開發島上的礦物，但不成功。該公司曾在軍方的支持下，在東南部的卑南覓地區三次探勘黃金，全無功而返②。但整體來講，荷蘭的臺灣長官在財務上維持住清償債務的能力，在財政收支上未辜負公司的期望。日本頂尖的荷蘭研究學者中村孝志，以表六來說明一六三二至一六六一年間荷蘭東印度公司在臺灣的收入與支出（單位爲荷蘭盾）③。

---

① 中村孝志，〈近代臺灣史要〉，頁五八。
② 同前。
③ 中村孝志，〈荷蘭人對臺灣的治理〉，頁六七—七一。

表六　荷屬東印度公司在臺灣的收入與支出，1632-1661

年	收 入	支 出	差 額
1632	89,897	76,959	+12,938
1633	193,391	96,980	+96,411
1635	137,163	230,655	-93,492
1636	223,807	132,601	+91,206
1637	119,122	168,626	-49,504
1638	203,321	287,645	-84,324
1639	132,622	302,86	-170,247
1640	268,933	255,34	+13,589
1641	233,095	216,56	+16,533
1642	162,350	223,666	-61,315
1643	346,484	150,481	+196,003
1644	318,037	234,186	+83,851
1645	194,933	232,562	-37,629
1646	238,283	264,254	-25,971
1647	402,342	246,686	+155,656
1648	806,239	236,340	+569,899
1649	1,070,000	603,000	+467,000
1650	882,611	360,677	+521,934
1651	713,704	344,294	+369,410
1652	731,562	390,126	+341,436
1653	667,701	328,784	+338,917
1654	593,624	375,049	+218,575
1655	567,289	453,367	+113,922
1656	536,255	372,741	+163,514
1657	不詳	不詳	-74,691
1658	930,153	528,866	+401,287
1659	598,799	393,091	+205,708
1660	425,352	418,009	+7,343
1661	257,048	386,596	-129,548

該公司一年的支出，包括薪水、食物與其他必需品、要塞、診所與倉庫的營造、維修開銷、征討原住民聚落、西班牙人、中國海盜的軍事開銷。另一方面，荷蘭東印度公司的收入，大部分來自海上貿易的獲利，加上各種許可費和稅收。中國皇帝（荷蘭人稱之爲coninck，對於日本幕府將軍，則稱之爲keijzer）從未禁止中式帆船與臺灣的荷蘭人貿易，但不准荷蘭船進入中國港口。不過，由於地方港口當局的默許，荷蘭人常運貨物進出中國港口。在這樣的情況下，荷蘭人的對華貿易有很長一段時間變動很大，大抵視是否賄賂腐敗的中國官員、是否得到兼營海上劫掠的中國商人合作而異。後一類商人有時精明且討人喜歡，但如果向他們買貨的荷蘭人不願按他們所提的價格買進，他們有時會立即翻臉，變得冷血無情。荷蘭人殖民臺灣之前，荷蘭航運業者就已懂得怎麼和海盜出身、勢力強大的奸商李旦（歐洲人稱之爲Andree Dittus）及李旦的接班人許心素打交道。許心素是廈門人，負責代李旦出面賄賂中國官員。李旦勢力極大，在一六二五年八月死於日本平戶之前，他的船隊主宰從中國沿海到河內、馬尼拉、臺灣、日本南部的龐大貿易網。他有能力糾集舢舨，在大海上攔截荷蘭快艇，且偶爾這麼做。做買賣時，中國人總要先拿到定金，才肯拿出絲和瓷器。但以善於打點中國官場而著稱的許心素，曾有幾次收了荷蘭人定金後，卻未依約出貨，反倒反過頭來要中國當局禁止荷蘭東印度公司的船進廈門或福州港進貨（一六二五年春他就曾這麼做)①。

鄭芝龍、鄭成功等海盜登場

一六二七至一六二九年間，海盜頭子李魁奇(歐洲人口中的Quitsicq)旗下有兩百艘船，一六二九年十一月他的部眾占領廈門後，荷蘭船絕跡於臺灣與中國大陸之間的海域。後來，荷蘭人與另一個海盜頭子鍾斌(Toutsailacq)合作，殲滅李魁奇的船隊。一六三六年秋，出現了新海盜頭子劉香(Jang Lauw)，旗下有一百艘中式帆船，在中國沿海與明朝軍隊相抗。荷蘭航運業者再度展現柔軟身段，付「過路費」給劉香，以便繼續其對華貿易②。最後，出現了勢力最強大、最惡名昭彰的海盜頭子鄭芝龍。以尼古拉．一官之名聞名於十七世紀海上世界的鄭芝龍，靠當買辦發跡，然後成為海盜，最後受明朝招安，官至總兵官。關於鄭芝龍與其威名顯赫之兒子鄭成功(一六四二—一六八一)的生平，歷來說法不一。一般來講，荷蘭人稱他們是「惡徒」和「邪惡、殘酷的海盜頭子」，中國史家雖對鄭芝龍的看法有所保留，卻幾乎一致推崇鄭成功為愛國者、民族英雄、英勇

① 永積洋子，〈荷蘭的臺灣貿易〉，許賢瑤譯，《荷蘭時代臺灣史論文集》，頁二五一—二五九。

② 同前，頁二六二—二六三。也參見曹永和，《臺灣早期歷史研究續集》，頁六四—六六

而正直之人。另一方面，當今的臺灣史家，爲淡化中國對臺灣的影響，則指出鄭成功母親是日本人(田川氏)，他在日本一直住到七歲大。無論如何，當時的荷蘭臺灣長官尼古萊斯・費爾勃格，在其呈給巴達維亞的報告中，聲稱鄭芝龍曾在一六二五至一六二六年當過普特曼斯長官的裁縫，還曾在一六二九年當過德偉特長官的通譯，想藉此貶低這位海盜的身分。但中國、日本的史料提及一六二八年時鄭芝龍已是長崎港、平戶港、福建沿岸港口的「成功商人」，與這份報告的說法並不相符①。

憑著旗下小股部眾，鄭芝龍有時與荷蘭人結盟，有時攻打其他海盜幫。一六二八年，鄭芝龍糾集到約一千艘大小船隻，殺掉海盜商人許心素，藉此掌控了日本、中國間的航運路線，並占領廈門和惡名遠播的海盜巢穴海澄。然後鄭芝龍翦除海盜頭子李魁奇，轉而對付鍾斌，並於一六三一年三月剷除鍾斌的全部幫眾。四年後的一六三五年五月二十三日，鄭芝龍與海盜頭子劉香海戰，了結劉香剩下的六、七百名海盜(包括葡萄牙人和日本人)，從而成爲中國海域的霸主。自那之後，只有持有鄭芝龍所發行之「航行許可證」的航運業者，可航行臺灣海峽。此外，他利用其霸主地位獲取更大利益，拿中國絲換取荷蘭人從東南亞運至福建的胡椒和木材。

---

① 曹永和，《臺灣早期歷史研究續集》，頁六五—六八；永積洋子，〈荷蘭的臺灣貿易〉，頁二七一。也參見R. A. B. Ponsonby Fane所著〈明忠臣鄭氏記〉，收於《臺灣經濟史十集》(臺北：臺灣銀行經濟研究室，一九六六)，頁一〇。

一六三〇年代，鄭芝龍的年收入據稱超過十萬銀兩①。憑著旗下的強大船隊和龐大資產，鄭芝龍巧妙拿捏時機討好中、日高級官員，最後在一六三六年五月獲明朝政府派任福州水軍指揮官。由於有鄭芝龍坐鎮海上，荷蘭東印度公司才得以宣布一六三六年底中國海域已是海盜絕跡。事實上，該公司在臺的貿易，從數量和獲利的角度來看，都比前些年暴增。一六三七年，十四艘荷蘭船載了總值兩百四十六萬七百三十三荷蘭盾的貨物到日本。這些貨物中，有八成，也就是值兩百零四萬兩千三百零二荷蘭盾的貨物，來自臺灣②。隨著個人財產和威望持續上漲，鄭芝龍於一六四〇年晉升為「福建總兵」，轄中國東南三省防務。一六四一至一六四三年間，他權勢如日中天，靠海上貿易賺取了巨額利潤，百分之六十二至七十九的中國生絲和三至八成的絲織品，由他的船載運出口③。

就在這時期，明朝土崩瓦解，滿人入主中國。明朝末代皇帝崇禎自縊於紫禁城內煤山之後不久，滿人攻占北京，建立新王朝清朝，明皇室後裔唐王朱聿鍵逃至福州，一六四五年夏在福州稱帝，改元隆武。鄭芝龍和他兒子鄭成功都宣誓效忠於四十四歲的隆武帝。但隆武帝在搖搖欲墜的大位上只坐了兩個月，即自溺而死，以免遭清軍俘擄。一年後，見風轉舵、務實掛帥的鄭芝龍決

①〈明忠臣鄭氏記〉，頁一二。
②曹永和，《臺灣早期歷史研究續集》，頁六八。
③永積洋子，〈荷蘭的臺灣貿易〉，頁三一二。

定降清，但清朝征南大將軍博洛不信任他，將他終身監禁。鄭成功強烈反對父親的易幟決定。一六四八年，鄭成功糾集龐大兵力，與清軍戰於海上、陸地，到一六四九年已爲苦苦掙扎的明朝收復南方、東南方七省。但一六五一年，鄭成功的部隊開始敗退，領土漸落入清軍之手。不過他的部隊還是在一六五八年夏差點攻進南京，一六六〇年六月在廈門、金門重創清軍。爲壓制鄭成功的海上兵威，滿清強迫沿海數百萬居民往內陸後撤十八公里，然後在人去屋空的土地上每隔四、五公里設置阻絕要塞。滿清藉此有效切斷了鄭成功的補給線和他與南明其他勢力的內陸聯繫①。在這情勢下，鄭成功不得不尋找更安全、更肥沃的根據地。

鄭成功知道臺灣有人數頗多的漢人移民，其中大部分來自他的家鄉泉州，隨時歡迎他來臺。事實上，一六五二年中秋夜，已有個叫郭懷一的福建人在普羅民遮城大舉起事，欲推翻荷蘭東印度公司在臺的統治②。同樣應該指出的，鄭成功反清復明作戰的失利，已削弱他海軍與荷蘭貿易船隊之間重要的合作關係。鄭成功懷疑荷蘭人一直在提供軍火給清軍，以便日後滿清控制住中國大陸後，清廷回報以通商特許權。事實上，已有許多鄭成功的帆船遭荷蘭海軍追逐、攻擊、擊沉。爲此，鄭成功派了名叫納丘達．班夸(Nachoda Banqua)的信使，要求荷蘭人賠償數十萬銀兩，以彌

---

① Ponsonby Fane，〈明忠臣鄭氏記〉，頁三一、三四。

② 關於郭懷一叛亂，說法同樣南轅北轍。中國多項史料稱有數千人因郭懷一之亂遇害，但荷蘭有一史料說只有幾位帶頭鬧事者遭處決。欲進一步了解，參見方豪的《臺灣早期史綱》，頁一九五—一九八。

補他船隻受損、沉沒的損失。但荷蘭人過了許久才體認到真正的威脅隱隱浮現臺灣海峽。一六五八年六月八日，荷蘭的巴達維亞總督馬策伊克(Joan Maatzuyker)遲遲才回覆鄭成功，悍然反駁鄭成功的控訴和指責，駁斥這位明朝將領對荷蘭東印度公司的「大膽要求」和「全無根據的索賠」。這位荷蘭總督申明他的公司未欠鄭成功一毛錢，同時遺憾鄭成功恣意辱罵和毫無根據猜疑①。

中國史家一般同意鄭成功是在一六六一年一月決心攻臺，因爲他在接下來的兩個月期間積極準備對臺兩棲攻擊的事宜。一六六一年三月二十三日，鄭成功率領二十四名指揮官、九百艘船、兩萬五千人，從廈門浩浩蕩蕩出發。他越過一百多英里寬的臺灣海峽，一六六一年四月三十日抵達大員北方的鹿耳門。一六六一年五月一日，鄭成功的弓箭手、盾牌兵、砲兵和火槍兵，開始往熱蘭遮城、普羅民遮城進發。在這緊要關頭，荷蘭領導階層看出無法同時守住兩座要塞，決定放棄普羅民遮城，將荷蘭人和能帶走的武器、食物及其他必需品全撤到熱蘭遮城。他們準備長期死守，還想到動員原住民聚落幫忙抗敵，但爲時已晚。到五月三日，鄭成功和其一萬兩千多的陸軍已駐紮於普羅民遮城四周的開闊地。隔天鄭成功和部隊攻下這要塞。

這時，荷蘭臺灣長官揆一(Frederick Coyett, 1620-1681)修書一封給鄭成功(以荷蘭文寫成但譯成中文)，問鄭成功爲何敵視長期以來的貿易夥伴荷蘭東印度公司，爲何突然把荷蘭人當成敵人。

---

① William Campbell, *Formosa under the Dutch*, 67-69.

信中，揆一再表明荷蘭人希望與鄭成功重修舊好，但未能說動鄭成功。鄭回覆道，爲利於對清作戰，他得拿下臺灣。然後，鄭成功以他一貫直截了當的口吻說道，「你們荷蘭人是自大而愚蠢之徒；對我現在的寬大爲懷，你們會不識好歹；你們會受到最嚴厲的懲罰……你們現在是不是後悔先前不夠識時務？教你們損兵折將，你們就會知道，你們在這裡的兵力不及我的千分之一。」①接著，鄭成功要部隊趁夜色摸到熱蘭遮城附近的大員沙質平原，立即挖戰壕，架起火砲。開始攻城時，熱蘭遮城裡共有一千七百三十三人，其中有八百七十名步兵和三十五名砲手，剩下的是婦孺。在這緊要關頭，巴達維亞的印度議會(Council of India)指派赫馬努斯·柯蘭克·范奧德斯(Hermanus Klenk van Odesse)爲新任臺灣長官，七月五日議會決定派九艘船、七百二十五名部隊援臺。巴達維亞多次祭出重賞，以找人接掌援臺艦隊的司令，最後，畢業自萊登學院(Academy of Leyden)而無作戰經驗的高雅各(Jacob Caeuw)主動請纓，接下此職。但七月三十一日他的船霍赫蘭德號(Hoogelande)駛抵大員港入口時，迎接艦隊和赫馬努斯·柯蘭克的卻是一面面沾有血污的明朝大旗。新任臺灣長官以天候惡劣爲藉口，未踏上臺灣土地，迅即下令船隻航往日本。分道揚鑣的高雅各航往澎湖避難，他的艦隊和救援部隊於一六六一年九月九日終於進入大員港②。

① William Campbell, *Formosa under the Dutch*, 421-423.

② 村上直次郎譯，《巴達維亞城日記》，第三卷，頁二四四—二四五、三〇八—三一一。

援軍從巴達維亞抵臺，鄭成功攻臺難度增加，荷蘭人士氣爲之一振。九月十六日，荷軍砲彈落入鄭成功營地，鄭成功砲手反擊。這番交鋒使荷蘭人死傷兩三百，損失小船三艘。此後，荷蘭人再無法發動攻勢。在這期間，愈來愈多中國人員、武器、物資從福建越過臺灣海峽送來臺灣。艦隊司令高雅各看出這場仗沒有勝算，於是在一六六一年十二月三日，搶救下能搶救的東西之後，帶著他殘破不堪的艦隊駛出大員港①。鄭成功的陸上兵力有數千人，孤立無援的幾百名荷蘭守軍最終抵擋不住。爲人可敬但時運不濟的臺灣長官揆一，一六六二年二月一日簽約投降，將臺灣讓給鄭成功。揆一遭巴達維亞的司法評議會(Council of Justice)判刑，放逐到班達(Banda)附近的普洛艾(Pulo Ay)島，直到一六七四年五月奧蘭治親王下令釋放爲止。揆一最後獲准在極嚴格條件限制下返回荷蘭。一年後，揆一出版《被忽視的臺灣》(*'t Verwaerloosde Formosa*)，書中指稱自己遭巴達維亞當局欺騙，特別是遭頑固至極而性情多變的費爾勃格所騙。他寫道，費爾勃格刻意延誤備戰時機，未能派遣足夠援軍前來守臺②。

獲南明永曆帝敕封爲延平郡王的鄭成功，決意先在島上建立王國，然後以臺灣作爲日後反攻

---

① 這一連串事件的敘述，以揆一的《被忽視的臺灣》(*'t Verwaerloosde Formosa*)(1675)為本。Inez de Beauclair英譯(San Francisco: Chinese Materials Center, 1975)。揆一也在該書中記載了以下情形：「……鄭成功從一六六一年五月開始圍攻福爾摩沙的熱蘭遮城，直到一六六二年二月一日的現在。」

② William Campbell, *Formosa under the Dutch*, 69, 72-74, 439.

大陸的基地，但不到一年，他就以三十九歲之齡去世。但鄭成功的退走臺灣，也帶來數千名明朝忠貞志士、學者、各類難民，他們開始以日漸衰退的明朝社會爲藍本建設臺灣。教人意外的，以反清爲職志的明朝殘餘勢力進入蠻荒的臺灣後，反倒賦予這島新的活力，建立了井然有序的邊疆社會。一六七〇年代，島上據估計有十五萬漢人，爲臺灣歷史上漢人人口首度超越原住民人口(約十一萬)。中文這時成爲官方書寫語言，在教育上，儒家觀念迅即取代歐洲的基督教教義。臺灣島的身分，因此由類似歐洲的偏遠據點，驟然變爲明朝社會的縮小版。但改變即將再度降臨。鄭成功死後，反清復明運動開始走下坡。不斷的內鬥漸漸削弱臺灣的防務，一六八三年，鄭成功的將領降清，臺灣歸入中國版圖。

第三章　貿易網

——臺灣、東南亞、中國沿海

鄭成功治下的臺灣

為反清復明，鄭成功養了超過十萬的大軍，並主要從浙江、福建、廣東三個沿海省分取得經濟資源。此外即靠與日本、東南亞的海上貿易，挹注財力、物力。鄭成功承繼了父親一部分的長才、貿易人員、船隊，迅即將鄭芝龍的貿易網擴大為從華南一直延伸到印度洋的麻六甲海峽。他還在東南亞設立商館，指派官員統領他的船隊，派海外華僑管理他在當地的商業活動①。但一六五六

① 曹永和，《臺灣早期歷史研究》（臺北：聯經出版，一九七九），頁三七三—三九六。欲更深入了解鄭成

年夏，了解鄭成功實力來源的浙閩總督屯泰上書朝廷，建議切斷鄭成功的內地接濟來源。清軍於一六六〇年六月中旬在廈門、金門慘敗之後，鄭成功叛將黃梧建議清廷將沿海三十至五十里（約十六至二十七公里）內的居民全數遷往內陸。從廣東一路到東北遼東半島的沿海居民，因此深受其害。一六六一年，順治帝（一六四四—一六六一）採納屯泰與黃梧的建議，發布遷界令，數百萬人，包括住在離島上者，被迫放棄家園，燒毀船隻。於是「片板不許下水，粒貨不許越疆」，成爲當時的戰鬥口號①。但清廷祭出這一堅壁清野的守勢策略，不只將大海讓給鄭成功，還迫使他尋找更多海上資源，以征討「長角」的滿人。

在這一禁令下，任何船隻，不管種類、載運何種貨物、作何用途，都不得出海。違犯者一律吊死。於是，靠捕魚和海上貿易爲生的浙江、福建、廣東人，突然間生活岌岌可危。不過，這禁令的施行並不嚴密，自有不怕死者找到方法和門路將貨物偷偷帶進、帶出中國，其中許多人靠著賄賂邊鎮守衛或港口當局就如願。十七世紀學者江日昇寫道，「時守界弁兵最有威權；賄之者，縱

（續）

功，參見Ralph C. Croizier, *Koxinga and Chinese Nationalism: History, Myth, and the Hero* (Cambridge, MA: Harvard University, East Asian Research Center, 1977).

①《大清會典事例》，順治朝，卷七七六，〈刑部兵律關津〉（臺北：志文出版重印本，一九六三），頁一一二八。也參見方豪的《方豪六十自定稿》上冊（臺北：作者自印，一九六九），頁六六三—六八二。

其出入不問。」[①]在這期間，來自葡萄牙、暹邏、荷蘭、英國的外國航運業者一再要求與中國通商。一六七八年，葡萄牙商人本多·白勒拉(Bento Pereyra de Faria)以葡萄牙王國使者身分來華，請求獻貢清廷。清廷予以通融，讓他前來廣州，但不走海路，而從澳門走陸路[②]。

清廷頒行遷界令之前，鄭成功的船隻大部分造於福建。這些人稱「福船」的船隻，每艘船能容七十七至五百人[③]。鄭成功轄下船隻，包括戰船和貨船，數量因時而異。上尉埃利斯·克里斯普(Ellis Crisp)在一六七〇年呈給英國東印度公司的報告中寫道，臺灣有兩百艘多種大小的木船，其中十八艘在那年航往日本，其餘船隻受臺灣統治者指揮[④]。值得注意的是，鄭成功被迫退到臺灣時，也有無數忠於明朝者拒絕薙髮、留滿人辮子，選擇逃離中國大陸。他們最後幾乎全落腳於越南、暹邏、柬埔寨、馬來亞、爪哇、菲律賓等東南亞國家。其中有些人也從事海上貿易，熱中於

---

① 江日昇，《臺灣外志》，十七世紀版本，第六卷（臺北：臺灣省文獻委員會重印本，一九九五），頁二三六。

② 陳國棟，《東亞海域一千年》（臺北：遠流出版，二〇〇五），頁二六一。

③ 欲進一步了解，參閱Koizumi Teizo, *The Operation of Chinese Junks*, A. Watson英譯(Ann Arbor: University of Michigan Press, 1972), 2-12.

④ 岩生成一編，周學普譯，《十七世紀臺灣英國貿易史料》（臺北：臺灣銀行經濟研究室，一九五九），頁二七、五五、一九一。欲進一步了解，參閱Anthony Farrington, ed., *The English Factory in Japan 1613-1623*, Vol. 2(London: British Library, 2002).

和來自臺灣的鄭成功代理人做生意。荷蘭史料顯示，到了一六五五年春，已有二十四艘鄭氏船隻從事海上貿易，其中六艘航往巴達維亞，兩艘航往北越的東京，十艘航往暹邏，四艘派往南越的廣南，一艘航往馬尼拉①。

當時，德川幕府掌政下的日本，採行「鎖國政策」，只准中國、荷蘭船到日本，且只准泊靠長崎一港。日本儒學家暨德川家康顧問林羅山（一五八三—一六五七，又名道春），制定了德川幕府初期大部分的制度、禮儀、規章、法令。後來，林羅山的兒子林鵞峰（一六一八—一六八〇）和孫子林鳳岡（一六四四—一七三二），奉命記錄泊靠日本的每艘鄭成功船隻的動向。根據他們零散的紀錄，一六七六年有三艘鄭成功的中式帆船從長崎航往柬埔寨，一六八〇年有四艘航往暹邏貿易，一六八一年至少有一艘航往柬埔寨，一六八二年有四艘航往暹邏買米和火藥。此外，一六八三年有八艘掛鄭氏旗幟的中式帆船，在臺灣與暹邏之間運送米、糖②。據賽門．德爾博（Symon Delboe）一六七二年為英國東印度公司所寫的報告，有四、五艘臺灣船定期於一月時航往馬尼拉，四、五月時返回臺灣③。

---

① 曹永和，《臺灣早期歷史研究》，頁三七七。

② 林鳳岡等編，《華夷變態》，十七世紀版本，卷四，重印本（東京：東洋文庫，一九五八），頁一六七—一六八；卷七，頁三〇七—三〇八；卷九，頁三五五—三五七、三七四、三九二、三九六。

③ Derek Massarella, "Chinese, Tartars and 'Thea' or a Tale of Two Companies: The English East India Company

鄭成功的貿易官員，一如之前據臺的荷蘭人，也懂得如何以臺灣爲中介，經營日本與東南亞之間的轉口貿易，扮演中間人的角色。一六六一至一六八三年間，總共有兩百零一艘臺灣船參與這三角轉口貿易，在此一貿易最盛的一六七一、一六七二年，分別有二十、十六艘投入①。鄭成功的船也師法荷蘭人，將包括香料在內的各種貨物，從東南亞諸國運到臺灣加工、包裝。這些值錢商品，加上糖、鹿皮之類臺灣土產，再運到長崎，換取日本白銀、銅、劍、頭盔、盔甲。這些白銀和武器，有一部分再轉口到柬埔寨和暹邏，換取農產品或純粹脫手獲利②。當時，臺灣一年生產約五萬擔糖，約十萬張鹿皮。這些商品的買賣爲政府獨占，因此臺灣當局利用島上一年所產糖、鹿皮的三分之一，換取英國鐵器和火槍③。

顯而易見的，鄭成功以小島臺灣爲營運基地，雖然領土縮水、兵力縮減，但如此犧牲換到商業擴張和經濟成長。在這同時，中國沿海省份幾位清朝官員體認到，堅壁清野政策造成人民苦不堪

（續）

and Taiwan in the Late Seventeenth Century," *Journal of the Royal Asiatic Society*, ser 3,3,3(1993): 393-426. 也參見岩生成一的《臺灣英國貿易史料》，頁五八。

① 岩生成一，〈近世日支貿易數量考察〉，日本《史學雜誌》第六二編第十一號（一九五三年十一月），頁一一二—一一三。

② 江日昇，《臺灣外志》，第六卷，頁二三七；林鳳岡，《華夷變態》，第七卷，頁三〇四。

③ 岩生成一，《臺灣英國貿易史料》，頁二五—三二、五四—五七、六四。欲進一步了解，參見賴永祥，〈臺灣鄭氏與英國的通商關係〉，《臺灣文獻》第十六卷第二期（一九六五），頁二—九。

言。他們，特別是後來消滅臺灣反清勢力的施琅，一再奏請朝廷放寬禁令。但晚至一六八一年，康熙仍不願撤銷他父親頒行的禁令，表示「海寇未靖，舡隻不宜出洋。」①但鄭成功孫子鄭克塽於一六八三年九月八日向施琅投降之後，康熙論道，「今臺灣降附，海賊蕩平，該省(福建)近海地方應行事件自當酌量陸續施行。」②同年年底，康熙派吏部侍郎杜臻和大學士席柱到閩粵重劃禁制地界，以讓人民能回去荒無人煙的沿海地區居住。

清朝治下的臺灣

一六八四年七月，康熙不只同意將禁制地界遷到更接近海濱處，還下令只要地方當局採取措施課徵規費、關稅，可恢復捕魚、貿易。但有個但書：船運貨物不得超過五百擔③。一年後(一六八五)，上海(江蘇省)、寧波(浙江省)、廈門(福建省)、廣州(廣東省)四地分別設立海關所，以對外國貢品和國內貿易課徵關稅。無桅或無帆的小漁船，繳許可費給地方官府。另一方面，大船的

① 中國第一歷史檔案館編，《康熙起居注》，第二冊(北京：中華書局，一九八四)，頁六五七。
② 同前，頁一〇六六。
③ 同前，頁一三二〇—一三二二。

稅由海關官員根據桅、帆數量核定、徵收①。不久，外國航運業者跟進，利用這四處海關重啓其對華貿易。這些海關繼續掌理中國的海上貿易，直到一七五七年乾隆皇帝(一七三六—一七九五在位)下令所有對外貿易集中於廣州一地爲止②。

清廷決定廢除海禁，讓人民恢復海上活動，有幾個不得不然的理由。首先，中國亟需進口白銀和銅鑄幣，以使經濟運轉順暢。由於來自馬尼拉或日本的白銀供應中斷，中國經濟已因爲貨幣流通吃緊而停滯。其次，居住於多山之福建、廣東的居民，長期以來靠捕魚和出口本地產品(特別是絲、茶、木材)爲生。任何人都看得出來，四十年的海禁已使這些人無以爲生，生活苦不堪言。最後，清廷需要新財源挹注已因多場征戰耗竭的國庫。

在海峽對岸，鄭成功當政時，已從福建引進種子植物和新的耕種、製造方法，大大促進臺灣的甘蔗種植。鄭氏統治期間，臺灣的糖產量大增。在南臺灣某些地方，稻米與甘蔗每隔兩三年輪種。在北臺灣，甘薯、花生、豆類有時隔年輪種。華北消費的糖，有很大一部分來自臺灣，但糖

① 昆岡編，《大清會典事例》，光緒朝，卷二三九，「關稅條」(北京：中華書局重印本，一九九一)，頁八一五—八一六。

② 此事被稱作洪任輝(James Flint)事件。洪任輝是英國東印度公司代表，私自率船到天津，透過直隸總督向清廷告御狀，乾隆皇帝閱後大怒，下令所有歐、美商人此後只許在廣州收泊交易。但來自亞洲諸國的船運業者仍可繼續泊靠其他港口，未受阻撓。

也能帶來現金外匯。例如，一六八五年七月，清廷賣了二十三船的糖給日本，換取白銀①。清廷爲臺灣糖的出口設了額度。一六八五年，臺灣縣分配到的額度是六千擔，鳳山縣是一千五百擔，諸羅縣是三千五百擔。一年後，全島額度增加爲兩萬多擔②。

爲便於管理海關和徵收關稅，清廷大致上採行所謂的「港對港」直接貿易制度。此外，指定福建三港與臺灣三港直接貿易，即福建的蚶江對臺灣的鹿港，福州對淡水，廈門對臺南的鹿耳門。換句話說，來自廈門的航運業者只能與鹿耳門貿易，來自淡水的貨物只能在福州卸貨。清廷還要航運業者駛往臺灣之前，得先登記，取得許可。船到港時，海關官員先核對出航許可、船員名冊、貨物清單，核對無誤，船員才准上岸③。但經驗老到的精明船東知道自己的

圖五　臺灣的漢人移民

① 木宮泰彥，《中日交通史》，陳捷譯（臺北：九思出版，一九七八），頁三三六；也參見James W. Davidson, *The Island of Formosa: Past and Present* (London: Macmillan, 1903), 445-447.

② Ts'ao Yung-ho(曹永和)"Taiwan as an Enterport in East Asian in the Seventeenth Century," *Itinerario* xxi no. 3(1997): 105; 參看《臺灣文獻叢刊》第十三種（臺北：臺灣銀行經濟研究室，一九五八），頁六七—六八；第八十四種（一九六〇），頁一六九。

③ 周憲文，《清治臺灣經濟史》（臺北：臺灣銀行經濟研究室，一九五七），頁八〇。

船貨在哪裡賣得好，往往違反規定。由於違法亂禁之事層出不窮，清廷決定派海軍船艦押送貨船到指定港口。儘管如此，違法和非法買賣行為未有稍減。最後，一七一八年，戶部應浙閩總督覺羅滿保的要求，發布新規定，要求所有航自或航往臺灣的貨船先在澎湖登記，然後在廈門海關付關稅，再前往其他港口。一七七八年，一年有數百艘船泊靠臺南，五十年後，《廈門志》記載，每年有一千多艘船往來於廈門、臺南之間①。

接下來六十六年(一七八四年止)，廈門港與臺南鹿耳門獨攬中國大陸與臺灣之間的貿易，至少就書面資料看是如此。但臺灣還有十七座可通舟楫的港口，因此，甘冒風險的航運業者覺得，將貨物從其中某座港口直接運到越南、澳門或天津(而非廈門)，更有賺頭，且更省事。採取這一做法，航運業者不僅避掉關稅，還免掉繁瑣的海關作業。例如一七三一年七月下旬至十月之間，共有五十三艘福建帆船載了臺灣白糖、紅糖、糖果直航天津，每艘船上通常有水手約二十名。最後清廷理解到單單一港無法滿足日益上漲的海峽兩岸市場需求，於是，一七八四年，臺灣西部中間的鹿港獲准與福建的蚶江港直接貿易，四年後，淡水加入通商口岸之列，獲准與福州直接貿易。但接下來五十年，臺南仍是臺灣最繁忙的港口，因為大部分中式帆船偏愛在臺南買賣貨物。

① 張本政，《清實錄臺灣史資料專輯》(福州：福建人民出版，一九九三)，頁五九、八二—八三。陳國棟，《臺灣的山海經驗》(臺北：遠流出版，二〇〇五)，頁二三七。

到了一八二六年，另兩個港口海豐（位於雲林）和烏石（位於宜蘭）也成爲官方指定與福建對渡的商港[①]。最後，一八二〇年六月二十九日，嘉慶帝（一七九六—一八二〇在位）要其內閣大學士廢除港對港直接貿易限制，因爲航運業者碰上季風雨和變化莫測的暴風雨，往往不得不航往非指定港口[②]。

十九世紀中葉之前，中國大陸與臺灣之間的貿易一直由中國大陸的需求和市場來主導。臺灣出口米、花生油、糖、大麻、靛青染料之類農產品到大陸，但島民鮮少從大陸進口大量商品。因此，只有少數駛往臺灣的大陸船載運棉布、鐵器、草藥之類東西，但大部分只載著壓艙物前往。小型中式帆船能載兩千至三千擔貨，大型中式帆船則能載五千至六千擔的船貨。中式帆船的船東大部分是福建泉州、漳州的有錢商人，而且他們組成名爲「郊」的非正式行會。臺灣境內有三個「郊」。北郊由二十多個商行組成，專做臺灣與寧波、上海、牛莊、煙臺、天津之間的貿易。南郊有三十多家商行，出口臺灣貨到金門、廈門、漳州、泉州、香港、汕頭、澳門。最後有個糖郊，是「糖業大王」李勝興所主導成立。他的糖郊控制了當時臺灣大部分糖業。「郊」是臺灣商業資本主義的原型，每個「郊」都組成董事會，選董事長，定期將收益再投資，以獲致更大利

① 陳國棟，《臺灣的山海經驗》，頁六三；也參見李廷壁等編《彰化縣志》，收於《中國方志叢書》，一八三六年版，第十六卷（臺北：成文出版重印本，一九八三），頁二〇四—二〇五。

② 張本政，《清實錄臺灣史資料專輯》，頁七二二。

潤[1]。

亞熱帶氣候和豐沛降雨，帶給臺灣理想的種稻農地。種稻需要極潮濕的土壤（若非靠雨滋潤就是靠人工灌溉），而從北到南的臺灣農民，在生長季的大部分時期，都讓稻田爲水所覆蓋。當時臺灣的稻田面積不詳，但十八世紀下半葉期間，臺灣每年能生產一百二十六萬擔到兩百萬擔的米[2]。臺灣米不只用來餵養福建境內福州、漳州、泉州之類多山地區的人民，還出口到江蘇、浙江、天津。此外，臺灣米常用來賑濟大陸饑荒。一七四一年，將近十萬擔白米和糙米運到大陸供軍民食用，一八二〇年代初期，從臺灣運到大陸的米，一年平均爲一百萬擔。甚至負載量五百擔的漁船都用來運送臺灣米，以換取大陸生產的奢侈品，例如絲織品與棉織品、酒、廚房器皿。十九世紀初期，有位鹿港官員報告道，豐年時，半官方的帆船從官方指定的港口載送了兩百多萬擔的臺灣米到大陸[3]。可想而知，每年還有數千擔的米由非法販子偷偷運出島，但未納入官方統計。

---

① 黎拔剛，〈臺灣的郊商〉，《中國方志叢書》臺灣地區第九十七號，一八三六年版（臺北：成文出版重印本，一九八三），頁六〇三—六〇四。

② 王世慶，〈清代臺灣的米產與外銷〉，《臺灣文獻》第九卷第一期（一九五八年三月），頁一六—一七。

③ 陳國棟，《臺灣的山海經驗》，頁二三二—二三三；參看歷史與語言研究所編《明清史料》戊編第九冊（臺北：中研院，一九五三—一九五四），頁八一二a；姚瑩《中復堂選集》（《臺灣文獻叢刊》第八十三種，一九六〇），頁一六九；Yeh-chien Wang（王業鍵），"Food Supply in Eighteenth-Century Fukein," *Late Imperial China*, 7, no. 2 (December 1986): 90-91.

據估計，有多達三萬五千英畝的地專門用來種植甘蔗，這些地大部分位在嘉義、臺南、鳳山。每一英畝地可生產一百六十至三百二十擔（九千六百六十至一萬九千三百二十公斤）的甘蔗，到一七二〇年代，臺灣的蔗糖產量已達一百萬擔。採收季節時，婦女小孩幫忙剝掉下層蔗葉，男人則砍下甘蔗。島上有一千多座由個人經營的糖廠，每座糖廠雇用十到十四名工人，榨甘蔗汁煉糖。一八三三年，《廣州紀錄報》（*Canton Register*）報導，每年有二十多艘船載臺灣糖到天津①。十九世紀中葉期間，臺灣每年出口十六萬擔糖，價值約四十七萬美元。一八五六年，美國羅賓內洋行（Robinet

圖六　18世紀的臺灣貿易帆船

① 黃叔璥，《臺海使槎錄》（《臺灣文獻叢刊》第四種，一九五七）；也參見Davidson, *Island of Formoas*, 445, 447.

Company)在高雄開設商行，將臺灣糖出口日本和美國加州(當時高雄已取代臺南成爲南臺灣第一大港)。一八七〇年之前，糖的總出口量從未超過一千六百八十萬公斤，但那一年，糖出口量成長一倍，此後有增無減。一八七二年，共有兩百三十六萬公斤的臺灣糖運到倫敦。此外，由於澳洲對糖的需求漸增，一八七三年，墨爾本砂糖洋行的代表到高雄，下了數大筆訂單①。

南臺灣(包括澎湖)的沙質土壤，非常適合種花生。中國人愛吃花生果腹，提煉花生油供炒菜用，還將花生壓碎成厚餅作肥料。臺灣的花生餅普遍用來餵養池塘魚，和替尚未移植到稻田的稻苗施肥。花生是臺灣出口到中國大陸的值錢商品之一。一八九六年，奧古斯丁・亨利(Augustine Henry)醫生爲英國《皇家亞洲日本學會會報》(*Transactions of the Royal Asiatic Society of Japan*)，辨識出一千四百二十八種臺灣植物，其中幾種植物生產靛藍染料，特別是在大陸價錢極好而用來染布的艷藍染料。靛藍染料與糖、大麻一起從臺南、淡水運到廈門、福州、寧波、天津之類大港。美國記者禮密臣(James W. Davidson)報導，一八五六年臺灣出口七千擔靛藍染料，但一八八八年增加爲兩萬一千擔。這時，靛藍染料已成爲臺灣船運出口貨物中出貨量、出口値居第三大者，僅次於稻米和煤②。

① Davidson, *Island of Formoas*, 445, 446.

② *Ibid.*, 514-515.

臺灣農民於晚春時在河川低地區種下黃麻種子，九月時就可採收黃麻莖（一般稱作麻皮）。曬乾的麻皮用來製造另一項受大陸人喜愛的臺灣產品麻繩。臺灣人也種桑樹，刮下樹皮造紙。曬乾的桑皮紙用來製造油紙傘、燈籠、雨披。最後，以生長於中臺灣大甲溪岸的藺草編織成的產品，也成爲熱銷的出口品。曬乾的藺草呈現天然的黃褐色，製成柔軟可彎曲的美麗帽子、席子、床墊。這些產品成爲來臺的大陸人喜愛的紀念品，帶回大陸供熱天時使用。

一八四〇年之前，中式帆船主宰了東亞、東南亞的海上貿易。十八、十九世紀之交，據估計有五千八百艘中式帆船在中國沿海從事各種貿易活動。它們能載運總值兩千六百四十萬西班牙銀幣（當時亞洲主要的貿易貨幣）的六十八萬噸貨物①。晚至一八二〇年代，航行於亞洲水域的中式貿易帆船，仍大部分由中國人或海外華僑製造、擁有、以中國人或華僑爲船員。馬士報告道，一八二〇年，總共有兩百九十五艘中式帆船從事中國與東南亞諸國間的貿易，總負載量達八萬五千兩百噸；而英國東印度公司用於對華貿易的船隻，平均一年的負載量只有兩萬一千四百三十二噸。當時，中國一年的對外貿易額爲六百九十多萬西班牙銀幣。但一八一八年，所有洋行運進廣州的

① John King Fairbank（費正清）, *Trade and Diplomacy on the China Coast* (Cambridge, MA: Harvard University Press, 1935), 312, 321; 也參閱田汝康，〈再論十七至十九世紀中國帆船業的發展〉，《歷史研究》（一九五七年十二月），頁七。

貨物約值四百三十萬銀幣，外國航運業者運出廣州的商品，總值不到六百萬銀幣①。這些統計數據表明，中式帆船的表現，相較於歐、美商船毫不遜色。但一八三三年歐洲船長協助暹邏政府建造其第一艘羅恰船(譯按：lorcha，中國式帆裝、西式船型的三桅帆船)之後，中式帆船漸居下風。一八四三年，蒸汽驅動的「大不列顛號」成功航越大西洋，隨之爲中式帆船在貿易領域的前景敲下喪鐘。簡而言之，在大海上，中式帆船再也不是航速快而體型更大的外國汽船的對手。

海峽兩岸貿易鼎盛時期，每年有一千多艘中式帆船來臺，但一八五〇年一整年，只有一百五十艘中式帆船爲商業目的泊靠臺灣港口。這時候，廈門只剩二十或三十艘貿易用的中式帆船②。原因出在已不再使用較小、較慢、較危險的中式帆船，來將米、煤、糖等臺灣產品運到大陸和其他地方，而改用更大、更快、更安全、載貨成本更低的外國汽船。但中式帆船貿易的下滑，原因不只這麼單純。嚴格來說，外國航運業者在一八六二年前不准和臺灣貿易。但英、美籍航運業者，在發現將鴉片賣到臺灣，再運出臺灣的樟腦、糖、煤，很有賺頭之後，早已把中國的貿易規定視

---

① 田汝康，〈十七世紀至十九世紀中國帆船在東南亞航運和商業上的地位〉，《歷史研究》（北京：科學出版，一九五六年八月），頁一五—一八；Hosea B. Morse(馬士), *The Chronicles of the East India Company Trading to China, 1635-1834*, vol. 2（Oxford: Clarendon Press, 1926-1929）, 344-345; vol. 3, appendix, "East India Company's Ships at Canton, 1805-1820."

② 陳國棟，《臺灣的山海經驗》，頁二三七—二三九。

如具文。另一方面，清朝官員無法止住這類「非法」貿易，主要因爲他們未能完全管轄臺灣。

不要忘了，臺灣由於其地理位置和相關的暴風雨模式，向來以船隻失事率高而著稱，因而使大陸與臺灣之間的貿易充滿危險。一八五〇至一八六九年，共有一百五十艘船在沒有燈光、沒有人員巡邏的臺灣海岸上或海岸附近失事、失蹤。此外，平均來講，每年有十多艘中式帆船在橫渡臺灣海峽時沉沒①。最糟的是，這些中式帆船損失後，通常沒有新船遞補。然後，在未經勘測的臺灣沿海，有一些海盜出沒，威脅航行安全。整體來講，這些海盜不把官府的護衛帆船放在眼裡，但對配有火砲的西方汽船有所忌憚。考量過這些因素後，就能理解爲何落伍的中式帆船在一八六〇年代已經「式微」。這一情勢最終波及到臺灣的整體海上貿易。一八二三年，鹿耳門的航行水道因一場嚴重暴風雨而淤積，到了一八五〇年代，大型洋輪已難以進出該港，外國船長從此轉而到淡水、高雄貿易。結果就是臺南的貿易活動每下愈況，而先前在「郊」制度下繁榮一時的商行也衰落，終至消失。

① Davidson, *Island of Formoas*, 180；也參見姚瑩，《中復堂選集》，頁一一九—一二二。

海盜橫行臺灣

清朝地方官員的貪婪，激起民變，使亂民趁著法紀蕩然時牟取個人利益。但常年存在、殺人越貨的海上劫掠，也危害清朝對臺的統治，大大削弱清廷對島民的管轄權。海盜和土匪利用游擊戰法，騷擾、擊潰人數雖然較多、但裝備不良、組織散亂的官軍。一七九〇年代海盜猖獗時期，有十多幫海盜常襲掠浙江、福建、廣東三個沿海省份。勢力範圍最大、破壞力最強者，是以福建人蔡牽爲首的海盜幫，和以廣東人朱濆爲首的海盜幫。蔡牽通常在廈門以北海岸劫掠，朱濆則控制從廈門到南海的海域。蔡牽是泉州府同安縣人，自幼家貧，約四十五歲時才轉爲海盜。蔡牽旗下一百多艘海盜船橫行中國沿海，攻擊官府帆船和商船，煽動不滿官府的人民反叛。官府寶庫、糧倉、運送官方貢賦的半官方船隻，成爲蔡牽幫眾最愛攻擊的目標。但蔡牽保證不傷害無辜商人和平民，且說到做到。大概受了他膽子大、足智多謀的妻子（也是泉州人）影響，蔡牽嚴禁幫眾傷害、強暴女俘虜①。十八世紀結束時，蔡牽轄下已有一萬五千至兩萬名經驗老到的水手、政治難

① 謝金鑾編，《臺灣縣志》（一八〇七）（臺北：國防研究院重印本，一九六八），頁三七九—三八七。對中國海盜的全面探討，可參閱Dian H. Murray, *Pirates of the South China Coast, 1790-1810* (Stanford: Stanford University Press, 1987).

民、劫掠者。他常以臺灣作爲安全的退居之所，用以計算、貯藏他的財產，因此非常熟悉這島。

一八〇〇年，蔡牽的海盜幫眾洗劫北部淡水、艋舺、宜蘭和南部臺南、鳳山的官府金庫，這兩區域之間的臺灣城鎮也未能躲過他的毒手。清朝官員鎮壓無功，反使蔡牽的海盜幫勢力更大，更恣意劫掠。一八〇一年，另一個海盜頭子朱濆也數次劫掠從鹿港到北部淡水的臺灣沿岸。一八〇三年夏，蔡牽拿出他幫眾從官方糧倉、金庫洗劫來的數千擔臺灣米，和不計其數的銀兩分濟朱濆。自那之後，蔡、朱與其他強大海盜的武力合流，據說船隻總數增加到六百至七百艘①。一八〇四年五、六月，蔡牽帶領六十艘船劫掠鹿港、澎湖、鹿耳門。在鹿港，蔡牽利用漳、泉世仇，劫掠鹿港周邊數個聚落。漳、泉兩族群因械鬥而兩敗俱傷後，雙方握手言和，情勢平靜了一陣子，得以合力對付海盜。但由於駐臺清軍未能阻止海盜劫掠，人民開始不滿官府失職。後來，前後兩任臺灣水師協副將詹勝、錢萬逵，因辦事不力遭撤職②。到一八〇四年冬，蔡牽已南移，與鳳山地區的叛亂分子合流。蔡牽幫眾攻打鳳山，洗劫鳳山縣署。他們還在擊潰清軍後，攻占漁港東港。但在東港附近一役，蔡牽妻子受重傷，不久身亡③。

---

① Hosea B. Morse, *East India Company Trading to China*, vol. 3, 7.

② 黃典權，〈蔡牽朱濆海盜之研究〉，《臺南文化》，第六卷第一期(一九五八年八月)，頁七八。也參見 Davidson, *Island of Formoas*, 93.

③ 同前；也參見謝金鑾編，《臺灣縣志外編》(臺北：國防研究院，一九六八)，頁三八七—三八八。

一八〇五年初夏，蔡牽的海盜再度活躍於臺灣數個河口附近。他們於淡水、鹿耳門登陸後，立即與逃來臺灣躲避清廷迫害的反清復明地下黨人和罪犯取得聯繫。據說有來自嘉義地區的數千名土匪加入蔡牽陣營；其中有幾位文人同意替蔡牽做文書工作，包括草擬即位詔書。蔡牽在拿下的每個城鎮張貼他僞詔的敕令，自稱「鎮海威武王」，年號光明，宣布欲在臺灣建立王朝與大陸清朝相抗衡。他仿中國王朝傳統，發令旗，製玉璽，訂儀禮，封親屬和指揮官爲高官①。這一驚人發展最終引來清廷的注意，於是派閩浙水師提督李長庚（一七五〇—一八〇八）率一千名精兵前來平亂。李長庚立即率兵登陸鹿港，往南進發，征討蔡牽幫眾。

但足智多謀、沉得住氣的蔡牽等到一八〇五年十二月才再回淡水。這一次他全殲清朝守軍（包括軍官二十四名和兵兩千名），獲得大勝，隨後以臺北淡水河邊的艋舺區爲大本營。蔡牽大勝的衝擊，如星火燎原迅即往南傳到彰化、嘉義、臺南、鳳山，乃至更小的村鎮。全島騷動。海盜接著進攻安平，圍攻臺灣府，蔡牽則坐鎮旗艦，在不致遭該城守軍砲擊的安全海面上指揮兩棲作戰。著名的臺灣府之役打了三星期，雙方皆傷亡慘重，然後，一八〇六年初水師提督李長庚的艦隊到來。靈活的蔡牽再度戰術撤退，一八〇六年三月返回鹿耳門，繼續恣掠臺灣沿海。儘管失去五十至六十艘船和據估計損失一萬兵力，儘管建朝稱王的雄心受挫，蔡牽的艦隊仍是難以撼動的

---

① 郭廷以，《臺灣史事概說》（臺北：正中書局，一九五八），頁一三二。

勢力①。

蔡牽一再入侵臺灣，清楚說明島上清朝官員的無能。在一八〇五至一八〇六年，蔡牽全力且有計畫的攻打臺灣沿海這一年間，海盜洗劫並燒毀淡水、嘉義、鳳山三縣的縣署。據清朝官方報告，蔡牽的海盜從艋舺的淡水糧倉搶走五千八百二十二擔米，從嘉義縣兩大糧倉搶走將近兩千八百七十擔穀物，從南部的鳳山縣搶走六萬三千六百六十擔米，和一萬兩千五百一十兩銀子。一八〇六年晚春，蔡牽的海盜殺害多達一千五百七十八名鄉勇和數千名訓練不良的官軍。但他走後，留下總數達四十四萬一千三百八十一名的難民②。不過，必須指出的是，蔡牽將他從官府那裡搶來的米和錢，拿出一部分分濟難民。事實上，他與官軍作戰時，島上許多人選擇當他的斥候。還有些島民受他召募，幫忙保護或運送他的掠奪品和糧食等必需品。可以合理推測，蔡牽的海盜裡，有些人娶了島上原住民女子爲妻（這是入侵、占領外人土地時常有的事）。傳說蔡牽旗下海盜的後代是嘉義縣布袋鎮民的組成核心，蔡姓占了今日這個沿海小鎮八成五的人口。

① 謝金鑾編，《臺灣縣志外編》，頁三七八—三八二。

② 《臺灣通志》，編於光緒朝（臺北：國防研究院重印本，一九六八），頁五二七。一七二三年，清廷設立淡水廳，轄北臺灣全境。當時，臺北城尚不存在。臺北當時叫大稻埕，一如查理曼大帝時巴黎叫法蘭西島。一七二七年首度派兵駐防淡水，要塞設在淡水河口，但後來將其總部遷到艋舺。臺北府是較晚設立的行政區，一八七五年淡水廳與臺北府分離時才設立，並將艋舺併入其轄區。

接下來兩年，蔡牽的海盜完全控制臺灣海峽，大陸與臺灣之間的海域成爲他的地盤。在義子蔡二來和侄子蔡文福協助下，蔡牽形同「臺灣王」，向每艘通過臺灣海峽的中式帆船強索四百至八百銀兩的過路費。此外，一八〇八年一月，經過一番苦戰，他在廣東外海，汕頭「黑水洋」附近，擊敗、擊斃宿敵李長庚①。清廷指派王得祿（一七七〇—一八四一）接任李長庚的浙閩水師提督之職。但王得祿上任後，仍拿行蹤飄忽的蔡牽沒轍，直到一八〇九年夏，才得以將蔡牽困在浙江定海島附近的漁場。接下來爆發的海戰中，王得祿遭砲彈碎片擊傷，蔡牽和幾名家人則在大勢已去後，不肯受俘，自沉而死。蔡牽死訊傳到北京時，嘉慶帝大爲歡喜，賜封王得祿二等子爵。數月後，勢力僅次於蔡牽的臺灣海盜頭子朱濆，也在金門附近遭圍剿身亡②。

海盜頭子蔡牽、朱濆之死，爲臺灣海峽帶來平靜，但平靜爲時不久，因爲清廷未能根除民亂的禍根，例如貪官的誣陷、貧窮、人口過多、內部不滿。在清朝國勢日益衰落下，包括沿海各省在內的各地，官箴敗壞，社會與經濟的脫序加劇。每次海盜和叛亂分子因內鬥而自行削弱，清廷即下令赦免這些亂民之罪。另一方面，一旦情勢顯示海上劫掠大有可爲，海盜復熾，再度侵擾沿海。到一八三〇、四〇年代，中國海盜已往往和來自東南亞的海盜聯手打劫，且取得較大的船，

① 李長庚死於嘉慶十二年陰曆十二月二十五日。欲更深入了解李長庚，參見Arthur W. Hummel, ed., *Eminent Chinese of the Ch'ing Period* (Washington, DC: Government Printing House, 1943), 446-447.

② Davidson, *Island of Formoas*, 94.

有時比他們所交手的官軍帆船要大上兩三倍。較老舊的官府帆船得定期靠岸頗長時間，以清除船殼上拖慢航速的藤壺。相對的，海盜船通常較新，配備了購自歐洲人的重砲和較大火砲。官軍帆船所用的砲彈，只一兩斤重（一斤合六〇四．五三公克），但海盜船所用砲彈，不僅較大，且速度較快，射程較遠①。

十九世紀中葉時，清朝解體之勢因外患而大大加劇。一八四一年八月二十六日，英軍拿下廈門時，臺灣府與鹿港的行會商人位於福建的生意有八、九成停擺，

圖七　清廷的海軍戰艦

①蘇同炳，〈海盜蔡牽始末〉，《臺灣文獻》第二五卷第四期（一九七四年十二月），頁五。

因此損失慘重[1]。福州將軍在呈給道光帝(一八二一—一八五〇在位)的奏章中說道，「惟該處自經兵燹，富商巨賈大半凋殘。從前在彼行戶，多至數十家，近則十存一二。」[2]廈門的情勢在接下來幾年稍有好轉，但榮景顯然已不可能再現。一八五〇年左右，上海、廈門的天地會分會組成以反清復明爲職志的「小刀會」。一八五三年初，小刀會成員戴帽子、穿藍色短上衣、上別紅布章，攻下廈門，同時攻占上海。激戰當頭，幾名貪生怕死的無能清軍軍官向叛軍投降。廈門落入小刀會之手時，船主和行會商人不得不再度收拾家當逃難。但一八五五年二月，中國境內的洋人決定幫助官軍，在廈門、上海兩地出兵對付小刀會[3]。

這時候，華北已爆發多起民變，並迅速蔓延到包括臺灣在內的其他幾個地方。從一八三〇年代到一八五〇年代，隨著島上漢人的日增，臺灣爆發了數起未遭官方制止的民變、村際械鬥、氏族或「宗族」仇殺、搶地或搶水衝突。人口成長(從十八世紀末期據估計的五十萬人增加爲十九世紀中葉時的兩百萬人)，源自人口的自然增殖和來自大陸的新移民。曾有一次民變，憤怒的暴民強

---

① 姚瑩，《中復堂選集》，頁九七—一〇一。

② 陳國棟，《臺灣的山海經驗》，頁二四一—二四三。

③ Jean Chesneaux, *Secret Societies in China in the Nineteenth and Twentieth Centuries* (Ann Arbor: The University of Michigan Press, 1971), 85-87.

大到攻下臺灣府城，逐走城中官軍①。總之，外國戰艦的威脅、頻頻生變的島上情勢、中國不穩定的市場，使臺灣的糖、米、靛藍染料等商品難以運到大陸。根據清朝官方報告和臺灣幾大港的地方志，學者陳國棟推斷，臺灣與中國大陸貿易的鼎盛時期（一七八〇—一八二〇），每年從臺灣船運到大陸的貨物量在一百九十萬擔（十三萬三千噸）到兩百二十五萬擔（十五萬七千五百噸）之間。到了鴉片戰爭時（一八四〇—一八四二），則降至只有五十萬擔到六十萬擔（三萬五千噸到四萬兩千噸）②。

貿易量的下滑，導致海關稅收變少，進而造成經濟全面蕭條。但中國國庫收入的萎縮，也可歸因於鴉片戰爭孕育出的「不平等條約」體制。首先，一八四二年英國強迫中國簽下南京條約，接著出現中英虎門條約（一八四三）、中美望廈條約（一八四四）、中法黃埔條約（一八四四）、中國與英、法、美、俄的天津條約（一八五八）。由於這些條約，中國被迫開放五個口岸（上海、寧波、福州、廈門、廣州），供西方人通商和外國官員居住。這些強權國家還取得按照貨價固定抽百分之五進口關稅的待遇，從而使中國日後無法施行保護性關稅。此外，歐、美列強享有治外法權，使

① 姚瑩，《中復堂選集》，頁八六—八七、一一三—一一六。從這名稱的實際意涵來看，臺灣府是較大的行政區，因為「府」除了作為首府，還涵蓋周邊數個縣和地區。但臺灣府治位於臺南市，因此十九世紀的歐、美人常稱臺南為臺灣府，稱臺灣府為臺南。於是，他們與倫敦、華盛頓的通信中，臺灣府、臺南就成了同義詞。

② 陳國棟，《臺灣的山海經驗》，頁二七六—二七七。

歐美在華僑民訴訟得由他們的領事裁判，使歐美享有片面最惠國待遇，有權派戰艦駐守五大通商口岸以保護商業活動，管轄他們的水手。最後，這些條約還賦予列強治理通商口岸裡整個外國「租界」的權利。

這些條約往往相互擴充、彼此強化。根據天津條約，中國還同意外國人主持大清皇家海關總稅務司署(Imperial Customs Service)。一八五四年時，英國人、美國人、法國人已開始在五大通商口岸擔任中國海關督查員。一八六一年，李泰國(Horatio N. Lay)出任中國總稅務司，一八六三年由赫德(Robert Hart)接任。在赫德主持下，中國國際海關機構誕生，到了一八七五年，雇用了七十一名英籍、十八名法籍、十四名美籍、九名德籍職員。在美籍職員中，亨利·梅里爾(Henry F. Merrill)、查爾斯·克拉克(Charles Cecil Clarke)、馬士、威廉·史品尼，都是一八七四年以優異成績畢業的哈佛大學高材生。接下來二十年，這四位哈佛畢業生將在中國幾省海關擔任稅務司，梅里爾爲寧波正稅務司，史品尼爲南臺灣高雄暨臺南海關代理稅務司，馬士爲北臺灣淡水暨基隆海關代理稅務司①。表七是這時期臺灣海關洋人官員名錄。

① 欲更深入了解清朝海關總稅務司署，參見John King Fairbank, *H. B. Morse, Customs Commissioner and Historian of China* (Lexington: University Press of Kentucky, 1995), 20, 127, 214; 及J. K. Fairbank et al., eds., *The I.G. in Peking: Letters of Robert Hart, Chinese Maritime Customs, 1868-1907*), 2 vols. (Cambridge, MA: Harvard University Press, 1975).

表七 臺灣海關的洋人官員，1865-1895

年	北臺灣	南臺灣
1865	未記載	H. J. 費雪
1866	未記載	F. W. 懷特
1867	亨利・科伯希	F. W. 懷特
1868	E. C. 坦特	A. J.曼
1869	H. E. 霍布森	W. 卡特萊特
1870	H. E. 霍布森	W. 卡特萊特
1871	H. E. 霍布森	未記載
1872	H. E. 霍布森	未記載
1873	H. E. 霍布森	J. H. 哈特
1874	H. E. 霍布森	H. 埃德加
1875	H. E. 霍布森	H. O. 布朗
1876	H. E. 霍布森	T. F. 休斯
1877	W. 雷	H. E. 霍布森
1878	W. 雷	H. E. 霍布森
1879	W. 雷	F. A. 莫根
1880	W. 雷	W. B.羅素
1881	韓威禮	A. 諾維恩
1882	H. J. 費雪	A .諾維恩
1883	H. J. 費雪	G. C.史登特
1884	E. 法拉戈	H. W.梅里爾
1885	E. 法拉戈	E. F. 克里格
1886	E. 法拉戈	J.馬楷
1887	J. L. 查摩斯	F. E.伍德拉夫
1888	J. L. 查摩斯	A. 雷
1889	亨利・科伯希	J. R.布雷吉爾
1890	F. 赫思	J. R.布雷吉爾
1891	F. 赫思	孟國美
1892	馬士	H. 埃德加
1893	馬士	威廉・史品尼
1894	馬士	威廉・史品尼
1895	馬士	威廉・史品尼

資料來源：陳弱水編，《臺灣史英文資料類目》（臺北：林本源中華文化教育基金會，1995），15-16。

一八五〇、六〇年代，不平等條約體制爲列強在中國大陸沿海、還有在臺灣府(臺南)和淡水闢爲通商口岸後的臺灣擴大其商業活動，提供了不可或缺的基礎架構。隨著臺灣的開放對外通商，歐美人隨之湧入臺灣各大港市，並促成一八六〇至一八八〇年間漢人從大陸持續不斷移入臺灣。每年有超過一萬漢人買辦和各類商人來臺做生意，其中大部分來自廈門和閩南。此外，島上豐饒的資源吸引來島上亟需的新移民。據一八九二年某份英國報告，這些經商的漢人，超過百分之一選擇就此在臺落腳①。而那些買辦裡，有許多人是靠替洋行買賣鴉片、茶葉、糖、靛藍染料、樟腦發財②。例如，在淡水，金茂號成爲不可或缺的「行」(公司，洋人稱之爲"warehouse"或"factory")，英商怡和洋行和美商羅賓內洋行透過它將進口鴉片配送到島上吸鴉片者手上。金茂號的老闆許遜榮、許建勳父子還掌控了南臺灣的米、糖市場，支配了北臺灣的樟腦、茶葉市場，因此洋商通常靠他們來取得臺灣本地產品，以外銷到香港、印度和更遠地方③。另一個例子是買辦李

① British Parliamentary Papers, China(1892), vol.17, Embassy and Consular Commercial Reports (Irish University Press, 1971), 646. 欲更深入了解買辦，參見Hao, Yen-p'ing(郝延平), *The Compradore in Nineteenth Century China: Bridge between East and West* (Cambridge, MA: Harvard University Press, 1970).

② Edward LeFevour, *Western Enterprise in Late Ch'ing China, A Selective Survery of Jardine, Matheson & Company's Operations, 1842-1895* (Cambridge, MA: East Asian Research Center, Harvard University, 1970), 16-17.

③ 黃富三，〈臺灣開港前後怡和洋行對臺貿易體制的演變〉，收於《臺灣商業傳統論文集》(臺北：中研

春生。他在廈門長大，自幼家貧，但靠著替約翰·陶德在臺北的茶葉加工生意工作了幾年，在臺灣致富。李最後自創茶葉行、樟腦行，成爲臺灣大企業家①。還有些買辦也在臺灣成爲商業鉅子和有錢地主，包括靠買賣蔗糖致富的陳福謙，以及主要靠樟腦或茶葉致富的霧峰林家（林獻堂的直系先祖）、板橋林維源（一八三八—一九〇五）、新竹林汝梅、臺北士林潘永清、客家鎮苗栗的黃南球②。

一八七〇、八〇年代，新海上強權，特別是英、美，將帶臺灣人感受新一種商業經驗——遠超過十七世紀西班牙、荷蘭人所帶來的經驗。在這同時，長老教會，在中斷兩百年後，在臺灣重舉基督教大旗，將教會種子再度撒在這島上。但傳教的成功引來文人和漢醫的眼紅和反感，引發許

（續）院，一九九九），頁九二—九三；參見劍橋大學手稿室的怡和洋行檔案（Jardine, Matheson Archives）"Thomas Sullivan to JM&C," Takow（打狗）February 23, 1860 and March 7, 1860, "Glo Rorie to JM&C," Takow, April 14, 1860.

① Robert Gardella, *Harvesting Mountains: Fujian and the China Tea Trade, 1757-1937* (Berkeley: University of California Press, 1994), 64-65. 欲更深入了解，參閱Hao Yen-p'ing, *The Commercial Revolution in Nineteenth-Century China: The Rise of Sino-Western Mercantile Capitalism*（Berkeley: University of California Press, 1986）.

② 林滿紅，〈晚清臺灣的茶、糖及樟腦業〉，《臺北文獻》卷三十八（一九七六），頁五。也參見Kyoko Ishikure, "The Lins of Pan-ch'iao," *The Journal of the Blaisdell Institute*（of Claremont College, CA）9, no. 2（1974）: 39.

多反基督教暴動。此外，一八五〇至一八七〇年，有三十多艘失事洋船擱淺在臺灣海灘。但在船上貨物遭搶走，船或禮拜堂遭燒毀，失事倖存的船員或皈依基督的本地人遭殺害之後，外國戰艦、海軍陸戰隊員和咄咄逼人的外國外交官，將立即讓臺灣人知道他們的厲害。在十九世紀剩下的歲月裡，由於清朝在臺的行事不得法、治理不當，臺灣的海上活動史將由英、美、法、日人來擅場。

第四章　英國人在臺灣的足跡

——領事館、商行、長老會教堂

英國東印度公司

早在一六三二年，英國東印度公司就已評估過在澎湖或安平港（熱蘭遮）設立商館的可行性。但一六二六年五月時，西班牙人已在基隆港建了聖薩爾瓦多要塞，兩年後在淡水建了名叫聖多明哥的另一個要塞。在這同時，來自巴達維亞的荷蘭帝國建造者已宣稱臺灣爲荷蘭殖民地。一六四二年九月，荷蘭人迫使西班牙人放棄對臺的所有要求，將臺灣打造爲他們在亞洲的十九個主要貿易中心之一。在這期間，據臺的歐洲人不歡迎對手英國人來臺貿易。但一六六二年初，鄭成功率領海盜和復明志士將荷蘭人趕出臺灣。鄭成功打算先在島上建立王國，然後以臺灣爲反清復明的基地。在這一背景下，英國人主動上門，拿鄭成功軍隊所亟需的武器換取糖、鹿皮之類臺灣產物。因此，英國人花了將近四十年，才如願以償打入臺灣貿易。

一六七〇年六月二十三日，英國東印度公司的單桅貨船珍珠號，在軍艦萬丹號(Bantam Pink)護衛下，駛入安平港。軍艦艦長埃利斯·克里斯普，在來自巴達維亞的華商蘇可(Succo)協助下，向鄭成功兒子東寧王鄭經，呈上該公司萬丹分部經理的信函，信中請求允許他們與臺通商，在臺設立住所。當時的臺灣都城是臺灣府，位在距安平港僅五公里的內陸。這位英國代表在臺灣府待了七天，受到臺灣統治者盛情招待。不到三個月後(九月十日)，英國即向臺灣當局提交一份商業協議，協議中的重要條文包括進臺貨物繳交百分之三的關稅、自由買賣和居住、保護島上英國人。臺灣統治者一方則要求英國供應火繩槍、火藥、槍砲匠①。雙方各有所圖，幾經談判，最後彌合歧異，一六七二年十月十三日雙方正式簽訂通商條約，打開英格蘭與臺灣島的貿易關係。

在這期間，英國東印度公司也正在日本設立商館，打算以臺灣作爲轉運站。例如，實驗號、返回號、駱駝號這三艘英國船初次遠航時，往返了印度與日本，中間停靠了泰國、澳門、臺灣。英國人從歐洲、印度運來的貨物，通常包括燧發槍、火藥、鐵、胡椒、珊瑚、琥珀，還有細平布

---

① William Campbell, *Formosa under the Dutch* (London: Kegan Paul, 1903), 501-502; 賴永祥，〈一六七〇至一六八三年臺灣鄭氏與英國的通商關係〉，《臺灣文獻》第十六卷第二期(臺北：臺灣省文獻委員會，一九六五)，頁二—六。

和多種織物(例如bow dye scarlet、綠布、雲紋綢、粗呢)。前往日本途中，英國航運業者在臺灣卸下一部分船貨，然後在臺買進糖、鹿皮、其他商品，賣給日本①。返回歐洲時，英國船載運明礬、茶葉、銀、China roots、日本銅，以及多種絲織品，包括花緞、gelong、白錦緞和紅錦緞。在這些亞洲貨中，臺灣糖在英格蘭、伊朗銷路很好，中國茶葉和絲織品，以及日本銅，則在歐洲市場價錢很好。這條貿易路線易遭海盜攻擊，這些商船因此常有戰艦護航。福爾摩沙號(Formosa Frigate)就是這樣的武裝船，係羅伯特·卡斯特爾(Robert Castel)在泰晤士河某造船廠建造。一六七六至一六七七年間，福爾摩沙號兩次載運大批武器和彈藥到臺灣，然後載銅、金、銀離開②。一六七五年十一月，與臺灣的貿易關係已穩定，貿易獲利大增，這時，英國東印度公司派賽門·德爾博(Symon Delboe)前來掌理臺灣商館，有八人爲其助手。

但該公司時運不濟，與臺灣的賺錢貿易，不久就因鄭氏軍隊在中國沿海遭清軍擊敗而受到威脅。清軍於一六八〇年夏拿下廈門後，英國東印度公司決定撤回在臺部分人員。接下來三年，由

① Hosea B. Morse, *The Chronicles of the East India Company Trading to China, 1635-1834*, vol. 1(Oxford: Clarendon Press, 1926-29), 36, 41-49. 這些是十七世紀賣得很好的布料品牌。bow dye scarlet是富麗的艷紅色布料；moiré(雲紋綢)有紋狀似水的外表；perpetuanoes(粗呢)以強韌耐用的羊毛或棉花製成。

② 賴永祥，〈一六七〇至一六八三年臺灣鄭氏與英國的通商關係〉，頁九；也參見"Revised Article between the King of Tywan and the Company's Factory," in Montague Paske-Smith, *Western Barbarians in Japan and Formosa in Tokugawa Days, 1603-1868* (Kobe: J.L. Thompson & Co., 1930, 86-88, 95-97.

於清朝與臺灣間的戰事升高，英國與臺灣的貿易大幅下滑。一六八三年九月鄭克塽降清時，努力維繫住與臺貿易的該公司代理人，包括湯瑪斯·安傑爾(Thomas Angeir)、湯瑪斯·伍爾豪斯(Thomas Woolhouse)、索羅門·洛伊德(Solomon Lloyd)，曾試圖賄賂臺灣的新主子。但英國人於戰爭期間協助鄭軍，攻占臺灣的清軍指揮官施琅(鄭成功叛將)於是下令沒收英國人在臺灣府的資產，並揚言審判該公司在臺代理人①。該公司早有防備，與廣州的兩廣總督和更高層清朝官員交涉，才讓大部分英國代理人得以從臺灣轉往廣州。最後，一六八六年七月，該公司董事會下令關閉臺灣商館②。

一七〇四年間，臺灣與英國的貿易仍停擺時，臺灣因一本書而受到倫敦社會的注意。這本書名叫《福爾摩沙歷史、地理描述》(*An Historical and Geographical Description of Formosa*)，作者是神祕人士喬治·撒瑪納札(George Psalmanazar)，書中精彩描述了臺灣的獨特宗教、風俗習慣、政府。撒瑪納札筆下的奇特之島，活靈活現，看似真有其事，就連倫敦的文學界，包括撒繆爾·強森(Samuel Johnson)，都很快就信以爲真，後來卻遭人揭發他是個江湖大騙子，並非如他所宣稱是來自臺灣而皈依基督的日本人。從另一方面來說，撒瑪納札很有可能是透過曾在臺灣替東印度公

① Montague Paske-Smith, 106. 欲更深入了解，參閱Chang Hsiu-jung(張秀蓉)et al., eds., *The English Factory in Taiwan 1670-1685*(Taipei: National Taiwan University Press, 1995).

② 賴永祥，〈一六七〇至一六八三年臺灣鄭氏與英國的通商關係〉，頁一三—一四。

司效力的英格蘭人，了解這座熱帶島嶼①。

一七一七年，清廷發布海外遷徙、貿易禁令，規定所有僑居海外的中國人得返鄉，向祖國宣誓效忠。事實上，清廷欲行鎖國政策，以便控制其人民。然後，一七五七年，英國東印度公司代表洪任輝(James Flint)捲入天津的嚴重貿易紛爭，清廷於是關閉所有口岸，要歐美商人只能到廣州經商，受嚴格的「公行制度」約束。在這制度上，英商受到種種限制，不准與臺灣進一步通商。

英國人重返臺灣

忍受了幾十年的種種限制與禁止措施後，英國東印度公司在一八三一年決定，絕不能再按照中國人的條件與中國人貿易。接著，該公司更積極在東亞找尋新的貿易門路。例如，派了三艘勘察船探勘華南沿海和臺灣。該公司還雇了普魯士籍傳教士暨語言學家郭實臘(Karl F. A. Gutzlaff)爲通譯。郭實臘第二次遠航時，抵達中臺灣的五條港(今雲林麥寮海豐港)。後來，一八三三年，郭實臘出版其臺灣探索經歷，共兩冊，書中證實臺灣有豐富資源和貿易潛力。英國東印度公司認爲

① 本書第一次出版時是拉丁文版，然後才是英文版。英文版於一九六四年由R. Davis在倫敦重印。也參見 F. J. Foley, *The Great Formosan Imposter* (St. Louis: St. Louis University Press, 1968).

臺灣是便利又理想的貿易站，於是勸英國政府出兵攻占臺灣，然後賦予該公司在臺的貿易獨占權①。中英陷入鴉片、貿易爭執時，英國人胡特曼(William Huttmann)致函外交大臣帕默史東勛爵(Lord Palmerston)，指出中國對臺統治鬆弛溫和，臺灣具有戰略、商業價值。然後他建議，英國只要派出一艘戰艦，不到一千五百人的兵力，不僅能占領臺灣島東岸，還能傳播基督教給原住民，同時發展英國與臺灣的貿易②。

中英鴉片戰爭期間(一八四〇—一八四二)，英國戰艦頻頻巡邏臺灣海峽和澎湖群島。一八四一年八月二十五日，英軍突破廈門防禦，令中國沿海守軍大爲驚恐。但突然有艘英國船在北臺灣失事，給了清朝官員難得的揚威機會。九月二十二至二十六日間，強烈颱風掃過臺灣北岸，吹斷英國運輸船納爾不達號(Nerbudda)的桅杆。受損的納爾不達號往基隆港逐漸漂去，船長和幾名英國軍官奮力逃脫。但船上兩百七十四名船員(歐洲人二十九名、菲律賓人五名、印度人兩百四十名，主要擔任水手)，大部分被村民救起，轉交官府。十月十九至二十七日間，英國小軍艦尼姆洛德號

---

① W. G. Goddard, *Formosa* (Ann Arbor: University of Michigan Press, 1966), 114; 以及James W. Davidson, *The Island of Formosa: Past and Present*(London: Macmillan, 1903), 171.

② "Huttmann to Palmerston," January 27, 1840(Great Britain Foreign Office, China; 以下簡稱F. O.)，微捲17/41。關於英國外交部有關臺、英關係的檔案資料，請見葉振輝，〈英國外交部有關臺灣文件簡介〉，《臺灣文獻》卷三十六第三、四期(一九八五年十二月)，頁四三三—五〇二。

(Nimrod)駛抵基隆海域，表示願以一百元的價格換回每一名船難倖存者。但得悉船上印度人已被送到南部臺灣府監禁後，船長皮爾斯(Pearse)即下令砲轟基隆港，摧毀二十七組砲，然後返回香港①。

在這同時，清朝臺灣鎮總兵達洪阿、臺灣兵備道姚瑩急於回報打敗英「夷」的「勝績」，於是發了份不實報告給朝廷。報告中，他們聲稱九月三十日中國守軍一發現敵船逼近基隆港要塞，即發砲禦敵。守軍英勇抗敵，共「斬首白夷五人，紅夷五人，黑夷二十二人，生擒黑夷一百三十三人，撈獲夷砲十門，搜獲夷人冊、圖、文數件。」②道光帝接獲好消息，即厚賞兩名臺灣指揮官。但事實上達洪阿、姚瑩的部隊並未在基隆港與英國海軍陸戰隊交手。他們所宣稱擊斃的敵人，其實是失事船納爾不達號的船員，以及來自怡和洋行阿恩號(Ann)鴉片船的另外五十四名船難倖存者。中國文獻顯示，臺灣府官員命人押這些船難倖存水手遊街示眾，然後全部處決③。

南京條約締約協商期間，志得意滿的英國代表璞鼎查(Henry Pottinger)認為那些船員還活著，

---

① "Pottinger to Auckland," February 5, 1842, F. O. 17/60: 217-218.

② 姚瑩，《東溟奏稿》(臺北：臺灣銀行經濟研究室，一九五九)，頁三二—三五。

③ Chinese Repository, vol. 11, 684 and vol. 12, 115-117; 也參見William A. Pickering(必麒麟), *Pioneering in Formosa: Recollections of Adventures, Mandarins, Wreckers, & Head-Hunting Savages* (London: Hurst And Blackett, 1898), 46.

一再要求清廷釋放納爾不達號船員。達洪阿、姚瑩則仍不願吐露那些俘虜的下落，讓英方以爲他們還活著。但一八四二年十月八日英國小軍艦蛇號(Serpent)駛入安平港，欲帶回他們的水手和苦力時，艦長內維爾(H. Neville)獲告知，只剩九名英國俘虜還關著。一八四二年十一月二十一日，璞鼎查收到關於納爾不達號失事與船上倖存者遭輕率處決的報告。「認爲外交重於貿易，武力重於外交」的璞鼎查，於是要求清廷斬首下令處決船員的官員。必須指出的是，這時英國旗艦女王號仍統率約有五十艘戰艦的一支艦隊，巡行中國沿海，若清廷繼續隱瞞納爾不達號事件的真相，不願照英國要求行事，它們可輕易重啓戰端。經過冗長調查，道光終於得知臺灣官員上呈的報告「冒功欺罔」。達洪阿與姚瑩遭革職，一八四三年夏移送刑部審問。但經過審訊後，道光深信達洪阿、姚瑩只是犯了在報告中誇大之過。事實上，他們兩人只關了十二天，道光即下令釋放。兩個月後的一八四三年十二月十六日，達洪阿奉派赴新疆當哈密辦事大臣，姚瑩則在四川省獲授新職①。精明的璞鼎查從不知中國人如此狡詐，而英國政府直到新任駐華公使德庇時(John Francis Davis)，在日期註明爲一八四五年三月十一日的機密報告中告知外交大臣亞伯丁(Aberdeen)，才得知他們兩人「升遷」的事②。

---

① 趙爾巽，《清史稿》，第二卷(香港：文學研究社，一九二七)，頁一三九一；姚瑩，《中復堂選集》，《臺灣文獻叢刊》，第八三卷(臺北：臺灣銀行經濟研究室，一九六〇)，頁二〇九、二五四。

② "Davis to Aberdeen," March 11, 1845, F. O. 17/98: 95-98.

但由於鴉片戰爭，英商從此可在五大通商口岸（上海、寧波、福州、廈門、廣州）經商。此外，英國戰艦從此可進入這些沿海港口。一八四四至一八四五年間，英船頻頻往來於基隆、澎湖。海軍少將湯瑪斯．科克倫（Thomas Cochrane）甚至找來一批測繪員和專家，蒐集臺灣的地理和地形資料，後來，一八四五年六月，《中國叢報》（*The Chinese Repository*）出版了一部分覓得的資料。一八四六年十月，英國的軍需處（Commissariat Office）發表一份報告，指臺灣可能可以提供英國軍事人員在遠東所需的所有糖和煤。但由於對條約的解讀有歧異，中國人與外國人仍在多項問題上，包括外國軍艦與軍事人員是否有權進入五大通商口岸和以外地區，談不攏。一般來講，清廷希望限制英國軍人在中國海域的活動。另一方面，英國官員堅稱南京條約（一八四二）與虎門條約（一九四三）裡的條款，明訂他們有權保護他們在公海上的商業利益，堅稱海上巡邏是英國海軍行之已久的慣例和特權之一。一八四七年，根據這一主張，英國海軍派戈登（D. M. Gordon）中尉購買一百擔北臺灣的煤，送到英格蘭的經濟地質學博物館檢測①。一經皇家地理學會確認臺灣煤優於利物浦、廈門的煤（一八四八年六月），英國官員迅即建議以臺灣取代五大通商口岸中的福州②。

---

① *Chinese Repository*, vol.14, 249-257, 304; "Davis to Palmerston," March 20, 1947, F. O. 17/124, no. 41: 113-114; *Journal of the Royal Geographical Society*, vol. 14(1849): 22-25.

② 五大通商口岸中，英國船運業者鮮少赴福州、寧波貿易。例如，一八四八年一整年，只有五艘英國船赴福州貿易，一八四七年未有紀錄顯示曾有英國船停靠福州。

清廷不接受這建議，但一八四七年大英輪船公司(British Peninsula and Oriental Steam Navigation Company)以每噸七銀兩的價格，購買了三百噸的臺灣煤。值得一提的，當時倫敦的煤價是這價錢的兩倍。此外，美國海軍上尉奧格登(W. S. Ogden)也已證實，基隆煤的品質和新堡煤不相上下。因此，英國人不死心。一八五〇年初，英國駐福州領事金執爾(W. Raymond Gingell)要求浙閩總督劉韻珂，不僅要廢除臺灣東北部採煤禁令，還要允許英國國民購買該地的煤，結果遭劉韻珂拒絕。在與這位英國官員的通信中，劉韻珂提出如下理由：臺灣當地人有傳統風水觀念，深怕挖掘「龍脈」會替他們和他們的子孫招來禍殃。因此，英國單桅帆船雷納德號(Reynard)於一八五〇年五月七日駛進基隆港時，當地商人沒人有辦法或有膽子供煤給英國人①。

不過，有一些臺灣走私販子，冒著受罰的危險，越過洶湧波濤的海上，將少量煤帶到廈門、香港販售，在這期間，基隆與廈門間的煤炭走私仍未禁絕。到了一八五三年，英格蘭的煤價再度暴漲，遠東的英國汽船公司於是又打起臺灣煤的主意。英國駐廣州領事約翰．寶寧(John Bowring)醫生，則在這時建議英國海軍要求外交部與北京商談煤礦協議。一八五四年二月，英國海軍與大英輪船公司簽署合同，讓該公司承運英國在遠東的所有郵件。為執行這項業務，該公司每年需要

① *Chinese Repository*, Vol. 19, 163; "Bonham to Liu Yun-ke," March 20, 1850, F. O. 677/26, no. 21: 43; "Bonham to Palmerston," August 12, 1850, F. O. 17/168 no. 76: 264-265.

三萬八千多噸的煤，用於在中國海域運送郵件。這合同一簽訂，幹勁十足且深信自由貿易理論的寶寧，即獲派爲香港總督暨英國駐華全權公使。英國外交大臣克拉倫登勛爵(Lord Clarendon)交予寶寧多項緊急待辦任務，其中包括與法、美聯合施壓中國修改條約，增加可讓英商經商、居住的港口數，將鴉片買賣合化法，爲該地區的英國汽船取得足夠的煤。英國政府授權寶寧，爲完成這些任務，若有必要，得使用武力和壓迫手段①。

當時，從香港至上海的中國沿海仍是海盜橫行，法紀蕩然，令中國政府非常頭痛。中國海盜通常不敢進攻武器精良的歐洲人，清朝官員於是偶爾請英國海軍幫忙對付這頭痛問題。寶寧與中國當局協商時，提醒對方，英國海軍曾協助鎮壓海盜的功勞。一八五四年九月，英國駐廈門領事巴夏禮(Harry S. Parkes)兩次主動表示願出兵協助平定福建彰浦(惡名遠播的海盜巢穴)的亂民，條件是浙閩總督同意讓英國人前去臺灣開採煤礦②。後來陸續出任英國駐日、駐中公使的巴夏禮，未能得到中國官員的明確答覆，但理解到島上的清朝官員執行採礦禁令並不徹底。在日期註明爲一八五四年十一月二十五日的〈福爾摩沙基隆煤礦報告〉中，巴夏禮說道，每個星期英國人可輕易取得一百至兩百噸的基隆煤。如果沒有當地官員的阻撓，英國航運業者可在幾個星期內運出約一

---

① "Clarendon to Bowring," February 13, 1854, F. O. 17/210, no. 2: 54-67 and no. 4: 80-81.

② "Parkes to Yen Ying," September 16, 1854, F. O. 663/61, no. 38: 68; "Parkes to Bowring," November 27, 1854, F. O. 228/171: 189-195.

千噸世上最頂級的煤①。

巴夏禮與福建當局繼續就開採臺灣煤一事進行徒勞無功的協商時，美國人從島上官員得到全然不同的回應。美國船馬其頓人號(Macedonian)於一八五四年七月來到基隆港時，基隆駐防長官李竹鷗請船長喬爾・阿波特(Joel Abbott)協助平亂，保護基隆港免遭海盜侵擾，並同意致贈煤和其他禮物作爲回報，但阿波特未同意。一個月後，淡水官員向另一位美國人莫里斯船長表示，願獻上三千元酬勞，請他將西風號(Zephyr)駛入淡水港，協助肅清正肆虐北臺灣的海盜②。莫里斯船長也予以婉拒。雖然有這兩次拒絕，一八五五年六月時，美國商人還是得到臺灣府道臺裕鐸的同意，得以在高雄港經商。了解仍有海盜殺人越貨，危害航運安全之後，美國軍艦開始護航本國商船，也偶爾購買臺灣煤。鑑於海盜擾境久久無法肅清，島上官員並未反對這類行動③。因此，事實上，

---

① "Parkes to Bowring," November 27, 1854, F. O. 228/171: 205-213.

② Francis L. Hawks, ed., "Abbott to Perry, July 22, 1854," in *Narrative of the Expedition of the American Squadron to the China Seas and Japans*, vol. 3(New York: D. Appleton, 1856), U. S. Congress, 33rd Cong., 2nd session, House Excutive Documents no. 97 vol. 2(1856): 142-143; F. O. 17/218: 111-116.

③ 與臺灣道臺簽定的這項有關島上貿易的協議，其粗略的譯本由「科學號」船長送去給W. M.羅賓內，收U.S. National Archives(以下簡稱USNA), Dispatches from Ministers to China(MD), M-92, R-15; 也參見C.F. Harding to Augustine Heard & Co., Cok Si Kou, November 16, 1855, Harding's Letters Book(Cambridge, MA: Baker Library of Harvard University), 41-44.

臺灣的採礦禁令在一八五六年時已形同具文，因爲不管有否得到官府同意，外商已開始和島民通商。事實上，接下來四十年裡，基隆煤是最受歡迎的臺灣出口品之一。福州的英國領事館，從一八五八年起定期雇兩艘運輸船到臺灣運煤，供英國戰艦和汽船使用。同年晚春，英國戰艦剛強號(Inflexible)駛抵基隆。該船的冶金工程師不僅確認基隆煤的確品質優良，還發現基隆煤能製成煤氣。就是在這背景下，英國堅持要島上所有港口開放通商①。

英國海軍想在這富饒但無防禦的島上設立基地，還有另一個理由，即爲船難倖存的英國人(例如納爾不達號、阿恩號那些不幸的船員)提供救援和庇護。六至十月的雨季期間，強烈颱風颳起的滔天巨浪猛擊臺灣全島海岸，往往使船運停擺。據認，一八四四至一八五一年間，共有五艘英國船失事沉沒於臺灣海域，包括仙女號(Nymph)、水妖號(Kelpie)、羚羊號(Antelope)、莎拉特羅曼號(Sarah Trotman)。但使英國注意到臺灣此島的海上悲劇，乃是拉朋特號(Larpent)船難。一八五〇年九月，這艘貨船從香港駛往上海途中，撞到南臺灣的淺礁。船員有二十三人遭原住民殺害，倖存三名水手遭賣爲奴隸②。另兩艘遭難的英國船，賓唐號(Bintang)和吉塔納號(Gitana)，分別於一八五〇年九月和一八五二年十月到澎湖群島躲避暴風雨。傳說島民救起英國水手後，先洗劫船

---

① F. O. 228/254, no. 89: 100-101; 也參見*China Mail*(Hong Kong), no. 700(July 15, 1858): 110.

② *China Mail*, no. 329(June 5, 1851): 90; no. 330(June 12, 1851): 94.

貨，然後虐待他們，包括逼他們到硫磺礦工作。另一個例子是瑪麗麥克圖姆號（Mary Mackertoom）。該船於一八五七年夏末從新加坡啓航，但遭暴風雨吹到臺灣西北岸。數千村民跑上船，將值錢物迅即洗劫一空[①]。

爲反制此種無法無天的行爲，確認是否還有英國子民受困島上，英國海軍偶爾派船尋找生還者。例如一八五一年六月，沙拉曼德號（Salamander）在臺灣最南端執行搜尋任務達十多天。一八五八年夏，剛強號在臺灣府和其他幾個大鎮張貼了數百張懸賞啓示。配備武器的英國海軍陸戰隊員，在通譯羅伯特・郇和陪同下，在「南坡」（今屏東縣）搜尋生還者，再翻山越嶺到臺灣東岸。他們還查看了基隆煤礦、淡水硫磺礦、西海岸港鎮梧棲、國賽（今安平北邊的七股），然後返回廈門[②]。由於英國商船埃納號（Eena）上岸避難後遭洗劫，一八六〇年三月十四日，英國單桅帆船橡實號（Acorn）、砲艇負鼠號（Opossum）駛入淡水港興師問罪，要求失職的當地清朝官員賠償船東一萬兩千銀兩。經過幾輪談判和武力威脅，淡水官員終於軟化，掏出四千銀兩息事寧人[③]。

---

① "Bowring to Clarendon," March 31, 1857 F. O. 17/266, no. 155: 215-218; 也參見*China Mail*, no. 665 (November 12, 1857): 182.

② 欲進一步了解，可參閱Robert Swinhoe, "Narrative of a Visit to the Island of Formosa," in *Journal of the North-Chinese Branch of the Royal Asiatic Society*, old series 1(1859): 145-164.

③ Gingell to Bruce, Februery 29, 1860, F. O. 228/285, no. 23: 1-2; Gingell to Bruce, March 21, 1860, F. O. 228/285, no. 31: 29-32. 也參見"Swinhoe to Bruce," December 9, 1861, F. O. 228/325, no. 14: 11-14.

有趣的是，每次外國外交官要求清廷保護船難倖存者，臺灣地方官員總是宣稱傷害外國人者若非盜匪，就是不受官府管轄的原住民，藉此卸責。但外國人請求同意開採臺灣煤礦、調查臺灣海岸線和港口、或與島民通商時，島上官員即堅稱臺灣屬於中國，外國人未經朝廷同意不得從事未經官方認可的活動，一再拒絕此類要求。這種模稜兩可的立場，說明清廷未能有效治理此島，讓列強看出只要少許之力大概就能將臺灣從中國奪走。在中國仍停滯不前、軟弱無能時，英國的工業化經濟和重商主義政策正激勵、推動其熱愛冒險的公民，四處尋找可開發利用的原物料和市場。事實證明臺灣島是此一尋找的絕佳標的。

臺灣開放通商

一八五八年六月十八日簽訂天津條約後，臺灣正式對外開放通商。但一八五一年，有艘葡萄牙籍羅恰船(結合歐式船殼、中式帆裝而當時用於中國沿海的一種船)，據稱運貨到臺灣府的安平港，且有七艘英國船從臺灣北部港口載糖、米到福州。由於有各種海盜潛伏臺灣海峽伏擊官府運輸船，中國官員常被迫雇請外國海軍船艦護航。一八五四年，有艘香港顛地洋行的船運鴉片到淡水換取臺灣樟腦，淡水官員未有異議。事實上，由於地方官員默許這類「非法」貿易，外商開始認為清廷在臺的通商禁令，一如其他許多清廷敕令和宣示，形同具文。英國官員，包括香港總督寶寧和廈門領事巴夏禮，於是公開支持英商在臺的活動。例如，一八五四年末，英國勘測船撒拉森號(Saracen)調查了臺灣海域地理特徵，繪製地圖和海圖以提升航行安全。船長約翰．理察(John Richard)特別注重高雄和國賽港，認爲高雄會發展成臺灣的重要貿易中心①。在這同時，怡和洋行派代理人湯瑪斯．文森(Thomas Vincent)前來調查臺灣市場。一八五五年七月二日，文森的縱帆船載著鴉片抵達梧棲。返航時，載了文森所買進的米和樟腦。

一八五六年，時常停靠臺灣沿海城鎮的外國船愈來愈多。英國外交部檔案顯示，共有十二艘英國船在臺裝貨，然後駛往廈門，有十一艘船全載著壓艙物從廈門駛往臺灣。光是高雄一港，就有四十至四十五艘外國船(包括美、英、智利、荷蘭、德國、祕魯的船)進港貿易。外商通常賣鴉片和瓷器給島民，離臺時載走大量米、糖、樟腦、菸草。隔年，英國與臺的貿易持續成長，有二十艘英國籍船從臺灣駛往廈門，船上全載了臺灣貨，另有二十四艘船進入臺灣港口，其中除了一艘，全載壓艙物②。很明顯的，一八五〇年代中期時，英國以外的海上國家都希望和臺灣通商。因

① Parkes to Bowring, November 22, 1854, F. O. 228/171: 183-188; Government Notification, February 24, 1855, F. O. 17/235: 277-278. 也參見黃富三的〈臺灣開港前後怡和洋行對臺貿易體制的演變〉，收於《臺灣商業傳統論文集》(臺北：中研院，一九九九)，頁八八。

② Morrison to Bowring, December 31, 1856, F. O. 228/233, no. 1: 61-62; Morrison to Bowring, June 5, 1857, ibid.: 98-99; F. O. 17/298: 80, 84-85, 90.

此，埃爾金勛爵(Lord Elgin)於一八五八年率領英國艦隊前往天津時，他所接到的指令之一，乃是使已「非法」進行數年的英國對臺貿易合法化。非法通常導致違法，因此一八五五年時進入高雄港的單桅帆船得付五十銀兩的港口服務費，但一八六〇年提高到一百銀兩。在這同時，清廷對進口鴉片、藥物和其他商品課徵新關稅，鴉片爲每箱二十兩，藥物每箱八十兩。最後，由於天津條約第十四條，還有最惠國待遇協定裡的某個條款，英、美、法、俄和其他歐洲國家都有資格在臺開設領事館，與島民合法通商。

一八六〇年，中國難以抵禦西方經濟剝削、基督教勢力入侵，英國立即指

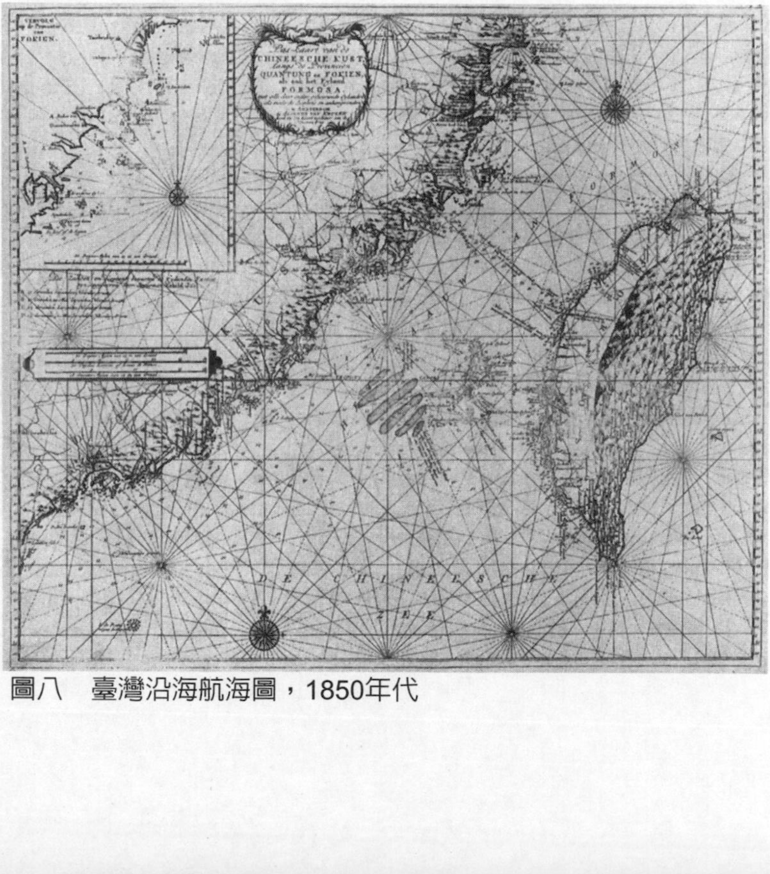

圖八 臺灣沿海航海圖，1850年代

派植物學家郇和爲其首任駐臺副領事。派任此職之前，郇和已去過臺灣兩次（一八五六、一八五八）調查樟腦、煤的市場潛力，並在皇家亞洲學會的期刊上，發表了一篇談臺灣總體情況的文章（一八五九）。郇和最初決定將英國領事館設在淡水，但不久即發現南臺灣的貿易量比北臺灣多了一倍，於是將領事館（當時設在怡和洋行船隻冒險家號上）搬到臺灣府（臺南）。一八六一年七月六日，郇和在廈門登上戰艦金龜號（Cockchafer），不久英國國旗即飄揚在臺灣府城上空（當時臺灣府城有約八公里長的城牆環繞）。同年十二月中旬，另一艘英國戰艦哈爾迪號（Hardy）護送郇和前去淡水，設立英國在該地的第一個領事館。這時，丹麥、德國兩國政府請郇和代爲照顧他們在臺利益，因爲英國人在臺灣貿易上說話最有分量。但安平港（英國船賴以將貨物運進、運出臺灣府的港口）航道窄而淺，無法應付未來繁榮的貿易。因此，一八六四年十一月七日，這位英國副領事決定將領事館搬到高雄。在這同時，他指派倭妥瑪（Thomas Watters）、額勒格里（William Gregory）分別掌理臺灣府、淡水的英國領事、商業事務①。

當時英國領事館的主要職責，乃是增進設址香港的兩家英國商行——即彼此有競爭關係的怡和洋行和蘇格蘭顛地洋行——的商業利益。這兩家商行從一八五八年就開始大量購買臺灣樟腦，

---

① Swinhoe to Bruce, July 13, 1861, F. O. 228/313, no. 1: 8-11; ibid., December 20, 1861, no. 15: 45-48; 也參見 Wade to Swinhoe, October 1, 1864, F. O. 228/374, no. 10: 152-153; ibid., October 25, 1864, no. 11: 154.

用自己的船運到香港市場。這些所謂的「代理行」不僅本身做買賣，還兼具銀行業者、票據經紀人、船東、發貨人、保險經紀人、食品雜貨商的多重身分。它們停泊於港口的船隻也充當其在臺營業所，後來在淡水設立營業所，一八六二年旗下代理人和錢幣兌換商上岸居住之後，才改觀。怡和洋行將其船隻探路者號(Pathfinder)租給淡水的英國副領事時，顛地洋行也將其船隻德那第號(Ternate)租給高雄的英國官員。在這一背景下，淡水海關於三年後設立，臺灣府、高雄、基隆分設海關分支機構。清廷派英格蘭人侯威爾(John William Howell)爲淡水海關副稅務司，負責發港口結關證，對進口臺灣的鴉片收取小額關稅，促進外國與臺灣的貿易。欲前往臺灣其他港口貿易的船隻，得先前往淡水估定貨物稅額，才能航往高雄或基隆卸貨。可合法進出口之貨物的桅杆稅和固定關稅，這時有了明文規定，但拖沓繁瑣的官僚作風、地方官員的違法，還有最糟糕的，臺灣道臺不時宣布的封港令，仍令外商大爲氣餒。

根據天津條約，只有領事級的外交官能與道臺打交道，副領事則只能與知府對應。身爲英國副領事的郇和，一八六五年才升爲領事，在這之前，他發覺很難與臺灣道臺(島上最高首長)見上一面。道臺往往將英國人的請求轉交轄下知府處理，藉此規避他們的請求①。郇和之後的臺灣領

---

① Swinhoe to Wade, January 19, 1865, F. O. 228/397, no. 9: 128-135; 也參見British Parliamentary Papers, China(BPPC), Vol. 6(Shannon: Irish University Press, 1971), 470-473; John King Fairbank, *Trade and Diplomacy on the China Coast* (Cambridge MA: Harvard University Press, 1953), 61.

事，包括倭妥瑪和賈祿(Charles Carroll)，都碰過類似的挫折。有時需出動戰艦威脅，需英國駐北京公使個人出面折衝，才能解決存在已久的問題。一八六六年臺灣道臺丁日健施行稻米禁運一事，就可說明此點。駐華公使阿禮國(Rutherford Alcock)前往臺灣，並親自出面與北京強力交涉，丁日健才同意讓英國船載臺灣米出境。樟腦官賣糾紛，靠出動砲艇威脅和阿禮國一再與恭親王奕訢談判，才以廢除官賣制度收場①。

英國長老會傳教士來臺

由於有了條約權利的種種保護，外國傳教士，一如外國商人，在臺傳教日趨積極。一八六〇年秋，英國長老會牧師杜嘉德(Carstairs Douglas)、馬卡西(H. L. Mackenzie)來到淡水、臺北，以閩南話傳播喀爾文新教福音。倫敦的外方傳教會(Foreign Mission Society)根據杜嘉德、馬卡西的正面報告，批准成立臺灣宣道協會。四年後，發心研究閩南語的蘇格蘭人馬雅各，在臺灣府設立一聖

---

① 此前阿禮國曾任英國駐廈門、福州、上海的領事。Alcock to Prince Kung(阿禮國致恭親王), Tung-chih reign, 6th year, 26th of 8th moon(同治六年八月二十六日), F. O. 230/80, no. 30: 102-103; Prince Kung to Alcock, T'ung-chih reign 6th year, 29th of 3rd moon, in F. O. 230/81, no. 17: 88-89; Prince Kung to Alcock, T'ung-chih reign 6th year, 1st of 9th moon, F. O. 230/81, no. 42: 116.

經學校。馬雅各畢業於愛丁堡大學醫科，擔任伯明罕布羅德街長老教會(Broad Street Presbyterian Church)的長老，然後被英格蘭長老教會派到臺灣。在道格拉斯・懷利(Douglas A. Wylie)和三名臺灣人協助下，馬雅各很快就在擁有約七萬人口的臺灣府街頭，發送掉三百本聖經譯本。一八六五年六月十六日(如今被臺灣長老教會定為該教會在臺設教紀念日)，這些傳教士在府城西城牆外取得一棟頹圮失修的建築，將其整修為禮拜堂和診所。由於馬雅各在治療與發燒有關的疾病和眼疾上成效卓著，仇外分子，特別是文人和漢醫，開始散播謠言，稱馬雅各挖人心、人腦、人眼提升鴉片的口感，才能利用這類「魔藥」誘使人改信基督教。七月九日，一群人氣勢洶洶聚集在馬雅各的禮拜堂前，丟石頭，要求撤走他的傳教機構。四天後(七月十三日)，馬雅各被迫避走高雄港外的沙島旗津，在那兒另起爐灶，繼續宣教、治病①。

賈祿來高雄接任英國領事後，安排馬雅各醫生走訪南部幾個城鎮，尋找利於他建立會眾的聚落。馬雅各透過高明醫術，使臺灣漢人和原住民皈依基督。一八六七年，馬雅各在鳳山縣埤頭村設立他第二座禮拜堂兼診所，但不到十天，就遭當地居民洗劫，搶走禮拜堂裡所有長椅和包括耶穌受難像在內的基督教物品。更糟的是，他的夥伴受到來自各方的威脅。例如，一八六八年春，

---

① George William Carrington, *Foreigners in Formosa, 1841-1874* (San Francisco: Chinese Materials Center, 1978), 299. 也參見本書作者從馬雅各醫生在高雄旗津所創立之長老會禮拜堂得到的一份宣傳小冊(二〇〇五年印刷)。

有人向官府控告馬雅各的夥伴行巫術，團契時發藥品和護身符給婦女，安息日時用下了毒的聖水為她們施洗。其他的堂區居民，若非遭排斥，就是遭毆打。有個皈依基督的漢人，名叫莊清風，遇害。堅守傳統的居民和改信基督教者之間的衝突變得不可收拾後，對基督教有敵意的地方當局下令關閉或摧毀該禮拜堂。碰到反基督教的騷擾或暴力行動升高，而地方官員未盡力緝捕、懲治鬧事者，致讓鬧事者逍遙法外時，英國當局的反應一向是出動戰艦和軍隊保護其傳教士。面對種種反制、挑釁，馬雅各醫生並不退縮，憑藉一股毅力，替臺灣長老教會打下基礎①。

馬雅各在臺時也擔任外僑的牧師、醫生。到臺灣闖天下的英國人中，有位名叫必麒麟(William A. Pickering)的年輕人，擔任海關港口稽查(防杜走私的海關官員)。必麒麟會講臺灣方言，且在漢人和原住民中都有熟人。他常陪馬雅各醫生到南臺灣的偏遠山村，先是治病，然後說服「生番」改信基督教。一八六七年，必麒麟為了高薪，離開海關，改替麥菲爾兄弟(McPhail Brothers)洋行工作。麥菲爾兄弟後來改組為怡記洋行。必麒麟成為臺灣的傳奇人物，在重大事件(例如所謂的「樟腦戰爭」)最緊張的關頭和美國船難救援上，常見到他的身影。必麒麟於一八七〇年離開臺灣，但後來出版了個人回憶錄《歷險福爾摩沙》(*Pioneering in Formosa*, 1898)，為後人之了解十九

① 欲更深入了解，可參見William Campbell, *Formosa Mission of the Presbyterian Church of England* (London, 1898)，以及董顯光，*Christianity in Taiwan: A History*(Taipei: the China Post, 1961), 22-32.

世紀中葉臺灣提供了寶貴資料。在西太平洋這個偏遠島嶼上，傲慢、侵略、急躁的西方人與一班貪腐、無能、同樣傲慢的清朝官員發生衝突，而西方人的傲慢、侵略、急躁，在必麒麟身上正體現無遺。

不久，馬雅各醫生得到其母國教會的額外支持。一八六九年六月，他留下李庥(Hugh Richie)和其妻子負責拓展高雄宣教事務，以便自己返回臺灣府，替該地的會眾設立一藥房暨診所。一八七〇年，有兩千多名臺灣人到他設於臺灣府、高雄的診所就醫，其中除了平埔族原住民，就是大部分不識字、低收入的漢人。然後一八七一年十二月，幹勁十足的甘為霖牧師來臺，此後將近五十年在全島各地傳教。甘為霖牧師往北到嘉義，在純漢人聚落裡傳教，而未在平埔族村子裡宣講福音(平埔族是馬雅各傳教的主要對象)。甘為霖在臺灣待了四十六年(一八七一—一九一七)，這期間宣揚福音，編了一部字典，採集人種誌樣本和手工文物。因此，一八八五年馬雅各退休回倫敦時，從偏遠山村到沿海城鎮，已有三十五個堂會受兩個英國傳教會服務①。馬雅各的兩個兒子，長子馬約翰(James Preston)和次子馬雅各二世(James Laidlaw Maxwell Jr.)，也都成為醫療傳教士，後者從一九〇〇年起在臺南醫院服務，直到一九二三年。

---

① S. Wells Williams, *The Middle Kingdom* (New York: Charles Scribner & Sons, 1883), vol. ii, 349; Carrington, *Foreigners in Formosa*, 238-240, 253-259.

英格蘭長老教會在南臺灣傳播福音卓然有成時，加拿大長老教會透過馬偕崇高的貢獻，在北臺灣的傳教成績也不遑多讓。馬偕出生於安大略省的牛津，畢業自普林斯頓神學院，在南臺灣與李麻夫婦、馬雅各共事過短暫時間，隨即決定到淡水闖天下。他於一八七二年三月九日來到這個約有五千名「異教徒」的港鎮，在最艱困的環境下開始傳教。馬偕在淡水待到一九〇一年去世爲止，生前遭到地方官員和周遭居民的鄙視和大力迫害。辛苦一年後，只有二十名「打探者」參加他的周日禮拜。但身兼牙醫、外科醫生身分的馬偕並不氣餒，憑著他那永不消退的幹勁、熱情的性格、先進的西醫本事，漸漸贏得許多人的信任，成爲他們的朋友和精神顧問。一八八二年，這個加拿大傳教總部已設立二十座禮拜堂，每個禮拜堂各有一名臺灣佈道師，並各有三百多名堂區居民參與符合長老教會神學的正式聖餐儀式①。

馬偕在北臺灣的傳教經驗，與南臺灣英國傳教士所遭遇的並無不同。他個人遭辱罵，他的禮拜堂遭攻擊，隨他皈依基督者受到殘酷對待。例如，一八七五年十一月十五日，他設於新店的禮拜堂遭焚毀；一八七六年六月五日，他在南港的教堂遭毀損，他的南港堂區居民遭千餘名當地暴徒攻擊；另外，他在艋舺租了間房子，改造爲診所兼禮拜堂，一八七七年十二月十二日，因爲該

---

① Carrington, *Foreigners in Formosa*, 269-276; Davidson, *Island of Formoas*, 605.

房子的租約官司，兩百名憤怒鎮民搗毀該房子①。一八八四年十月，法國軍艦封鎖淡水時，淡水區七棟教堂遭洗劫，受損嚴重。一如以往，英國外交官代加拿大人索賠，拿到部分賠償。而堅持不懈、堅不讓步、一絲不苟的淡水英國副領事費里德（Alexander Frater），在這件事上幫忙特別大。因爲他的出面，臺灣巡撫劉銘傳下令，凡是屋高二十公尺以上的禮拜堂都予以保存，並支付一萬銀兩修補、重建在中法戰爭中受損的禮拜堂②。

除了傳教士，還有一些英國科學家也來臺灣做研究。眾所周知的，臺灣是植物學家、昆蟲學家、動物學家、民族學家的天堂。例如郇和調查了無數種罕見且美麗的植物，以及許多種野獸和鳥，其中藍腹鷴的英文名，就叫Swinhoe's Blue Fowl（郇和氏藍雉）。拜艾倫（H. J. Allen）、奧古斯丁．亨利（Augustine Henry）、韓威禮（William Hancock）等英國植物學家接下來的田野調查之賜，裘園植物園（Kew Park Botanic Gardens）和英國自然史博物館收藏了來自這熱帶島嶼的許多稀有物種。一八六六年，在英國領事館通譯湯瑪斯．布勒克（Thomas Lowden Bullock）協助下，著名牛津大學植物學家卡思伯特．柯林烏（Cuthbert Collingwood）赴淡水、蘇澳灣做了一趟田野考察。一八六七年，淡水海關官員亨利．科伯希（Henry Kopsch）調查了北臺灣河川，細膩觀察了臺灣的河船和漁

① 欲更深入了解，可參閱蔡蔚群，〈建省以前臺灣北部的教案（上），一八七二至一八八五年〉，《臺北文獻》，卷一三三（二〇〇〇年九月），頁一七七—二三〇。

② 同前，（下），頁二三一—二五五。

場①。一八七一年四月，約翰・湯姆森(John Thomson)在馬雅各醫生陪同下，在南臺灣做了一趟短程科學考察。為詳細記錄臺灣的自然地理和當時的居民，湯姆森在短短走訪臺灣期間拍了六十張照片，記錄下臺灣的生態環境、特有動物、人、臺灣的經濟潛力。他甚至為研究某族原住民，畫了一張圖表②。在密西根大學教人類學的英國人約瑟夫・史蒂爾(Joseph B. Steere)，則在湯瑪斯・布勒克和甘為霖協助下，在一八七四年花了六個月時間，研究中臺灣高山地區至少五支原住民族。一八六〇、七〇年代期間，海關官員喬治・泰勒(George Taylor)和醫生萬巴德(Patrick Manson)，各自就他們所鑽研的領域，研究了臺灣的多元民族和熱帶疾病③。

---

① 參閱Cuthbert Collingwood, "Visit to the Kibalan Village of Sau-O Bay, Northeast Coast of Formosa," *Transactions of the Ethnological Society of London*, 6(1868): 135-143, 362-363; Henry Kopsch, "Notes on the Rivers in Northern Formosa," *Journal of the Royal Geographical Society*, 14 (May 1867): 79-85.

② John Thomson, "Notes of a Journey in Southern Formosa," *Journal of the Royal Geographical Society*, 43 (1873): 97-107; 也參見Douglas L. Fix, "Reviewing Nineteenth Images, or What's Wrong with Our Historical Pictures? "《2006年臺灣歷史與文化國際會議紀錄》(臺北，二〇〇六年五月)，頁八。

③ T.L. Bullock, "A Trip into the Interior of Formosa," *The Scottish Geographical Magazine*, 12(March 1887): 266-272.

臺灣的大宗商品引來英國商人

隨著貿易成長，愈來愈多西方船隻來到臺灣，但也有許多西方船在臺灣沿海失事。從一八六一到一八六七年，共有二十八艘外國船（包括四艘美國船、十艘英國船）沉沒於臺灣領海。一八六九年蘇伊士運河建成後，從歐洲前往遠東的航程大為縮短，因此，愈來愈多歐洲船駛抵中國大陸、臺灣、日本，從而在一八六九至一八七四年間，又有二十艘外國船（包括四艘英國船），不是在臺灣海岸上或海岸附近失事、擱淺，就是消失無蹤①。往返於臺灣海峽兩岸的外國船，通常重一百至三百噸；偶爾有六百噸船泊靠基隆港。英國是唯一在臺設有領事館的國家，因而一有船隻失事，常找英國外交官幫忙拯救船員。而在該如何救人方面，清朝地方官員和英國官員又是意見不和。

到一八六〇、七〇年代，清朝地方官員對待船難倖存者普遍已較為人道，但失事船隻仍難逃遭洗劫、外國資產仍難逃遭搶走的命運。英國副領事郇和屢屢要求官員賠償英國航運業者，但總是迅即遭地方當局回絕。最後，英國政府決定，要保護失事船和其上船員，使免遭迫害，最穩當

---

① Davidson, *Island of Formoas*, 180-182, 216-217.

的辦法是派戰艦每個月巡邏臺灣沿海，泊靠臺灣港口。理想情況下，這類巡邏艦上也配置有幹練的通譯，以便有效協助遇上麻煩的船員。執行定期巡邏的船隻中，有艘英國皇家海軍艦艇矮子號(Dwarf)，船長是博諾姆．巴克斯(Bonham Ward Bax)。一八七一至一八七四年，這艘船不僅定期泊靠臺灣港口，隨時準備上場解救失事船隻的水手，還護送英格蘭傳教士前往危險地區。靠著戰艦坐鎮，加上展現優勢武力，巴克斯不但使地方當局不得不照章行事，且鎮住仇外的盜匪。事實上，英國戰艦的定期巡邏不僅使英格蘭傳教士信心大增，還有助於化解島上皈依基督者的不安①。

我無意貶低許多新教傳教士的堅持不懈和他們所受的許多苦，但英、加傳教士在臺的成功，在某種程度上，也應歸功於英格蘭富商和英國外交官、戰艦始終如一的支持。淡水德記洋行(Tait & Co.)的唐納德．麥得森(Donald Matheson)給馬偕牧師一百零三英鎊，使馬偕得以找來一位加拿大醫生在臺協助傳播福音，就是明證之一②。在臺的大部分英格蘭商行，進口鴉片、紡織品、火藥、硝石，買進臺灣樟腦、茶葉、糖、銀、硫磺、米。一八六八至一八九五年間，茶葉、糖、樟腦占了臺灣出口品的九成四。

---

① Bonham Wad Bax, *The Eastern Seas; Being a Narrative of the H.M.S. "Dwarf" in China, Japan, and Formosa* (London: John Murray, 1875), 28-36.

② Carrington *Foreigners in Formosa*, 275; 參閱 Mackay to Donald Matheson, April 3, 1874, Formosa correspondence file(London: Archives of Presbyterian Church of England).

設址香港的怡和洋行，支配了十九世紀的臺灣貿易。早在對臺貿易合法化之前，怡和就已將大量孟加拉鴉片運到臺灣。圓球狀的喇庄土(Benares)和餅狀的派脫那土(Patna)，在臺要價最高。例如一八六八年，一箱新喇庄土要價七百六十至八百美元。此外，鴉片還可用來換取臺灣的煤和其他大宗商品。例如一八六八年，用新喇庄土來買基隆煤時，一箱新喇庄土值八百六十元。相對的，五箱舊喇庄土可用來換取值數千元的花生油①。怡和洋行還運多種紡織品到島上，包括織錦、土耳其紅棉布、用來製作灰衫和白衫的布料，以及一些英格蘭羽紗和蘇格蘭長布。一八六五至一八七〇年的統計資料顯示，紡織品進口穩定成長，從一八六五年的五千九百二十一件，增加為一八六六年的九千兩百零二件，一八六七年的一萬七千五百三十三件，一八六八年的兩萬四千零六十五件，一八六九年的三萬兩千兩百五十一件，一八七〇年的三萬八千一百件。在這些進口品中，灰衫料子是最受島民歡迎的商品之一，一八七〇年時每匹可賣三．一美元，或拿來交換茶葉或樟腦②。

對臺貿易初期，怡和洋行採行英國人所謂的「船長總監制」(supercargo or captain)。一八五五至一八五九年間，湯瑪斯．文森和亞歷山大．莫理森(Alexander Morrison)身兼該洋行船長和買貨

---

① Jardine, Matheson & Co. Archives in Cambridge University Manuscript Room, B8/7, Tamsui, Banca, L. 311(1865, 11.3); L. 137(1868, 5.4).

② H. E. Hobson, Tamsui Trade Report(Tamsui: Customs House: 1869-1870), 157.

代理人的職務。怡和船運貨入臺灣港，船長獲授權與島民買賣，通常透過買辦。例如，一八五九年六月十一日，天上號(Celestial)船長莫理森運了超過十五箱的舊喇庄土到高雄，迅即以每箱八百八十元的價格脫手八箱。莫理森寫信給怡和洋行，說他留下剩下的幾箱，過段時間可望以更高價脫手[①]。一八六〇年後，怡和洋行決定派自己的業務代理人和會計到島上，並在四個官方指定的口岸(淡水、基隆、高雄、臺灣府)設立自己的倉庫和營業所。從一八六〇年一月到一八六四年六月二十五日，湯瑪斯·沙利文(Thomas Sullivan)和莫里森輪流擔任淡水與北臺灣怡和業務代理人的職務。另一方面，格洛·羅里(Glo Rorie)從一八六〇年四月十四日開始掌理怡和在高雄、南臺灣的貿易業務，直到一八六三年六月十九日離開爲止。阿佛烈·羅珀(Alfred Roper)接替淡水的莫理森，直到一八六五年九月十一日去職。此後，怡和洋行派外商，例如普魯士籍的詹姆斯·美利士和蘇格蘭籍的約翰·陶德，擔任其在島上的代理人。

怡和的船也前往臺灣的小港，例如梧棲、香山、後龍、東港、蘇澳，從事「非法」買賣。英國商船通常配有火砲，因此不管是清朝海軍，還是海盜，都不敢阻撓他們的商業活動。怡和在臺的代理人，每月薪資兩百五十美元，外加一年紅利兩百至八百元。此外，怡和支付旗下代理人每年一次從臺灣往返廈門或香港的交通費、每五年一次往返歐洲的船票。怡和的郵船每三星期來臺

---

① Carrington, *Foreigners in Formosa*, 184; 參閱Jardine, Matheson & Co. archives, Takao 3(1859), 6, 11.

一次，以便島上的外商和其眷屬添補民生必需品，例如衣物、鞋、紙、火柴、酒、甜食、新鮮食物。郵船還送來過期報紙，包括《倫敦與中國快報》、《香港日報》、《中國之友報》、《中國郵報》①。

怡和把臺灣與中國大陸分別看待，因此，該公司的福爾摩沙檔案(已捐給劍橋大學圖書館手稿室)，不只含有商船船長提交的天候、船況、抵港、離港、郵遞困難、價格、市場狀況的報告，還有旗下代理人所寫的各種收據、筆記、摘要、分類帳、現金帳簿、日記、報告、發貨清單、散頁紙。史學家喬治．卡靈頓(George William Carrington)以表八來說明臺灣四大港的相對重要性②。

顯然的，就怡和洋行來說，次要通商口岸基隆最不重要。臺灣府也較不重要。高雄雖是怡和最早著力的地方，最後淡水卻成爲怡和業務的主要港口。此外，怡和根據市場狀況調整其營運手法，替它掌理在臺業務者，由「商船押運員」(supercargo)，改成「代理人」(agent)，再改成「代理行」(agency)，說明其很有商業頭腦。誘使島民吸食鴉片，無疑壞了怡和的名聲，但怡和的確把臺灣放上世界貿易地圖。此外，怡和創新的經營手法，有助臺灣提升茶葉品質，把臺灣帶進汽船

① 欲更深入了解英國在臺洋行的營運，參閱黃富三的〈清代臺灣外商之研究——美利士洋行〉，《臺灣風物》第三三卷第一期(一九八三)，頁九三—一三六。黃富三，〈臺灣開港前後怡和洋行對臺貿易體制的演變〉，頁八三—一〇四。

② Carrington, *Foreigners in Formosa*, 183.

時代，改善了臺灣的運輸和通訊基礎設施。怡和使臺灣成爲海上貿易圈裡不可或缺的一環，爲臺灣比其他大部分亞洲國家更早進入現代世界，打下了基礎。

英國人在臺設領事館

外交是爲促進貿易，因此，一八六七年，英國與清廷簽訂淡水「紅毛城永久租約」，一八七八年在紅毛城開設領事館。這時德國和荷蘭都派有領事人員在臺，但所有歐美國家仍以淡水的英國領事館作爲他們在臺代表。因此，每有貿易糾紛，英國領事館都會出面，而糾紛一旦演變成爭吵、財產損失或威脅，掛著英國國旗的戰艦就會出動，作爲最後仲裁者。概括來說，十九世紀下半葉臺灣與英國的外交關係，主要在處理貿易糾紛和反基督教危機。阿禮國、威妥瑪(Thomas F. Wade)等幾位英國駐華公使，爲何要求母國政府派一艘砲艇隨時駐守臺灣岸外，原因在此。

事實上，十九世紀下半葉期間，英國當局數次派軍隊到高雄，分別是單桅帆船錫拉號(Scylla，一八六五年十二月)、傑納斯號(Janus，一八六八年

表八　臺灣四大港的相對重要性

港　口	時間範圍	一般信件	私人信件
高　雄	1856-1881	209	8
臺灣府	1860-1901	56	14
淡　水	1860-1898	941	12
基　隆	1864-1881	64	1

四月）、伊卡魯斯號（Icarus，一八六八年九月）、伯森斯號（Persons）。他們利用戰艦威嚇地方官員，或用它們來逼清廷將惹火他們的臺灣官員革職。通常，光有英國戰艦坐鎮臺灣領海，就能讓英國商行在商業交易和解決對臺貿易不滿上占了上風。檔案資料顯示，英國商行代理人常倚賴英國戰艦動武來讓臺灣人交出收據，替英國公民索回欠款。一八六〇、七〇年代，發生了許多樁商業糾紛和與教堂有關的暴亂，無法在此一一詳述，但透過其中幾個重要例子，應就足以說明那些年英國、臺灣關係的本質。

一八六二年，一隊配戴武器的印度水手，從英國縱帆船溫戴克斯號（Vindex）踏上淡水，以驅散反對顛地洋行在淡水建造該地第一棟洋房的群眾。同年，英國調戰艦史內普號（Snap）、蛇號（Snake）到淡水，解決怡和代理人湯瑪斯・沙利文與臺灣樟腦商黃祿之間的糾紛①。一八六三年五月，顛地洋行經理雷恩博先生（Mr. Rainbow）在勞動糾紛中爲淡水碼頭工人所傷，英國副領事布老雲（George C. P. Braune）立即請正停留在淡水的英國砲艇堅牢號（Staunch）延後返回福州，以便協助顛地洋行對付鬧事的碼頭工人②。一八六五年一月十三日，英國砲艇鴇號（Bustard）駛入淡水，鎮壓反對移除淡水紅毛城防禦土牆周邊樹木、灌叢的村民。一八六六年夏，臺灣道臺丁日健宣布禁止

① Braune to Bruce, December 31, 1862, F. O. 228/330: 26-36; Moresby to Braune, December 16, 1862, ibid.: 59.

② Braune to Bruce, June 2, 1864, 228/351, no. 14: 45-48.

稻米出口時，英國外交官倭妥瑪繼續讓戰艦蚱蜢號(Grasshopper)護送天利洋行(McPhail & Co.)貨船，從高雄港「非法」運出稻米，未經海關檢查①。小小的糾紛都可能引來英國出兵干預：一八六六年，英國海軍上尉盧爾德(Luard)利用其砲艇大破壞號(Havock)，幫在基隆碰上轎子付費糾紛的僕人壓制對方。後來盧爾德燒了淡水兩棟房子，理由是那兩棟房子的屋主據報洗劫了荷蘭失事船賓唐阿南號(Bintang Anam)上的貨物②。一八六八年，由於有英國戰艦傑納斯號坐鎮淡水港，某臺灣大樟腦商的遺孀不得不賠償寶順洋行(Dodd & Co.)四千八百銀兩③。

英國人也為臺灣官府獨占樟腦買賣一事多次爭吵，並頻頻因此引發衝突，也就是當時怡記洋行職員必麒麟所謂的「樟腦戰爭」。必麒麟於一八六二年在福州首次進入大清皇家海關總稅務司署服務時，只有二十二歲。當時有些歐洲人能講不利流的臺灣方言和一口漂亮的洋涇浜中文，他是其中之一。待在臺灣期間(一八六三—一八七〇)，必麒麟深深捲入臺灣的樟腦戰爭。到一八六〇年代末期時，情勢更為惡化，而這主要是因為地方當局無力控制為追求更好利潤、更好脫手而選擇

① Watters to Alcock, July 11, 1866, F. O. 228/420, no. 12: 27-39.

② Luard to Gregory, December 15, 1866, F. O. 228/440: 106-108; Gregory to Alcock, Feburary 20, 1867, F. O. 228/440, no. 4: 81-86.

③ BPPC, vol. 1, Holt to Fung, September 7, 1868: 522-523; Holt to Alcock, October 27, 1868: 525-526; Clarendon to Alcock, Feburary 17, 1869: 528-529.

與外國人交易的樟腦走私販。臺灣沿海城鎮，例如鹿港、梧棲、香山，成爲英商與臺灣樟腦商熱門的交易地。爲不讓臺灣地方當局看扁，英國人一再出動戰艦保護其商人與傳教士的利益。例如，在一八六八年七月的某次樟腦糾紛中，德記洋行代理人哈智(J. D. Hardie)遭鳳山縣保安人員毆打。爲了報復，英國人出動砲艇阿爾及爾人號(Algerine)、鴇號、珍珠號，占領臺灣府的出入門戶安平港將近兩個月(一八六八年十一月二十一日至一八六九年一月十八日)①。占領期間，阿爾及爾人號船長海軍上尉谷登(T. Philip Gurdon)下令砲轟安平，至少轟了七次。谷登還請教副領事吉必勳(John Gibson)、馬雅各牧師、鴇號船長塞昔爾・強森(Cecil Johnson)、幾位英國商行代表，以擬出對付臺灣道臺梁元桂的對策。有了安平在手上，英國人要求地方官員付出一萬銀兩的「賠償金」，並如願以償。最後，這件案子一路鬧到北京，梁元桂遭革職，英國人則歸還先前向梁元桂強索的一萬銀兩，了結此事②。

---

① BPPC, vol. 29 Gibson to Alcock December 14, 1868: 101-107; Gibson to Commodore Jones, December 2, 1868: 107-111; 也參閱Gibson to Alcock, November 25, 1868, F. O. 228/459, no. 35: 285-290; Gurdon to Gibson, December 2, 1868, F. O. 228/459: 320-326.

② BPPC, vol. 29, Gibson to Jones, December 2, 1868: 107-111; ibid., Keppel to Alcock, December 26, 1868: 113; ibid., Gibson to Gurdon, December 3, 1868: 111; ibid., Keppel to the Secretary of the Admiralty, Januray 6, 1869: 112-113.

為英國砲艇外交辯護者表示，出動戰艦到臺灣港口，不是侵略，而是自衛。這一理由看似有理，但綜觀英國、臺灣關係史，讓人不得不斷言，英國外交官與海軍軍官的主要職責，乃是替英國資本家和商業冒險家排除妨礙他們賺錢的障礙。前者很少做出不利於後者的事，但有些官員和業務代理人的作爲，實在有損英國人形象。英國外交官和海軍軍官很少向倫敦政府控訴島上英國人的暴力、非法行徑(例如攻擊地方官員或違反海關規定)。前面提到的必麒麟就是個好例子。他粗暴、傲慢、高高在上，一心想著發財。他雖瞧不起清朝官員，一再與地方當局起衝突，但在他直率不可一世的回憶錄《歷險福爾摩沙》中，他卻寫道他出門總是騎馬或坐轎，一如臺灣道臺。他有一把史賓塞步槍、一把科爾特左輪手槍、幾把獵槍防身。他還通常有歐洲傳教士(若非道明會神父，就是長老會牧師)、一名馬來人保鏢、數名臺灣僕

圖九　從山上運下樟腦，1860年代

人隨行。

另一方面，還有許多謙卑而真誠的傳教士日夜辛勤工作，努力拯救臺灣人靈魂，以及一些謙遜而勤懇的外交官、醫生。代理領事有雅芝(A. R. Hewlett)，就是這類英國人的絕佳例子。他接替具爭議性的吉必勳，一八七〇年春說服英國商人謹守本分，竭盡所能不讓他們胡作非為。有雅芝作風公正又肯配合，新任臺灣道臺黎兆棠因而願意放鬆對違禁品、走私活動的取締，包括：一、修改針對本地代理人的樟腦貿易規定；二、允許樟腦內陸買賣；三、減少外國代理人取得通行證的繁瑣手續①。一八七〇年代，樟腦糾紛因此漸漸平息。一八八〇年代，西方的化學研究開始密切注意淡白樟腦晶體的多重效益，樟腦隨之成為全球市場上的熱門大宗商品。樟腦價格隨之暴漲一倍，由一八六〇年代末期的每擔十六至十八美元，漲為一八九〇年代初的三十元至三十六元。一八八〇年，全球第一大樟腦產地的臺灣，出口一萬兩千擔(七十二萬六千公斤)樟腦，市值十五萬銀兩。日本併吞臺灣前夕(一八九四)，西方商人(大部分是英商、美商)總共從臺灣運出五萬一千擔(三百零八萬公斤)樟腦②。

① Carrington, *Foreigners in Formosa*, 242-244，也參見Hewlett to Wade, July 11, 1870, F. O. 228/495, no. 21: 225-226; Le to Hewlett, July 31, 1870, F. O. ibid., 隨會附件1，在no. 25: 235-239; Hewlett to Wade, September 12, 1870, F. O. ibid., no. 28: 261-264A.

② Samuel P.S. Ho(何保山), *Economic Development of Taiwan, 1860-1970* (New Haven: Yale University Press,

在臺的英、美人和其他外國人認爲，清廷對臺灣的有效管轄範圍，不到全島的一半。這一認知主要肇因於臺灣島孤懸海外，與大陸不相連，清廷治臺官員無能、腐敗，島民難以馴服。英國人覬覦臺灣的自然資源，且看重臺灣的戰略地位，因而一八三〇年代英國東印度公司撤出中國大陸後，他們一度想過併吞臺灣。但英國於一八四二年取得香港之後，未占領臺灣，而是在島上建立商館，以滿足其商業需求。誠如前面提過的，英國人的貿易活動把臺灣帶進汽船時代，改善了島上的運輸、通訊基礎設施，使臺灣成爲海上貿易圈裡不可或缺的一環。島上的基督教人口將仍居於少數，但英國、加拿大長老教會傳教士已在島上牢牢扎根。一八八三年，余饒理(George Ede)夫婦加入長老教會在臺宣教團。不久後，余饒理先生在臺南創立長榮中學，並擔任首任校長。十九世紀結束時，島上雖未徹底西化，臺灣社會已有幾個層面現代化。

一八九五年四月下旬、五月上旬，日軍即將進入臺北城時，英國皇家海軍戰艦百夫長號(Centurion)、斯巴達人號(Spartan)、紅胸鳥號(Redbreast)、巡邏號(Patrol)，輪流駛進淡水河，以確保城中英國子民不受傷害①。清廷理解到敗給日本已幾成定局時，主動向英國兜售臺灣。但英國首相羅茲貝里勛爵(Lord Rosebery)和外相慶伯利勛爵(Lord Kimberley)，希望臺灣維持其可讓英國

(續)

1978), 14, Robert Gardella, "From Treaty Ports to Provincial Status, 1860-1894," in Murray A. Rubinstein, ed., *Taiwan: A New History* (Armonk, NY: M.E. Sharpe, 1999; expanded edition 2007), 172-173.

① Davidson, *Island of Formoas*, 271-274, 305.

商人自由進出的自由市場身分，兩度婉拒這提議①。第二次世界大戰期間，日本人於一九四二年初的勝利之後，驅逐在臺所有英國人和外交人員，關閉淡水紅毛城的英國領事館。但日本無條件投降之後，英國立即索回紅毛城，一九七二年宣布欲將紅毛城改闢爲博物館，永遠飄著英國國旗。但英國於十九世紀選擇不吞併臺灣時，美國終於發覺臺灣是美國海軍的理想戰略基地，是美國在太平洋擴張商業勢力的理想跳板。法國則在一八八四、一八八五年攻占北臺灣和澎湖，作爲脅制清軍撤出安南的籌碼。

下一章將進一步說明在法國帝國主義與江河日下的中華帝國在東南亞起衝突之際，臺灣在國際政治舞臺上的戰略地位。

① Ibid., 265-266.

第五章　戰略要地

——法國攻臺之役

法國人與臺灣的早期接觸

荷蘭人於一六三二年在安平建熱蘭遮城，四年後，約兩千八百名荷蘭殖民者決定在今臺南境內的沙洲上最高點，另建一座較小的要塞普羅民遮城。這時候，已有一些歐洲傳教士向島上居民傳教。島民只有數十萬，大部分是原住民，另有約兩萬五千漢人和爲數不少的日本商人。荷蘭人干治士是第一位來臺的歐洲傳教士(約一六二七)，接著來臺的傳教士是牧師尤羅伯、牧師范堡、法國耶穌會士馮秉正(Joseph de Mailla)。馮秉正神父一邊傳教，一邊蒐集關於臺灣的各種資料，調查這島的大小和輪廓。他形容普羅民遮城是個「三層式建築，靠位於四角的亭子予以強化；由於可將港灣一覽無遺，要塞守軍有足夠時間防備任何登岸的敵人。」①一七〇三年，馮秉正神父應清廷要求再到臺灣。他由另兩位耶穌會士雷孝思(Jean Baptiste Regis)、德瑪諾(Romain Hinderer)陪同，在臺灣待了約一個月，除了蒐集有關原住民的資訊，還畫了張地圖。島上原住民女人天真、溫和、充滿深情、無私的特質，令馮秉正印象特別深刻。在他眼中，這些所謂的「野蠻人」，比飽讀詩書的儒家文人，更清楚何謂道德，因爲前者不買賣女人，而後者幹這種事②。

馮秉正來臺七十年後，有歐洲人貝尼奧夫斯基(Maurice-August Comte de Benyowsky)來臺。他是世襲的匈牙利貴族，後以波蘭騎兵隊長身分投身對俄戰爭被俘，囚於堪察加半島。一七七一年，他與九十六名獄友一起逃獄，奪走一艘俄國戰艦，駛往亞洲數個地方，最後在臺灣東岸卑南北方某處登陸。這幫有軍人、有逃犯的雜牌軍，很快即捲入島上的部落戰爭，而由於手上的歐洲武器較先進，他們輕易就制服敵人。最後，貝尼奧夫斯基登上法國船前往法國，投效路易十五(一七一五—一七七四)王廷。貝尼奧夫斯基向這位法國國王提出漂亮計畫，建議將臺灣納爲法國殖民

① 白尚德(Chantal Zheng)，《十九世紀歐洲人在臺灣》(*Les Europeens aux portes de la Chine: l'exemple de Formosa au XIX siècle*)，鄭順德譯(臺北：南天書局，一九九九)，頁二五；參閱Camille Imbault-Huart, *L'ile Formosa* (*1893*)(臺北：南天書局重印本，一九九五)，頁二三。

② 白尚德，《十九世紀歐洲人在臺灣》，頁三二—三三，援引Joseph de Mailla的*Lettres difiantes et curieuses*(Paris: Societe du Pantheon Litterature, 1843)。也參見James W. Davidson, *The Island of Formosa: Past and Present* (London: Macmillan, 1903), 68.

地。但當時路易十五已將目光放在非洲岸外的最大島馬達加斯加。法國王廷未發給他殖民臺灣的特許權，反倒請他到馬達加斯加建立殖民地。一七七四年，他在該島的安東吉爾灣(Antongil Bay)建立一據點，一七八六年死於島上的戰鬥，結束他在馬達加斯加島的冒險①。

法國國王未採納貝尼奧夫斯基的建議立即殖民臺灣，但一七八〇年代，法國已開始在海上探索和建立海外據點上和其他歐洲強權一較高下，東南亞、中國境內的許多地方，因此出現法國探險家、傳教士、外交官的身影。爲覓得有利可圖的市場和天然資源，法國的目標乃是調查未經探勘的處女地和大河。一七八三年，法國國王路易十六(一七七四—一七九二)的海軍部長，請法駐廣州副領事腓力浦・維雅爾(Philippe Vieillard)提交臺灣島況報告。維雅爾因此寫了十頁的備忘錄，描述臺灣的種族組成和社經狀況，分析該島在東亞的地緣政治地位和該島與中國大陸若即若離的關係。應該指出的是，維雅爾從未踏足臺灣，他爲寫這份報告蒐集的資訊，主要得自法國傳教士和中國商人。因此，報告中錯誤百出，充斥不實資訊和錯誤資料。但法國王廷開始打探這島，說明法國對臺灣海峽重燃興趣。可能的動機，乃是法國政府考慮拿下這島，以逼中國開放口岸與歐洲諸國通商②。

---

① Imbault-Huart, *L'ile Formosa*, 110-116; 也參見Davidson, *Island of Formoas*, 83-84.

② 欲更深入了解，參閱Stephane Corcuff, "Le 'Memoire sur Formosa' du Consul de France Vieillard de 1784 et la geopolitique du detroit de Taiwan au XVIIIe siècle,"《2006年臺灣歷史與文化國際會議紀錄》(臺

下一位對臺灣有所了解的法國人，乃是大探險家拉佩魯茲伯爵（count de La Pérouse）尚—佛朗索瓦·德·加洛（Jean-François de Galaup）。他在一七八七年四月二十七日見到安平的荷蘭熱蘭遮城，雖未上岸，但他的兩艘船在臺灣府避難數天，以躲避強勁的東北季風。在日記中，拉佩魯茲描述了臺灣沿岸的淺灘和岩石，還沮喪於島上漁民聽不懂法語。但拉佩魯茲的確知悉島上最近有場民亂，清廷派了兩萬大軍前來平定①。

一八三〇年，另一位法國冒險家居爾·狄蒙·狄維爾（Jules Dumont d'Urville），沿臺灣海岸航行，遇到島上原住民，稱他們是中國人、馬來人、日本人混血。他寫下以下的感想：

> 中國政府對福爾摩沙的管轄，限於西岸平原。東邊的山脈將已被征服的居民與野蠻人隔開……島上天然資源豐富，但仍有某種程度的不便，因此幾乎把所有優越之處全抵銷掉。這一不便與有害的水有關，那水能輕易奪走外地人性命②。

（續）

北，二〇〇六），頁一二〇。

① Jean Baptiste de Lesseps, *Voyage de Laperouse* (Paris: Club des Libraires de France, 1831), 229-231. 也參見 George William Carrington, *Foreigners in Formosa, 1841-1874* (San Francisco: Chinese Materials Center, 1978), 9.

② Dumont d'Urville, *Le Voyage Pittoresque autour du Monde*(Paris: L. Tenre et H. Dupuy, 1834), 342.

中法戰爭

一七八〇年代，法國肯定已開始就亞洲境內數個地方，斟酌何處可供其在亞洲建立據點。七年戰爭（一七五六—一七六三）使法國把其在印度、美洲的領土輸給英格蘭，因此之故，法國從事帝國主義擴張時更爲謹慎。最後，法國選擇中南半島和中國西南諸省作爲其擴張標的，並決定在所謂的「亞洲歐洲化」行動中，與英國爲友，而非爲敵。一七八七年，由於法國傳教士皮諾·德·貝安(Pineau de Behaine)的鼓動，阮氏王朝（一八〇二—一九五五）的一位後裔與法國在凡爾賽簽約。借法國之助，一八三〇年，以順化爲大本營的阮氏王朝靠武力統一了安南。接著，美國海軍准將培里於一八五四年逼日本德川幕府開放通商後不久，法國也與琉球王朝簽訂條約。但法國人在臺的活動，相較於當時的英、美人，微不足道。到一八五〇年代末期，英國已占了臺灣對外貿易的最大部分，美國居次。法國船隻偶爾停靠臺灣港口，法國人，例如美理登(Baron de Meritens)，在淡水（當時稱滬尾）的海關服務。臺灣正式開港後不久，法國政府指派英商詹姆斯·麥菲爾(James MacPhail)爲其駐臺領事，維護法國在臺利益。

但一八五六年二月，法國傳教士查德蘭(Augustin Chapdelaine)在廣西省遇害，引發英、法聯合出兵對付清廷，最後以一八五八年簽訂天津條約收場。一八六九年蘇伊士運河建成後，法國船隻從馬賽港到西貢(今胡志明市)只要約四十天。一八七四年六月，安南王國與法國簽約，同意讓安南成爲法國的保護國。但安南偏愛中國朝儀，沿襲安南統治者數百年來的慣例，繼續向中國皇帝獻貢。對於中國人與安南人之間這些特殊關係，法國人決定不予理會，而把重心放在溯湄公河而上，找出可供其與雲南省通商的水路。但以堵布益(Jean Dupuis)爲首的法國殖民地統治者發現湄公河無法航行，於是決定從海防、河內往內陸探索紅河；他們希望開發深藏在越南北部、中國西南部的天然資源，而這一計畫將有助於他們實現這野心。

最後，法國人在東京灣的浩大計畫，驚動了安南與中國政府。反法勢力阻止法國人進入安南，殺害法國、西班牙神父和因他們皈依基督的本地人。法國軍艦定期巡邏紅河，但安南人反抗未歇，一再向北鄰的中國救援。他們招募名叫黑旗軍的中國軍隊抗法，黑旗軍成員大部分是太平天國之亂時(一八五〇—一八六四)受劉永福指揮的叛民。一八八三年三月，法國首相茹費禮(Jules Ferry, 1832-1893)組成新政府，決定確立法國對安南的殖民統治權。茹費禮說服法國國會通過三百七十萬法郎的遠征經費。但一八八三年春，法軍指揮官昂利．李維業(Henri Rivière)和三百多名部隊，在紅河三角洲名叫紙橋的地方，死於劉永福的民兵之手。就在吃了這場敗仗的背景下，法國派海軍中將孤拔(Amedee Anatole Courbet)率領載有兩千海軍陸戰隊的艦隊占領安南都城順化。在這同時，爲化解逐漸升高的緊張，中國直隸總督李鴻章和法國談判人員福祿諾(F. E. Fournier)於一八八四年五月十一日簽訂天津簡約。但簡約上的墨水尚未乾，一八八四年六月二十五日戰事再起。該日，劉永福的部隊在中國、安南邊界上的諒山再取得一場陸戰勝利，殺死二十八名法國軍官和士兵，傷四十六名軍士兵①。

鑑於這場敗仗，巴黎派新特使巴德諾(Jules Patenotre)來華處理。一八八四年七月一日抵達上海後，巴德諾立即決定攻占臺灣「據地爲質」，以逼迫清軍退出安南。此外，巴德諾還向談判對手曾國荃索賠兩百五十萬法郎。曾在一八六〇年代初期協助兄長曾國藩平定太平天國之亂的曾國荃，悍然拒絕巴德諾的要求。談判陷入僵局期間，配備七門大砲、載有一百五十七名士兵的法國巡洋艦沃爾特號(Volta)出現於臺灣基隆灣，要求提供煤和必需品。當地官員禁不住法軍一再威脅，滿足其要求，終於趕走這虎視眈眈的入侵者。在這同時，清廷於七月十日請出已解甲歸田的將領劉銘傳(一八三六—一八九六)，任命他爲督辦臺灣事務大臣，籌備抗法。與李鴻章同爲合肥人的劉銘傳，急急招來十二名軍事顧問和一百三十四名隨身護衛，上海製造局則在這時爲他備辦三千枝火槍、二十門砲、十發水雷、包括砲彈在內的大量彈藥。劉銘傳一行人於七月十六日登陸基隆港，立即擬出防守策略。這時候劉銘傳斷定，爲保護臺灣，絕不可讓基隆落入敵人之手；保住基隆是守住這港的關鍵②。

① 關於中法這一連串談判，參見中研院所編七卷《中法越南交涉檔》(臺北：一九八三)，第一卷，頁八五—九一、一五六—一六五；第二卷，頁七〇九—七一二。

② 臺灣省文獻委員會，《文獻專刊》，第四卷，第一—二期(臺北：一九五三)，頁九。

劉銘傳臨危受命之前，臺灣道臺是湘軍將領劉璈（一八八八年歿）。劉璈出身湘軍將領左宗棠門下，自一八八一年起任臺灣道臺，掌理臺灣防務，已歷四年。據說在任期間，他收受賄賂，任人唯親，漠視臺灣防務。一八八三年，劉璈統領四十營部隊，包括四千官軍，還有部署於全臺五路的七千多名鄉勇。北路防區，北從蘇澳、宜蘭、基隆、淡水，經新竹，南抵大甲；中路包括臺中、彰化、嘉義；南路則從曾文溪延伸到臺灣最南端；後路負責防守東岸；前路涵蓋澎湖。四十營兵勇中，九營部署於北路，但大部分配備落伍武器①。因此，新任臺灣事務大臣劉銘傳決定從南路調兩個營到北路，強化基隆防務。劉銘傳巡查過一處新造的要塞後，下令強化另外兩三座舊要塞的戰力。這座新要塞長九十公尺，距海灘三十公尺，配置有五門一八八一年式的克虜伯砲②。然後他通告全臺，關閉所有煤礦，任何商人不得買賣煤。初步巡查過臺灣防務，發布一連串命令和指示後，劉銘傳於七月二十日直接前往他設於臺北大稻埕的大本營。

---

① 劉璈，《巡臺退思錄》（臺灣文獻叢刊第二一種，臺北：臺灣銀行，一九五八），頁二一九—二二二。

② John Dodd, *Journal of A Blockaded Resident in North Formosa during the Franco-Chinese War, 1884-5*（一八八八年在香港印行供私人流通，一九七二年由臺北成文出版社重印），4-5. 也參見Davidson, *Island of Formoas*, 221.

法國艦隊入侵北臺灣

兩天後，一八八四年七月二十二日，法國木造海防艦維拉爾號（Villars）駛入基隆港，下錨停泊。維拉爾號是艘大船，配有一組十五門十四吋火砲、八門旋轉式火砲、兩百六十名官兵①。維拉爾號具體威脅到基隆，清廷即雇請德國汽船偉勒號（Welle）從上海製造局運水雷、電報線、裝備、彈藥到基隆。但由於基隆外海情勢愈來愈緊張，偉勒號船長不想與維拉爾號正面衝突，於是繞道，將軍火運到淡水，再由中式帆船轉運到基隆港卸下。一八八四年八月二日，法軍艦隊司令孤拔接獲法國政府指令，要他占領基隆和附近煤礦②。兩天後，由海軍少將李士卑（Lespes）指揮的法國裝甲艦拉加利索尼耶爾號（La Galissoniere），在載有七十八名官兵的砲艇律坦號（Lutin）助陣下，也出現在基隆港外。拉加利索尼耶爾號配有兩門安在砲塔上的二十四公分火砲、四門二十四公分火砲、六門十公分火砲、八門旋轉式火砲，還有供兩百六十人使用的軍事裝備，是真正具有威脅

① Le Capitaine Eugene Garnot, *L'expedition Francaise de Formosa, 1884-1885* (Paris: Librairie CH. Delagrave, 1894), 26.

② Ibid., 24.

性的戰艦，從中國的角度來看尤其是如此①。另一艘裝甲艦拜亞爾號(Bayard)——配有十二門火砲，載有四百五十名官兵——加入艦隊後，李士卑立即要清軍基隆提督曹志忠交出基隆，作爲支付賠償金的擔保品。曹志忠將此要求上報劉銘傳。

劉銘傳決定不理會這要求，而李士卑則把清軍的毫無回應視爲峻拒，於是清理甲板準備開戰。一八八四年八月五日早上，李士卑下令砲轟基隆。這時，有基隆本地居民和一小批外國僑民，避難於當時停泊在淡水河上的德國縱帆船約翰．卡爾號(Johann Carl)和英國砲艇金龜號上②。維拉爾號上的火砲威力極大，到早上八點四十五分，不僅將新要塞轟爲瓦礫，還摧毀山坡上另兩三座較小、較舊的要塞。殺掉六十多名清朝守軍，趕跑剩下守軍後，基隆港迅即變得一片死寂。在不安中度過一兩小時後，李士卑仍找不到剩下的守軍，於是下令建立灘頭堡。八十名法國海軍陸戰隊員利用小船在基隆港南側上岸。早上十點，馬坦上校率領兩百名來自拜亞爾號的法國海軍陸戰隊員，在二沙灣(基隆東邊的高地)登陸。他們在已成廢墟的新要塞插上法國三色旗，傍晚摧毀掉剩下的所有障礙後，往基隆城挺進。那天晚上，入侵法軍紮營於野外時，雨下個沒停。八月六日早上，雨終於停時，兩百六十名前鋒偵察隊，也在上尉雅克米耶(Jacquemier)帶領下登陸。這

① Ibid., 26.

② Dodd, *A Blockaded Resident*, 7; 也參見Davidson, *Island of Formoas*, 221.

時劉銘傳已返回基隆，親自督戰①。

這時候已有超過四百五十名法軍挺進到曹志忠部隊棄守的兵營。他們當下的任務乃是取得煤以補給軍需，於是朝基隆港東邊約十公里處的官營煤礦一路攻打，以攻占該煤礦。得悉法軍意圖之後，劉銘傳下令摧毀八斗子煤礦的工廠和機器，將礦坑灌水，把約一萬五千噸存煤淋上煤油，放火燒掉②。在這同時，為數約兩千的清朝守軍在高地上挖戰壕，等法軍來到沒有艦砲掩護的地方，與對方廝殺。清軍倚仗兵力優勢和熟悉地形，占有上風，最終將法軍趕回海邊。經過三小時激戰，法軍在海邊敗退一千兩百公尺，撤回艦上。一如史上的所有戰役，死傷人數，雙方說法南轅北轍。中方宣稱自己死傷極微，而入侵法軍則死百餘人。英國商人美查(Ernest Major)創辦的上海《點石齋畫報》，在七至九月那一期，也報導了這些誇大的「戰果」。但這場衝突期間居住於臺北，有中外消息管道的蘇格蘭籍茶商約翰．陶德表示，法軍頂多三人戰死、六人受傷、一人被俘，四門火砲和兩面法國國旗被擄。另一方面，有許多受傷清軍送到淡水的滬尾偕醫館治療③。

---

① Garnot, *L'expedition de Formosa*, 29-30; Dodd, *A Blockaded Resident*, 8.

② Davidson, *Island of Formoas*, 222.

③ 《點石齋畫報》，一八八四年七月一至十日版，A12(廣州：廣州人民出版重印本，一九八三)，頁九二；一八八四年八月一至十日版，B3，頁二一；一八八四年九月一至十日版，B6，頁四二。也參見 Dodd, *A Blockaded Resident*, 8, 13.

未能一舉攻占基隆這產煤的港市後，法軍指揮官李士卑透過基隆海關官員布朗洛(Brownlow)的居中斡旋，邀劉銘傳上拉加利索尼耶爾號談判。劉拒絕，稱他未獲授權離開指揮崗位，然後邀李士卑上岸與他一會，反將一軍，李士卑同樣拒絕。不久，除了拉加利索尼耶爾號，其他法國船艦全駛往福建沿海蒐集情報，清除航行障礙。他們如期與孤拔領軍的東京艦隊會合，一起攻打清朝的馬江水師基地。法軍的轉向，給了北臺灣守軍些許喘息空間。事實上，八月九日，劉銘傳還覺得危機已解，因而將基隆交由下屬坐鎮，自己則前去淡水視察防務。這時清軍已在淡水的山坡上構築了數道新的土質砲臺，在河口內放了六枚水雷。據劉銘傳自己的記述，他在臺北受到英雄式歡迎，檢閱了雄壯的部隊①。因此，第一輪交火之後，情勢陷入僵局；也就是說，法軍成功拿下基隆海邊，但未能往內陸挺進。在這同時，清軍繼續在可俯瞰敵艦的基隆港灣東側山坡上構築土木工事，挖掘壕溝。八月底時，基隆見不到外國人的蹤影，連海關官員都不見蹤跡。淡水與大稻埕的對外貿易已恢復，但情勢仍很緊張，外國人在這兩地的生活仍受到很大約束②。

一八八四年八月十六日，身兼外相的法國首相茹費禮得到法國國會兩院的信任投票；他隨之向人在北京的法國特使巴德諾拍發海底電報，要他停止和談，準備開戰。四天後的八月二十日，

① 《劉壯肅公奏議》，第一卷(臺北：臺灣銀行，一九五八)，頁一七一。
② Davidson, *Island of Formoas*, 223.

法國海軍部長下令孤拔攻打中國福建水師，摧毀福州製造局和馬尾造船廠，剷除閩江防禦工事①。當時福建水師有四艘巡洋艦、兩艘運輸艦、兩艘通信船、兩艘砲艇、一艘武裝木船，共有四十七門火砲和一千兩百二十名水手、海軍陸戰隊員。此外，在閩江沿岸和水師基地，有數百士兵據砲防守②。孤拔一接到進攻令，即將其東京艦隊與李士卑中國艦隊的部分船艦整合爲強大艦隊，隊中包括旗艦沃爾特號、各配有多門十九公分砲、十四公分砲的一級巡洋艦狄蓋特魯萬號(Duguay-Trouin)與德斯坦號(D'Estaing)、砲艇拉斯皮克號(L'Aspic)、猞猁號(Lynx)、拉維佩爾號(La Vipere)、兩艘魚雷快艇。南泰號(Nantai)與四艘汽艇負責清理水道，掃除水雷，通信船索恩號(Sâone)和二級巡洋艦夏多勒諾號(Chateau Renaud)巡邏海灣，以防清軍將滿載石頭的中式帆船鑿沉於閩江口③。

八月二十三日下午，法軍孤拔開始攻擊，朝退潮時不易機動的清軍巡洋艦開砲。攻擊持續到日暮，日暮時下起大雨，拖慢法軍行動。隔天，法軍艦隊告知福州所有外國領事，攻擊即將展開之後，兵分三路，砲轟他們所能找到的所有中國大小船隻。八月二十四日下午，杜藏(Douzans)指揮的法國四十六號魚雷艇發射一枚十三公斤魚雷，擊中清軍旗艦揚武號，使其失去行動能力，後

① Garnot, *L'expedition de Formosa*, 31.

② Maurice Loir, *L'Escadre de L'amiral Courbet, Notes et Souvenirs* (Paris: Berger-Levrault, 1886), 176.

③ Ibid.

來沃爾特號開砲，將其擊沉。這一次，法軍裝甲艦勝利者號(La Triomphante)也加入這場海戰，艦上配有十三門砲，官兵三百八十人。清軍共有七艘軍艦遭擊沉，兩艘受重創，一千多名海軍陸戰隊員和五百名鄉勇喪命。中國福建艦隊幾乎全軍覆沒，較小型的法國戰艦因此得以好整以暇，摧毀造船廠的基礎設施和閩江沿岸的防禦設施。遭遇此一潰敗後，清廷心知會引來群情激憤，於是在一八八四年八月二十六日正式對法宣戰。詭異的是，三天後的八月二十九日，孤拔卻在向軍官和海軍陸戰隊員講話時，宣布福州海戰結束：

諒山戰役時，我們的弟兄受害於無恥的背叛，至今已整整兩個月。如今，靠著你們的英勇和來自基隆之同袍的英勇，我們已爲這一暴力行徑報仇雪恥。但法國要求更榮耀的補償。有你們這樣英勇的水手，我們國家沒有什麼辦不到①。

中國福建水師覆沒後，法國船隻在大海上從此暢行無阻，沒有威脅。法國海軍已完全控制中國東南沿海，孤拔因而得以全力執行他的攻臺計畫。他先將李士卑的中國艦隊與他的東京艦隊統合爲一，改名遠東艦隊，並自任艦隊司令，以李士卑爲副司令。九月二日，孤拔登上勝利者號，

① Ibid.; 也參見Garnot, *L'expedition de Formosa*, 31-32.

在拜亞爾號和律坦號護衛下，抵達基隆灣。粗略勘察過北臺灣海岸後，孤拔深信劉銘傳已強化防務，若正面進攻將極難得手。他斷定，若要得勝，將需要他當下所轄的兵力三倍。為此，他建議法國政府，他的艦隊不應攻打臺灣，而應往北航，奪取山東半島北端的威海衛或遼東半島南端的旅順口。但法國內閣否決此議，堅持要他攻下北臺灣，以脅迫中國賠款。孤拔顯然不滿意內閣的決定，一如他在日期註明為九月十八日的致友人信中所抱怨的：

> 我不知道是誰給了茹費禮先生和其政界友人這樣一個餿主意，竟認為只有占領基隆和附近煤礦，才能為我們的船找到補給煤。我可以告訴你，我絕不會忘記這個無能內閣和他們的錯誤決策。如果繼續這樣做，一年後，除非用掉那之前我們所有編入預算，別想有所進展①。

法國封鎖臺灣

孤拔以法國內閣閣員的無知和稚嫩而打從心底瞧不起他們，卻還是謹遵奉行巴黎的指令。一

---

① Garnot, *L'expedition de Formosa*, 35-36; 也參見白尚德，《十九世紀歐洲人在臺灣》，頁一一一。

八八四年九月十七日，他率領共兩千名新增補的軍事人員(包括步兵團、砲兵營、苦力)，加上已在西貢搬上一級運輸船尼夫號(Nive)的重砲，駛往基隆。九月底時，臺灣海域共有十一艘法國軍艦，其中三艘由李士卑指揮，有三百兵力，等著攻打淡水，八艘由孤拔統率，有兩千兵力，等著攻下基隆。孤拔當下的任務，乃是先占領位於基隆灣東北端、基隆港入口左岸附近的和平島。

李士卑則要率戰艦上溯淡水河，然後在淡水北岸讓海軍陸戰隊登陸。鑑於法軍加派兵力來犯，且意圖明顯，劉銘傳於九月十七日向朝廷發出電報，請求增援部隊和彈藥。十天後的九月二十七日，三百五十名清軍搭乘一艘租來的船，試圖進入淡水河，但遭法國軍艦夏多勒諾號、維佩爾號嚇跑。這些從大陸派來的部隊不得不在新竹上岸，然後步行到臺北，與劉銘傳部隊會合①。北臺灣戰雲密布，淡水本地的有錢華商租了外國船多莉塔號(Dorita)，以備法軍進攻，就將親友撤走。這時候，北臺灣的每家洋行，也有五名清軍士兵駐守，以防遭劫掠②。

一八八四年十月一日早上六點整，孤拔下令進攻駐防基隆防禦工事的清軍。第一營少校貝爾(Ber)率六百一十九名海軍陸戰隊員在海灘東南側登陸，任務是占領仙洞，即外國人口中的克萊蒙特丘(Clement Hill)。百餘名中國守軍從土木工事後方朝來犯敵軍發射克虜伯砲和火槍，但經過兩

① Dodd, *A Blockaded Resident*, 24-25.

② Ibid., 11-12, 16.

小時激戰，撤離仙洞①。劉銘傳接著下令他轄下六門四十磅火砲砲火齊發，暫時拖慢法軍的前進。但到了早上十一點，少校拉克魯瓦(Lacroix)率領的第二營、少校朗日(Lange)率領的第三營，都已登陸，成功壓制住守軍砲火。那天夜裡，劉銘傳下令剩下的三百部隊退到築有路障的七堵(意爲「七號路障」)，他本人則趕回去主持淡水防務②。法國這三個營會合，迅即前往占領基隆城整個西區。孤拔迅速登岸，架設他的指揮所，法國三色旗飄揚於指揮所上方。十月四日，法軍將基隆南區和市中心區納入掌控。十月八日，整個基隆城已落入法軍之手。爲期一個禮拜的戰役，法軍有六人陣亡，但清軍死傷數百③。

法國人對劉銘傳的描述，一般來講語帶不屑，稱他「精明、狡猾、吹毛求疵」，但「行事乖戾，昧於現代武器」，是個「怕被(慈禧太后)砍頭的老頭子」④。美國記者禮密臣(James W. Davidson)指稱，劉銘傳「逃」離戰場後，打算將「寶物、錢財、補給品帶到淡水南方約三十英里

---

① 劉璈，《巡臺退思錄》，第三卷，頁二八四。

② 《劉壯肅公奏議》，第二卷，頁一七四。

③ Garnot, *L'expedition de Formosa*, 45-46.

④ 一八八四年八月二十三日至一八八五年六月二十二日孤拔遠征期間，有位名叫Jean的法國水手，陸續寫了多封信給母親和友人。這些信最早是以「艦隊司令孤拔的小水手」(Le mousse de l'Amiral Courbet)之名，在《地球畫報》(*La Terre Illustree*)上連載。二〇〇三年，鄭順德為中研院臺灣史研究所將此書譯為中文。參見日期註明為一八八四年九月二十六日的那封信，頁三六，一七八。

處，有城牆環繞的城鎮。」但臺北城民得悉此事後，「抓住他頭髮，把他扯下轎子，拳打腳踢，罵他叛徒、懦夫。」①但在呈給朝廷的奏章中，劉銘傳表示他只抵抗一天即棄守基隆，乃是爲了戰術撤退。他心知法軍武器更勝一籌，部隊訓練更精良，但他有主場優勢，只要防守規畫周全，他能利用空間稀釋掉敵人強大兵力，消磨掉敵人耐心。他研判，基隆距臺北三十公里，兩地之間崇山峻嶺，地形複雜，法軍要循此路打到臺北非常困難。相對的，淡水距臺北只三十華里（十六公里），地勢開闊，易攻難守；面對裝備精良的法國強大艦隊，又更難防守。他推斷，淡水若落入法軍之手，臺北將難保。臺北一旦失陷，全島將難以守住。就是在這戰術思維下，劉銘傳決定棄守基隆，帶著約一千兵力返回臺北，準備傾其所有守住淡水②。

法軍來犯之前，淡水靠一小砲臺保護，小砲臺築在淡水河北岸，法國人稱之爲白堡的地方。劉銘傳來臺後，在海關和英國領事館附近的紅堡上，築了一新砲臺。清軍在這個位於小山頂的砲臺上，架設了幾門由上海製造局製造的克虜伯砲。九月三日，清軍鑿沉數艘塞滿石頭的船，堵住淡水河口，在河中布下九枚水雷。劉銘傳從客家山區招募來一批客勇，發予他們火繩槍，要他們

① Davidson, *Island of Formoas*, 227；也參見中國歷史學會所編《中法戰爭》卷六（上海：新知識出版，一九五五），頁一九二。

② 《劉壯肅公奏議》，第一卷，頁一四一。

在山坡上和小溪谷裡紮營駐守，以協助從大陸調來的那營清軍防守淡水[①]。淡水有多家洋行——例如水陸洋行(Brown & Co.)、和記洋行(Boyd & Co.)、寶順洋行、德忌利洋行(Lapraik & Co.)、德記洋行——因此法國艦隊直到一八八四年九月快結束時才封鎖淡水港。但十月一日，李士卑用信號告知英國皇家海軍金龜號船長博特勒(H. H. Boteler)，「接下來二十四小時，我們會開砲摧毀這港口的防禦設施；歐洲僑民需注意自身安全。」[②]

外國人正採取措施保護生命、財產時，虎視眈眈的法國軍艦拉加利索尼耶爾號、勝利者號、狄蓋特魯萬號、維佩爾號，靠某英國導航員所繪海圖，溯淡水河而上，準備動武。十月二日早上，果然有兩艘法國裝甲船在淡水河口外，雙方爆發小規模戰鬥。有目擊者稱，槍砲不斷開火，火力猛烈，到早上十點，白堡已逐漸被毀。第一天，砲擊持續了十三小時，射了一千至兩千發砲彈。但晨間濃霧使法軍砲擊失去準頭，雖擊毀兩座砲臺，據報未傷到外國人，但還是打中外國人房子。此外，維佩爾號的前中桅遭擊中[③]。接下來兩天，持續有零星砲火和槍擊。法國人派出小型偵察隊搜索水雷，偵察海岸；法軍不願登陸。然後，十月五日，孤拔從基隆派出六百名陸戰隊員，增援李士卑的部隊，其中有一些徵自阿爾及利亞、安南。但秋分前後常見的大風，使他們直

---

① 同前，頁一四四—一四五、一七五。

② Garnot, *L'expedition de Formosa*, 49.

③ Dodd, *A Blockaded Resident*, 35.

到十月八日才能登陸，這時，足智多謀又驃勇的清軍提督孫開華，已命其裝備低劣的一千部隊，隱身在淡水河北岸各處，準備伏擊。

一八八四年十月八日早上九點，淡水河口水深三．九或四．二公尺時，李士卑下令陸戰隊員登上小運兵船，爲搶灘開路。所有船隻開砲，所有武器裝滿彈藥，五支法國分遣隊，拉成一千公尺長的人龍，往沙丘進發。早上九點三十五分，據估計已有五百至八百法軍登陸淤泥小島黑警標（Black Beacon，今沙崙）的東北岸。法軍從這灘頭堡迅速往內陸挺進，但更接近林木線時，孫開華部開火。早上十點十分，清軍從三處高地衝出，紅堡區域陷入激烈戰鬥和猛烈砲火，槍砲聲震天。清軍與法軍相隔只一百公尺。早上十一點四十五分，中校布利諾（Boulineau）以信號示意下屬，彈藥已用盡，該撤退。但強風大作，使法軍後撤更爲困難，付出更大

圖十 正受訓的臺灣兵

代價。中方史料宣稱，法軍一團混亂，回天乏術，但有位參與這場戰鬥的法國水手說，撤退井然有序，只花了四十五分鐘，就將所有受傷同袍安全救回法國船上①。

根據送至滬尾偕醫館救治的傷兵人數，清軍傷亡想必很大。甚至在砲轟結束後，仍有許多中國人因觸弄在河岸發現的未爆彈或誤踩地雷而被炸死或炸傷。另一方面，維佩爾號著火，來自拉加利索尼耶爾號的海軍上尉豐坦(Fontaine)與另外十一名法國陸戰隊傷兵被俘，遭斬首，並插在竹竿上梟首示眾。上海《點石齋畫報》再度呈現斬首情景，藉此刺激銷售量，加深人民仇法情緒。清軍宣稱擊斃三百名來犯法軍，一九八八年版的《淡水廳志》甚至還刊出這一灌水數據②。但這些死傷數據不但遭淡水海關官員愛德蒙·法拉戈(Edmund Farrago)駁斥，也遭法國當局斥爲不實。法拉戈信誓旦旦的說法軍只死了二十人，法國當局則說只有十七人死，四十九人受傷，其中有四人爲軍官③。高懸示眾的法國人頭顱令淡水外國僑民心生嫌惡與驚恐時，慈禧太后於十一月六日頒布敕令，宣稱中國打贏淡水之役。她表揚孫開華提督的英勇，下旨發內帑一萬銀兩、三只白玉戒指

---

① 《艦隊司令孤拔的小水手》，一八八四年十月十五日的信，頁五三、一九八。

② 《點石齋畫報》，一八八四年七月十至廿日，B7，頁五〇；一八八五年四月一至十日，D3，頁三九。也參見白惇仁等人所編《淡水廳志》第二卷(淡水：淡水鎮公所，一九八八)，頁五七八。

③ 《中法越南交涉檔》，第四卷，頁二二五六；也參見《艦隊司令孤拔的小水手》，一八八四年十月十五日的信，頁五三、一九八。

等諸多賞賜給孫開華，並表彰他部隊的英勇善戰①。

再一次登陸受挫後，李士卑認定旗下水手所受訓練不適陸戰。孤拔約兩千兵力雖已占領基隆和俯瞰暖暖(距臺北只約五小時步程之地)的周邊山丘，他本人卻深感灰心。此外，法國政府於一八八五年一月下旬增援了九百多名徵自阿爾及利亞的新兵。二月時，基隆的法軍有外籍軍團九百七十一人、非洲營九百人、海軍陸戰隊三百五十人、水兵八百人②。但基隆、臺北之間的唯一通道，布滿濃密的林下灌叢、長草、隱密的山洞和坑洞、狹窄小徑，地形大大有利於清朝守軍，而這時守軍兵力已增加到將近六千。此外，一至五月是基隆雨季，紮營地因此潮濕，易滋生疾病。一月十八至一月二十一日的月眉山之役，戰況特別激烈，法軍經此一役，拿下了基隆河北岸。但同年三月十六至三月二十日的暖暖橋之役，更爲慘烈，法軍死傷將近兩百，清軍死傷逾千③。

法軍遠征陷入僵局，久久打不出結果，得歸因於法國人稱之爲cachalot的一種熱帶傳染病，也就是一般人口中的腸胃道疾病霍亂。與清軍接觸，使法軍染上霍亂和其他疾病。法國人占領北臺灣期間自覺像是身處遙遠異地任人宰割的肉靶子，原因在此。一八八四年十月二十日，爲因應這一始料未及的情勢，孤拔下令封鎖臺灣全部海岸，給外國戰艦離開臺灣港口三天的寬限期。三天

① 《劉壯肅公奏議》，第二卷，頁一七五—一七七。
② Davidson, *Island of Formoas*, 233.
③ 《劉壯肅公奏議》，第二卷，頁一九三—一九四；Garnot, *L'expedition de Formosa*, 170-176.

後，十月二十三日，孤拔還從巡洋艦拜亞爾號發電報給巴黎中央，說明他的困境。

> 我軍碰到麻煩，大部分人染上傷寒，還有許多人出現霍亂症狀。(十月)十一至二十三日之間，我們失去十一人。目前有五十六名士兵掛病號，在醫院治療，其中十二人病重。滋生疾病的季節結束之前，我們會以不調動部隊來因應。但這大概會延宕多項計畫和情報蒐集①。

爲封鎖臺灣，法軍派拉加利索尼耶爾號守淡水河口，派另外四、五艘船巡邏北臺灣沿海，意圖切斷臺灣與外界的貿易和交通，且希望藉此分化劉銘傳幕僚群。事實上，封鎖才幾天，劉銘傳和臺灣道臺劉璈就開始向朝廷告對方的狀，互指對方無能、貪污、懦弱②。法軍的封鎖，最初是以在臺灣沿海登船檢查的方式實施。一個月後，封鎖區擴及到涵蓋八公里航行區，一八八五年二

---

① Garnot, *L'expedition de Formosa*, 74. 欲進一步了解臺灣的傳染病，參閱George L. Mackay(馬偕), *From Far Formosa: The Island, Its People and Mission*（《台灣六記》）, J.A. MacDonald, ed.(Edinburgh: Oliphant, Anderson & Ferrier, 1896), 28.

② 欲更深入了解，參閱許雪姬的〈兩劉之爭與晚清臺灣政治〉，《臺灣史研究》第十四卷(臺北：中研院臺灣史研究所，一九八五)，頁一二七—一五八。

月，孤拔宣布稻米禁運，法軍有權在公海上登船搜索，一經發現即予沒收。法國艦隊施行這一新禁令，有效封鎖華南、臺灣的米外運至華北，造成北京地區嚴重米荒。

封鎖持續到一八八五年初春。在這漫長的五個月期間，在臺外僑苦不堪言。但三月二十四日，法國人突然撤守淡水港，爲自十月二十三日開始封鎖以來所首見。在這同時，法國開始撤出基隆部分兵力，以便集結基隆部隊和其他部隊，前往占領約有四十五座島的澎湖群島。法國此舉意在向中國加壓，因爲在這期間日本對韓國侵逼日急。事實上，日本單桅帆船天城號正密切監視法軍在臺灣沿海的行動①。一八八五年一月，清廷理解到澎湖是臺灣的門戶，開始從福州派兵到這些林立的小島。三月時，據估計已有劉璈轄下的三千五百部隊，部署於三座主島(澎湖島、白沙島、漁翁島)和另兩座有人居住的島。另一方面，法軍共有七艘軍艦，包括兩艘裝甲艦、三艘巡洋艦、兩艘運輸船，準備攻打澎湖。

孤拔的遺產

孤拔率兵攻打澎湖途中曾在安平停靠，靠港期間，孤拔請英國領事邀劉璈一見。在法國旗艦

① Dodd, *A Blockaded Resident*, 55.

上，劉璈告訴這位法國艦隊司令：「今日之見，為友誼也；請毋及其他。」自信滿滿的孤拔追問，「以臺南城池之小，兵力之弱，將何以戰？」劉璈答，「誠然。然城，土也；兵，紙也；而民心，鐵也。」據說孤拔盡情大飲，然後下令艦隊離去，放過臺灣府①。劉璈、孤拔這次會面與這兩位對手其他交手的故事，出自臺灣史家連橫的記載；但是否真有此事，有待商榷。不管是真是假，這兩人後來都成為戰爭受害者。劉璈遭慈禧太后流放靠近西伯利亞的黑龍江，孤拔則在占領澎湖期間死於熱帶病。

一八八五年三月二十九日早上六點五十五分，艦隊司令孤拔在拜亞爾號上以信號示意轄下諸艦和部眾，準備攻打澎湖。法艦距澎湖島約兩千公尺時開砲，砲擊持續半小時，成功摧毀岸上所有砲臺。早上八點二十分，孤拔下令停止開火，但要勒狄夏佛號(Le Duchaffaut)和拜亞爾號繼續夷平馬公北側的防禦壁壘。馬公是澎湖首府暨澎湖群島最大鎮，當時有人口一萬。其他較小的船，例如德斯坦號和剛修復的維佩爾號，航行於各大小島嶼之間，摧毀所有防禦設施。下午四點，孤拔將旗艦改為朗納米特號(L'Annamite)，下令在某較小的港登陸，而非在較便於大船出入的馬公港登陸。第二團四個連接著上岸，未遭到守軍抵抗；法軍一路挺進，也未碰到地雷②。三月三十日早

① 連橫，《臺灣通史》(臺中：臺灣省文獻委員會，一九七六)，第三十三卷，頁七〇四—七〇八。
② 許雪姬等人所編，《續修澎湖縣志》(馬公：澎湖縣政府，二〇〇五)，頁一一八—一二〇。

上，維佩爾號駛進馬公港，未遇抵抗，清楚表明那裡的居民只是人，「他們的心非鐵」也。法國海軍陸戰隊迅即輕鬆占領要地，因為中國守軍若非已逃到臺灣，就是中國大陸。下午五點十五分，陸戰隊員抵達澎湖廳官署，發現遭清軍棄置的大量未使用武器和彈藥。法軍花不到三天就占領澎湖群島。四月一日，拜亞爾號發二十一響禮砲，法國三色旗在馬公升起，艦隊司令孤拔將澎湖改名為「les Pecheurs，漁夫群島」，宣布它們為法國領土[①]。關於法軍傷亡數目，又有不同說法。中國官方史料稱四十名法人喪命，但法國當局稱第一天登陸進攻時，只一人死，一人傷，第二天四人死，十一人傷[②]。

占領基隆、澎湖之後，法軍兵力分散，已沒有足夠軍艦有效執行封鎖。事實上，各種航運業者想方設法，乘隙鑽空，將機器、必需品、錢、郵件偷偷運進、運出臺灣。這些東西有些先走私到高雄或安平之類南部港口，然後走陸路運到臺北。許多走私船遭法國人沒收或燒掉[③]。但令孤拔為之氣結的，一八八五年三月下旬，清軍將領馮子材在諒山和安南境內的北寧擊敗法軍，為中國之擊敗法軍再添一筆。這些挫敗，加上沉重的軍事開銷，最終促成法國民意改變和茹費禮政權垮

① 《艦隊司令孤拔的小水手》，一八八五年四月五日的信，頁一二〇、二七〇。有關攻打澎湖行動的詳情，可參閱Garnot, *L'expedition de Formosa*, 108-204.

② 許雪姬，《續修澎湖縣志》，頁一二〇——一二一。

③ 《中法越南交涉檔》，第四卷，頁二四二四；《劉壯肅公奏議》，第二卷，頁一八〇。

臺。由夏爾．德．佛雷西內(Charles de Freycinet)組閣的新政府，同意接受當時任中國海關總稅務司的赫德調解。四月四月，赫德的個人代表金登幹(James Duncan Campbell)代表中國，與法國新任外相阿爾貝．比約(Albert Billot)在巴黎簽署停戰條約。條約要求立即停火，並恢復一八八四年五月十一日簽的李－福協定(Li-Fournier Agreement，即天津簡約)。法國政府隨之於一八八五年四月十五日以海底電報告知孤拔解除對臺封鎖。八個星期後的六月九日，李鴻章與法國特使巴德諾在天津會晤，議定中法和約。和約共有十個條款，其中包括承認安南爲法國殖民地，明訂法軍撤出基隆和澎湖。雙方還同意交換戰俘。但和約中未提賠款，頗教人意外，因爲當初法國派兵攻打臺灣，就是要將臺灣「據地爲質」，藉此脅迫清廷賠款①。

封鎖臺灣期間，孤拔一度統率二十艘戰艦，定期接納來自安南、非洲、法國的增援部隊、裝備、彈藥、新鮮補給品。但霍亂、傷寒、熱病再度成爲法軍的最大敵人。如今在澎湖有三處墓地，各埋了許多法國人。五十八歲的孤拔，一如其麾下部隊，辛勤過度，筋疲力竭，最後在一八八五年六月十一日(中法和約簽訂兩天後)病死於因霍亂引起的痢疾、貧血。遺體由他的旗艦拜亞爾號運回法國隆重國葬。記者出身的美國外交官禮密臣稱孤拔是個「好心腸的艦隊司令」，占領

① 劉彥，《中國外交史》(臺北：三民出版，一九七七)，頁一一六；也參見光緒朝，《東華錄》(臺北：中華書局，完整版一九五八)，頁一九一一。

澎湖後在該地做了許多建設性的事，包括全面測繪這一群島，出版《澎湖群島：內港錨地》(*Pescadores Islands: Inner Anchorages*)。或許因爲這點和其他因素，許多島民發自真心哀痛他的死①。六月二十一日，占領將近九個月後，法軍將領狄謝納(Duchesne)下令留在基隆的部隊和裝備撤走。中方史料說道，清朝守軍在獅球嶺與法軍相持長達八個月。法國人經不住久攻不下，最後退走②。如今，在基隆公墓，集體埋葬有六百至七百名法國人，其中一百二十人戰死，約一百五十人傷重不治，其他則是因氣候、不潔之水、傳染病而喪命③。一八八五年七月二十二日，澎湖的法國人已完全撤往西貢。

關於長達十一個月的法軍攻臺之役，歷來已有不少著作問世，而一如幾乎所有以國際性衝突爲題的著作，這些著作在戰爭的起因、涉及的主要人物、各場戰鬥的結果、傷亡人數、和平協議上，存有帶偏見的陳述、選擇性的記憶、美化、誇大、乃至虛構之處④。從法國的觀點看，這似乎

① Davidson, *Island of Formoas*, 240. 也參見法國政府調查報告*Pescadores Islands, Inner Anchorages*, 1895.

② 基隆市文獻委員會所編，《基隆市志》（基隆，一九五四），頁一八。

③ Garnot, *L'expedition de Formosa*, 73; Davidson, *Island of Formosa*, 240. 也參見Christophe Rouil, *Formosa, des batailles Presque oubliees*(Taipei: French Book Store Le Pigeonnier, 2001), 150.

④ 欲更深入了解，可參閱Wen-tang Shiu（許文堂）, "Literature, History and Collective Memory on the Keelung and Tamsui Battles in the Sino-Frenco War of 1884-1885," *Taiwan Historical Journal*(Fall 2006), 1-36. 也參見Lise Boehm, *Formosa: A Tale of the French Blockade of 1884-1885*（上海：Kelly and Walsh, 1906；重印

是場慘勝，所得甚少，而損失極大。對中國人來說，這是西方列強所加諸的另一次羞辱。但清廷從這場戰爭得到一非常寶貴的教訓，即臺灣在政治上和戰略上都極爲重要。換句話說，誰掌控臺灣，誰就能真正威脅中國。了解到臺灣的地緣政治重要後，清廷於法國人一離臺即宣布臺灣建省，然後指派劉銘傳爲首任巡撫。但曾被當作人質關押、曾被當作可犧牲之帝國資產、或曾被當作償還舊賠款之抵押品的臺灣人，事先未得到徵詢，也沒有公民投票。事實上，一八九五年四月十七日，因爲清國另一場與臺灣人毫無關係的戰敗，清廷同意將臺灣割讓給日本。但一八九五年五月二十日，臺灣仕紳代表團主動向法國表示，願獻上臺灣作爲其保護地，讓中國保有法理上的名義主權和地稅，法國則「獨家掌控治理權，治理成本由規費和稅支應。」①法國未接受，但在國際政治的大棋盤中，臺灣再度被視作卒子犧牲掉。島民利益完全遭漠視，島民的想願無人聞問。

將近一百年後的一九九一年，法國不顧中共的強大外交壓力，不甩中共誘人的經濟誘餌，同意出售六十架達梭幻象兩千戰機，協助臺灣掌握領空，保護臺灣海峽。一九九一年六月五日，法國密特朗政府宣布決意賣給臺灣六艘配有電子裝置的拉法葉級飛彈巡防艦，售價一百二十億法郎。但一九九一年八月十二日，臺北與巴黎即將簽署售價議定書時，價格漲爲一百六十億法郎，暴漲

（續）本，臺北：成文出版，一九七二）。

① John King Fairbank et al., eds., *H. B. Morse, Customs Commissioner and Historian of China* (Lexington, KY: University Press of Kentucky, 1995), 129.

了三分之一。如今看來似乎有幾位法、臺高官，包括法國外長羅蘭·杜馬(Roland Dumas)，涉入一樁錯綜複雜的賄賂、回扣案。但最具諷刺性的轉折，乃是爲「讓中國封口」，臺灣得付一億美元給中國共產黨的中央委員會。此外，還花了約四億法郎賄賂密特朗情婦安娜·潘吉(Anne Pingeot)①。事後想想，如果一八八四年時臺灣人募到足夠贖金贖回被法國抓來當抵押品的臺灣，臺灣會不會就免掉法國艦隊的入侵。

①《自由時報》(臺北)，一九九六年三月十三日。

第六章　姍姍來遲的美國人

美國人早期對臺的了解

十九世紀中葉之前，美國對位在北緯二十二至二十六度間、東經一百二十度至一百二十二度間的熱帶島嶼臺灣，幾乎一無所知。如今大部分美國人認爲臺灣一名是中國人所取，其實是荷蘭人所取，源自一六二四年荷蘭人在大員(今臺南安平)的第一個殖民地。十七世紀，當地人把「大員」唸成「臺灣」，自那之後，臺灣一名就爲島上的漢人移民沿用至今①。美國人對臺灣最初的了

① 欲更深入了解，參閱周婉窈所撰，〈明清文獻中「臺灣非明版圖」例證〉，收於《鄭欽仁教授榮退紀念

解，若非來自歐洲刊物，就是來自美國冒險家粗略的報導，包括由身分可疑的喬治・撒瑪納札所寫的《福爾摩沙歷史、地理描述》（一七〇四年）。九十年後，在法國神父葛羅西耶（Abbé Grosier）著作《中國概述》（*A General Description of China*）的一七九五年英文版中，有小小一章介紹臺灣。又過了將近四十年，有多才多藝的普魯士籍傳教士暨鴉片商通譯郭實臘牧師，在其《中國沿海三航記》（*The Journal of Three Voyages along the Coast of China*）中，談到富裕但難以治理的島民。這本書於一八三三年由湯瑪斯・沃德公司（Thomas Ward and Company）在倫敦出版，曾在英國船上當過船醫的郭實臘，在書中也特別強調臺灣獨特的海洋地理和其盛產糖、米、樟腦的特色。

歐洲人爲美國讀者提供片段知識時，也已有幾位有意在遠東經商的美國冒險家，開始針對這島撰寫粗略的報告。例如紐約人威廉・夏勒（William Shaler）在一八〇八年的《美國紀錄報》（*The American Register*）中，刊布他遇見臺灣的航海經歷，美國水手阿瑪薩・德拉諾（Amasa Delano）一八一七年在波士頓出版《航旅記事》（*A Narrative of Voyages and Travels*），《北美評論》（*The North American Review*）則刊出一篇文章，談理察・克利夫蘭（Richard J. Cleveland）繞過臺灣最北端的劃時

（續）

論文集》（臺北：稻鄉出版，一九九九），頁二六七—二九三。也參閱John E. Wills, Jr., "Seventeenth-Century Transformation: Taiwan Under the Dutch and the Cheng Regime," in Murray A. Rubinstein, ed., *Taiwan: A New History* (Armonk, NY: M. E. Sharpe, 1999: expanded edition 2007), 85-106.

代航行①。一八三四年，美國傳教士雅裨理（David Abeel）刊印《中國與鄰近數國僑居日記》（*Journal of a Residence in China and the Neighboring Countries*），書中探討十七世紀荷蘭傳教士在臺的傳教事蹟，還有歐洲殖民者和臺灣島民的通婚②。

幾乎所有出自西方人的記述，都說島上法紀蕩然，局勢混亂。在陸上，土匪、宗族械鬥、野蠻原住民，往往使道路無法通行。在沿海，海盜劫掠村莊，令漁民、商人聞之色變。誠如第三章提過的，惡名昭彰的海盜頭子蔡牽控有一支私人海軍，一八〇四年入侵沿海城鎮鹿港。兩年後，他的幫眾殲滅清朝在臺北淡水河岸的守軍，然後他封鎖臺灣與大陸之間海域，接下來兩年期間扮演臺灣命運的主要仲裁者。甚至晚至一八三〇年代，仍不斷有民變反抗昏庸的清朝官府，而清軍的武器通常只是火繩槍、矛、三叉戟、中世紀戟，清軍艦隊大多是老舊中式帆船，在接下來三十年不會出海。另一方面，了解這島的西方人，驚嘆於臺灣的富饒，認為臺灣是快速致富、大展身手的好地方。例如在一八三六年的《中國人：中華帝國和其居民概述》（*The Chinese: A General*

① 葛羅西耶著作的英文譯本，由Dunning and Hyer在費城出版，書中有關臺灣的篇幅只有十九頁（第二冊第六章）。夏勒（William Shaler）的文章，名為“Journal of a Voyage between China and the Northe-Western Coast of America, made in 1804.”

② David Abeel, *Journal of a Residence in China and the Neighboring Countries* (New York: Leavitt, Lord and Co., 1834).

Description of the Empire and Its Inhabitants)中，英國駐華公使德庇時(John Francis Davis)不僅把臺灣與中國大陸分別看待，還表示臺灣的位置非常適合貿易、開發。德庇時的著作不久就被「美國有用知識散播協會」選爲年輕人必讀書籍之一，成爲暢銷教科書，接著印行了數版①。

一八四〇年代，有關臺灣的報告繼續零星出現在美國期刊、雜誌上，但普遍粗略而膚淺。甚至在《中國總論》(*The Middle Kingdom*)初版(一八四八)中，衛三畏(Samuel Wells Williams)牧師只給臺灣和澎湖幾頁篇幅。衛三畏出生於美國紐約州尤蒂卡(Utica)，爲家中長子，父親是當地的出版商。一八三三年，他來到中國，當美部會廣州傳教站(American Board's Canton Mission)的印刷工、廣州《中國叢報》(*The Chinese Repository*)的編輯，學會說讀中文。一八四五年在美國休假期間，衛三畏以中國爲題發表多次演說，演說內容成爲《中國總論》一書的基礎。書中有張地圖，未把臺灣放進中華帝國版圖。衛三畏主張，福爾摩沙的原住民與鄰島呂宋和呂宋以南地方居民相似之處，似乎比與中國人相似之處來得多。清朝皇帝的支配範圍，頂多只有西岸平原和一兩道沿海丘陵；臺灣內陸高山、南岬、整個東半部，住著幾族非漢人的原住民。即使在清朝統治區，官府公權力薄弱，管轄範圍有限，因爲大地主趁著不斷的內鬥和民變，建立了自己的準自治王國。

---

① 參閱John Francis Davis, *The Chinese: A General Description of the Empire and Its Inhabitants*(London, Charles Knight, 1836)的「序」。

《北美評論》給了衛三畏此書大大的好評，向讀者力薦此書[1]。

但在十九世紀後半葉，沒有以西方語言寫成的書籍全面探討此島。不過愈來愈多歐美人在西太平洋捕鯨、貿易，膽戰心驚穿過臺灣海峽，特別是在強烈暴風雨和滔天巨浪可輕易造成船難的雨季期間。臺灣鋸齒狀海岸線沿線隱密的礁石，也使沿海航行特別危險。因此，就有些「中國通」（僑居中國、對中國事物有深入認識的西方人）向自己同胞提出忠告，以協助他們在這地區經商。例如，一八二七年，廣州的美國商人威廉・伍德（William B. Wood）租下一家英格蘭人的印刷廠刊印《廣州紀錄報》（*Canton Register*），開始傳布有關中國、有關與臺灣人貿易的資訊。一八三二年，同樣在廣州，美籍傳教士裨治文（Elijah C. Bridgman）開始刊印《中國叢報》，後來成爲研究中國第一手寶貴資料。《中國叢報》除了帶讀者認識中國歷史、地理、政治、商業、社會，偶爾也有論及臺灣的文章，特別是提醒英、美水手臺灣海峽、臺灣周邊海域航行危險的報導[2]。例如一八三四年一月，美籍傳教士愛德溫・史蒂文斯（Edwin Stevens）替該期刊寫了一篇十二頁的文章，文

---

① *The North American Review*（October 1848）, 265-291. 參閱一八八三年修訂版*The Middle Kingdom* vol. 1, 44, 137-141; vol. 2, 55, 180, 433-438. 欲更深入了解S. Wells Williams，參閱Murray A. Rubinstein, “The Missionary as Observer and Image Maker: Samuel Wells Williams and the Chinese,” *American Studies*（Taipei: Academia Sinica, 1980）, 31-44.

② *Chinese Repository*, 1, no. 2（June 1832）: 37.

中他放了一張臺灣地圖，描述了居住島上的不同族群，簡介了臺灣歷史，分析了臺灣的經濟潛力和商業價值①。三年後的一八三七年，《中國叢報》刊出〈中國沿海〉的文章，詳細描述臺灣西岸，且提供了臺灣海峽航行準則。一八四五年，該期刊刊出航往澎湖的安全指南②。

那時，美國已有兩個主要群體，對臺灣表露出興趣，一是想與臺灣貿易、想開採臺灣豐富煤礦和其他礦物的商人，一是想拯救島民靈魂的傳教士。但透過海軍和外交官，美國政府對臺灣的興趣最終也開始日益濃厚。一八三四年初，美國駐巴達維亞(爪哇)領事約翰．史屈拉伯(John Strillaber)寫信給總統安德魯．傑克遜(Andrew Jackson)，指出美國在中國沿海的利益。約略同時，美國巡防艦波多馬克號(Potomac)上一名海軍軍官，對臺灣露出短暫興趣，美國海軍孔雀號上一名醫生則表示，由於中國治理無方和島上法紀蕩然，他認爲西方列強可放手爭奪臺灣③。一八四七年，美國麻州漢普登(Hampden)郡出生的(第三十屆)眾院海軍事務委員會主席荊妥瑪(Thomas Butler King, 1800-1864)主張，美國政府應建立一條橫越太平洋的商業航線，起點若非舊金山就是

---

① Ibid., 2, no. 9(January 1834): 409-420.

② Ibid., 6, no. 1(May 1837); 8-16; 14, no. 6(June 1845): 249-257.

③ U.S. National Archives: Dispatches from U.S. Consuls in Canton(以下簡稱USNA: CD)，(縮微本)no. 101, roll 1, Strillaber to the President, April 20, 1834.「波多馬克號」上那位海軍軍官，名叫J. N. Reynolds,「孔雀號」上那位醫生，名叫W. S. W. Ruschenberger; 兩人都曾著書表達他們對臺灣的看法。

蒙特利，終點則是廣州。荊妥瑪議員還主張，海軍應在臺灣設置一供煤站，以利這類跨太平洋航行①。

議員荊妥瑪的跨太平洋航線提議，反映了美國「天定命運論」（Manifest Destiny）的思想（主張各種擴張主義者、帝國主義者、冒險家、宣傳人士往美國西部和更遠地區擴大美國勢力的思想）。因此，跨太平洋貿易與發展汽輪航線成爲熱門行業，特別是在荊妥瑪擔任舊金山港海關稅務員期間（一八五〇—一八五二）。在如此情勢下，美國在這地區設置一些供煤站，就成爲當務之急。早在一八四九年，美國海軍普雷伯號（Preble）艦長詹姆斯．格林（James Glynn）就呼籲在臺設立供煤站和淡水補給站。一八四九年一月，廣州的美國駐華專員約翰．戴維斯（John W. Davis），取得臺灣煤炭樣品，送到華盛頓特區檢測其燃燒性質。一般來說，臺灣煤燒得較快，煙較多，但與威爾斯煤或美國昆布蘭煤混合時，臺灣煤有助於引燃英國或美國煤②。

不久後的一八四九年六月下旬，美國海軍上尉奧格登（W. S. Ogden）駕美國海軍軍艦海豚號，從廈門前往煤礦盛產區基隆灣。基隆位在臺灣島北端，曾是西班牙殖民地，後來遭荷蘭人奪走。

---

① Thirtieth U. S. Congress, 1st Session, House of Representatives, Report No. 596, *Steam Communication with China and the Sandwich Islands*（伴隨28號H.R. 聯合決議案）, by T. Butler King, May 4, 1848, 1-17.

② Leonard Gordon, "Early American Relations with Formosa, 1849-1870," *Historian* 19（May 1957）: 265; Davis to Buchanan, January 27, 1849, USNA: CD, China, M-92, R-6.

奧格登前來時，基隆已在生產大量煙煤出口。奧格登證實基隆煤不僅產量豐，而且品質完全不輸英格蘭新堡(Newcastle)的上等煤①。一八五〇至一八五一年間，美國航運業者通常以每噸七至八美元的價格，在澳門購買用中式帆船運來的臺灣煤。但這零售價比臺灣當地市價高了許多，美國人如果能向臺灣煤礦業者直接購買，買價只要一．五至三元。

海軍也想在臺建立某種基地，以便爲美國船隻生還者提供庇護。許多年來，歐洲失事船的倖存船員，都苦於遭臺灣西岸所謂「毀船打劫者」和臺灣南岬獵人頭族的劫掠。他們還受到臺灣官員的惡劣對待，後者對於失事漂流上岸的外國人絕不寬貸。一八四一年，英國運輸船納爾不達號和鴉片船阿恩號在臺灣北岸失事時，臺灣官員將一百八十七名生還者關入大牢，然後押他們在臺灣府城(臺南)遊街示眾，最後予以處決。一八四七年十月二十七日，美國快速帆船典範號(Paragon)在從馬尼拉前往廈門途中，沉沒於臺灣西南海域北緯二十二度處。載有美國乘客的兩艘英格蘭快速鴉片帆船水妖號和羚羊號，分別在一八四八年十月、一八五一年五月，步上同樣的悲慘命運。一八五一年六月，美國海軍馬里恩號(Marion)在臺灣西北海域差點撞上淺礁。最後，英國船拉朋特號(Larpent)在臺灣外海失事，三名生還者的遭遇，使美國更爲關注臺灣。一八五一年六

① Ibid, Forbes to Secretary of State, December 6, 1844, CD, Canton, M-101, R-3; Bradley to Clayton, March 23, 1850, CD, Amoy, M-100, R-1.

月二十七日，美國駐華專員伯嘉(Dr. Peter Parker)，請美國東印度分艦隊(U.S. East India Squadron，在不同時期又名美國亞洲分艦隊、美國東亞分艦隊)司令沃克(W. B. Walker)派偵察船到臺灣，解救據稱遭臺灣當地人奴役的船難生還美國人。一八五四年九月，美國偵察砲艇鼠海豚號(Porpoise)在澎湖西北方與分艦隊分開，從此音訊全無①。

培里與美國人試圖殖民臺灣的舉動

當曾是眼科醫生、傳教士而現爲外交官(美國駐華專員)的伯嘉，正在物色一合適的外交官前往臺灣尋找失事的美國人時，已在一八五三至一八五四年迫使日本向西方開放門戶的海軍准將培里，派了旗下的馬其頓人號和補給號(Supply)測繪臺灣海岸。培里和當時幾乎所有西方人都認定，中國與臺灣的關係，在最好的情況下都非常薄弱。由於清朝官員的治理不當、壓迫和其他原因，臺灣民變頻頻，少有寧日。事實上，馬其頓人號於一八五四年七月停靠基隆時，基隆駐防長官(基隆協臺)李竹鷗曾請船長阿波特協助平亂，保護基隆港免受海盜侵擾，並願贈予煤和禮物作爲回

① Gideon Nye Jr. to Peter Parker, June 23, 1851, Despatches from U.S. Ministers to China(以下簡稱USNA, MD), M-92, R-7; 也參見*Chinese Repository*, 20, no. 5(May 1851): 285-286; Joel Abbott to J.C. Dobin, Shanghai, September 5, 1855, USNA: Dept. of Navy(以下簡稱USNA: DN), East India, M-89, R-11.

圖十一 1854年要求美國政府派遣海軍占領基隆港的美國亞洲艦隊司令Matthew Perry(1794-1858)。（美國國會圖書館藏）

報，遭阿波特拒絕。不過，馬其頓人號的隨船牧師，對地質學頗有研究的耶魯大學畢業生喬治・瓊斯(George Jones)，勘察了八座煤礦，親自從基隆東區的十二處礦坑挑選樣本，然後寫了篇報告，對北臺灣這座海港的豐富煤礦藏語多肯定①。

研究過阿波特、瓊斯的實地調查報告後，培里深信臺灣不管是作爲美國貿易的集散地，還是作爲美國海軍基地，都深具戰略價值。在寫給總統米拉德・菲爾莫爾(一八五〇—一八五三)的信中，培里提議透過征服或占領在臺建立一美國殖民地。在美國第三十三屆國會於一八五六年出版的《美國分艦隊中國海域、日本遠航記》(*Narrative of the Expedition of the American*

---

① George Jones to M.C. Perry, July 22, 1854, in *Narrative of the Expedition of the American Squadron to the China Seas and Japan*, 33rd U. S. Congress, 2nd session, in 3 vols under House Executive Documents, no. 97(1856); vol. 2, 142-143; 153-154; and 156-163. 這份記事的編者是紐約教區長、作家、演說家Francis L. Hawks牧師。

Squadron to the China Seas and Japan)中，他闡述了他的提議。文中有關臺灣的部分如下：

美國應先下手爲強。這座重要島嶼，名義上是中國一省，其實是獨立之身。清國當局只在島上幾個孤立地區立足，但根基薄弱，隨時可能傾覆；島上大部分地區由獨立部落掌控。而這些舒適宜人地區的礦物、藥物、較值錢產物產量極豐，據估計目前就有一百萬元的稅收，雖然那些稅收幾乎全未送入清國國庫。

培里接著說道：

美國若在基隆建立殖民地，我可以相當有把握的推斷，中國人會樂觀其成，因爲有了較能打仗的美國人移入，有了他們合力防守基隆港和周邊地區，使不受襲擾全島和沿海的眾多亂民、海盜劫掠，中國人可得到保護的好處。土地與重要權利，包括開採煤礦的優先權，無疑可以透過以名目成本購買的方式取得。除了偶爾派一艘或更多艘中國、日本分艦隊艦隻進駐來提供保護，華盛頓政府不必提供其他保護，在這樣情況下，或許很快就能建立一興旺的美國人殖民地，從而大大有助於提升我們在這些海域經商的便利和優勢①。

成功打開日本門戶後，培里以新權威的口吻，點出美國在這地區的戰略利益。具體來說，培里看中基隆港，打算將它建設爲美國在遠東的第一個海軍基地。此外，他知道這肥沃之島的資源若非未得到充分開發就是遭虛擲，島上豐富的自然資源，例如米、糖、樟腦、硫磺、上等硬木，可成爲美國商業與貿易的潛在來源。產量大且質優的臺灣米，這時已出口大陸和日本。後來被蘇格蘭籍茶葉貿易開拓者約翰·陶德取名爲福爾摩沙烏龍的臺灣茶葉，則大面積種植。一部分烏龍茶葉賣給海峽兩岸和荷屬東印度群島的中國人飲用，但更大部分運往美國。此外，有大量精糖出口日本、澳洲。

由於培里本人的崇高聲望，他的大膽提議得到敬佩他的本國人呼應。事實上，甚至有人認爲可把臺灣闢爲正式的美國保護地，充當保障西太平洋沿岸地區和平與秩序的軍事基地，其中包括了幾位美國駐華外交官和當時僑居澳門、後來成爲美國首任駐日公使的紐約聞人湯森德·赫利思。赫利思援引英、法、荷、葡諸國有關臺灣的權威資料，認爲臺灣距大陸遙遠，長年受海盜侵

---

① Ibid., vol. 2, 143-145, 173, 177-178. 欲進一步了解，參閱Tyler Dennett, *Americans in East Asia* (New York: Barnes & Noble, 1941), 270; William L. Neumann, "Religion, Morality, and Freedom: The Ideological Background of the Perry Expedition," *Pacific Historical Review* 23(August 1954), 247-257.

擾，且清廷治權只及於島上部分地區，向島民徵稅極少，因而斷定，臺灣有可能在中國與任何西方強權的第一場戰爭中就被輕鬆拿走。根據這些前提，赫利思認爲美國若非主動向清廷詢價買下臺灣，就是直接與原住民磋商，買下他們對臺灣西岸的所有權。赫利思透過友人國務卿威廉·馬西(William L. Marcy)，呈交一百一十九頁的評估報告(日期標註爲一八五四年三月二十四日)給新總統富蘭克林·皮爾斯(Franklin Pierce, 1853-1857)。他在報告中主張基於以下理由應買下臺灣：一、爲取得臺灣龐大的天然資源；二、爲將臺灣發展成可供美國西岸貿易延伸到中國的門戶；三、爲將這島改造成可供美國文化散播到其他亞洲國家的基督教堡壘；四、爲把臺灣闢爲華南、華北商品的轉運站；五、爲利用這島進一步加強美國與日本的關係①。

一八五五年七月三十一日，國務卿馬西把赫利思併吞臺灣的詳細建議書呈給總統皮爾斯。美國第十三任(菲爾莫爾)、十四任(皮爾斯)總統，無疑都同意培里准將與赫利思的觀點，認爲美國應在西太平洋建一基地或殖民地。一八五四年春，皮爾斯派麥蓮(Robert M. McLane)出任美國駐華

---

① Harris to Marcy, March 24, 1854, USNA: CD, Macao, M-109, R-1. 欲更深入了解赫利思的生平和事業，參見Mario Emilio Cossenza ed., *The Complete Journal of Townsend Harris, First American Consul General and Minister to Japan* (New York: Doubleday, Doron & Co. for Japan Society, 1930); Eldon Griffin, *Clippers and Consuls: American Commercial and Consular Relations with East Asia, 1845-1860* (Ann Arbor: Edwards Bros., 1938), 40.

專員。安德魯・傑克遜當總統期間（一八二九—一八三七），麥蓮父親當過財政部長和兩任駐英公使。麥蓮本人畢業自西點軍校，也當過兩任國會議員（馬里蘭州選出）。他奉派到中國制止英國在亞洲的帝國主義野心，與美國海軍共同提升美國在該地區的利益。皮爾斯還指派赫利思爲美國首任駐日總領事、公使，以配合前一外交動作。

美商受樟腦吸引來臺

僑居遠東或從事對華貿易而有心擴大事業的美國人，希望在加州與亞洲之間開闢一條汽輪航線。樟腦是美國航運業者特別有興趣購買的產品之一，而臺灣是當時世上唯一生長有Camphor laurus（香樟）這種奇特常綠樹的地方。作爲化學商品的樟腦，靠蒸餾法自樟木提取，而樟樹可見於臺灣內陸的高山。十八世紀初期起，淡白色樟腦晶體因具有醫療特性和香氣，已成爲珍貴的稀有藥品。除了用於焚香和墓

圖十二 主張以一千萬美元購買臺灣島的第一任美國駐日本總領事Townsend Harris（1804-1878）。（美國國會圖書館藏）

葬，製造賽璐珞時也用它來除蟲。十九世紀中葉時，西方研究人員已發現樟腦可用來製造爆裂物、人工象牙、還有膠卷、藥、香水。

一七二五年起，臺灣道臺為全島最高行政首長，並負有一個與樟腦專賣有關的專門職責。一百年後的一八二五年，臺灣道臺開始向得到特許的商人「軍工匠」收費，當時只有軍工匠能砍伐樟樹，提煉製造樟腦，賣給外國人。一棵樟樹可生產七噸樟腦，一八三〇年代時約值三千美元，也就是一磅值二十一美分①，道臺從樟腦特許費得到的好處因此很可觀。一八五五年，美商瓊記洋行（Augustine Heard & Co.，一八四〇年創立於廣州），派雙桅快速帆船羅西塔號（Rosita）到北臺灣的淡水、臺北。賣掉船上鴉片後，船長哈定（C. F. Harding）用所賺之錢買進樟腦。此外，哈定還以一萬五千西班牙銀圓的優惠價，與臺灣某特許商行洽購一千三百擔的樟腦，約定日後取貨。這些樟腦運到香港市場後，瓊記洋行買辦於兩天內就脫手，淨利達五成②。

由於利潤率很高，島民常違反官賣規定，偷偷到原住民所住山區砍伐樟樹。與外商樟腦貿易所引發的非法行為，常導致走私者與原住民之間暴力衝突。樟腦糾紛期間，皈依基督教的臺灣原住民（包括羅馬天主教徒和新教徒），因與歐、美人往來而受不同程度的迫害。由於獲利甚大，唯

---

① Walter A. Durham, Jr., “The Japanese Camphor Monopoly, Its History and Relations to the Future of Japan,” *Pacific Affairs*（September 1932）:797.

② Augustine Heard Collection, 藏於哈佛大學Baker圖書館，V. HM-24, 491,524.

利是圖的外國人常選擇向走私販購買樟腦，致使昏庸清朝官員與洋商爆發外交衝突。就如第五章提過的，無計可施的歐洲人多次出動軍艦，以逼迫清朝官員廢除樟腦官賣制度。爲防海盜侵擾，羅西塔號和租來的三桅船米切諾號(Miceno)，配備了美國東印度分艦隊司令阿波特提供的槍和一百磅彈藥①。一八五六年下半年期間，瓊記洋行派出另一艘三桅船梅蘭妮號(Melanie)，專門載運鴉片到臺灣，船長爲喬治・羅伯茲(George H. Roberts)。返程時梅蘭妮號載臺灣樟腦到香港、廣州市場。

奧古斯丁・赫德(Augustine Heard)與亞伯特・赫德(Albert Heard)當然不是最早看到對臺貿易機會的美國人。其他的美國商行——羅賓內洋行、奈伊兄弟洋行(Nye Bros. & Co.)、安森威廉士洋行(Anthan Williams & Co.)、旗昌洋行(Russell & Co.)——也已和島上清朝官員達成性質不一的非正式協議。一八五五年初，三桅快速帆船路易斯安納號從舊金山一路駛來南臺灣，購買一整船的臺灣米、糖、靛青染料。由於這筆買賣獲利潛力很高，該船船東威廉斯(C. D. Williams)親自從香港來臺，勘察臺灣海岸線，替其員工挑選居住地點，與本地特許代理人談成商業交易。後來幾次來臺期間，威廉斯去了梧棲、香山買樟腦②。最後，羅賓內、奈伊、威廉士這三家美國商行決定攜

① Ibid., C.F. Harding to Augustine Heard Jr., Woosung(吳淞), September 18, 1855, V. GM-1, 文件夾裡。

② "Visit to the Island of Formosa," an article carried by *The San Francisco Daily Herald*(July 28, 1855); 也參見 James W. Davidson, *The Island of Formosa: Past and Present* (London: Macmillan & Co., 1903),400-402.

手合作，於是添購三桅快速帆船科學號，專供獨占臺灣樟腦貿易之用。以喬治・波特(George A. Potter)爲船長的科學號，配備有先進武器和人員，有足夠自衛能力。一八五五年六月二十七日，波特與臺灣道臺裕鐸簽署協議，讓美國人取得在高雄港的獨占貿易權。

協議中有一條款要求美國商行協助打擊海盜維持治安，並在臺灣需要時讓臺灣當局租用一艘軍艦，船上權掛清國龍旗。高雄是淺水港，由於多年來泥沙淤積瀉湖區，美國人來高雄後先做的事情之一，就是開闢一條五十四公尺寬的水道，以便入港船隻進出內港。接下來幾個月，美國人還蓋了一棟石造倉庫、兩間住所、一座碼頭、一條橋、一個位於港口入口處的照明系統。但最重要的，他們在這個大部分居民捕魚、但逐漸嶄露頭角的臺灣小鎮，蓋了可讓美國星條旗天天飄揚其上的港口設施。總花費約四萬五千美元，花了一整年才完成。此外，美國人同意付船舶噸稅，同意尊重臺灣人資產，同意不傷害平民。由於臺灣其他港口，有一些港域太窄，科學號無法進港，美國人不久即造了雙桅船珍珠號，用這體型較小的快速帆船，從全島各地運出八十噸以下的船貨，包括樟腦、米、糖、豌豆、菜豆。他們通常以一擔八元的價格買進樟腦，一年能運超過萬擔的樟腦到香港市場，因而獲利甚大①。

① Augustine Heard Collection, C.F. Harding to A. Heard & Co., Gahu, Formosa, October 16, 1855, in Harding's Letters Book, 5-7, 11-15; W.M. Robinet to Peter Parker, Hong Kong, March 2, 1857, USNA: MD, China, M-92, R-15.

華府遲遲才回應赫利思、培里併吞臺灣的建議，相對的，羅賓內（W. M. Robinet）、吉頓・奈伊、C. D. 威廉斯等美國商人，則希望擴大他們在島上的商業活動。奈伊是麻州阿庫什尼特（Acushnet）人，一八三三年二十一歲時來廣州爲他堂兄效力。據說不到十年，奈伊就靠茶葉買賣賺了六百萬元。奈伊與美國駐華全權公使顧盛（Caleb Cushing）交好，而顧盛於一八四四年在澳門附近的望廈村與兩廣總督耆英簽訂第一個中美條約，後來出任美國皮爾斯政府的司法部長。奈伊的兄弟湯瑪斯不幸於一八四八年在臺灣附近死於船難。奈伊因這慘劇而注意到臺灣，不久即有意獨占臺灣的樟腦買賣。爲此，他建議美國政府以一千萬元的現金買下整個臺灣。一八五七年二月十日，奈伊向伯嘉提出購買臺灣的計畫，承諾買下之後他和其他美國人會協助美國政府拓殖臺灣。一個月後，奈伊還寫信給時任司法部長的顧盛，說他和其他有心拓展事業的美國人想將臺灣併入美國版圖。一八五七年四月十日，奈伊寫了類似內容的信給海軍准將培里①。

培里知道華盛頓新政府不會同意奈伊奪占臺灣的建議，但美國駐華公使伯嘉無疑被奈伊說動，因爲他希望看到美國國旗永遠飄揚在這島上。一八五六年十二月至一八五七年三月之間，伯

---

① Harold D. Langley, "Gideon Nye and the Formosan Annexation Scheme," *Pacific Historical Review* 34 (1965): 398-399, 405-406; Thomas R. Cox, "Harbinger of Change: American Merchants and the Formosan Annexation Scheme," *Pacific Historical Review* 42(1973): 163-184. 也參見《紐約時報》，一八八八年三月四日的訃聞。

嘉一再敦促華府拿下臺灣。他提到這島的戰略價值、商業價值，還援引文明開化、進步、宗教方面的觀點。據時任英國香港總督暨駐華全權公使的約翰·寶寧，呈給英國外相克拉倫登勛爵的機密報告，伯嘉於一八五七年四月二日找來寶寧、法國公使阿爾豐斯·德·布爾布隆(Alphonse de Bourboulon)，在澳門商討三國聯合對付中國的大計。會中，已在中國住了三十年的伯嘉主張美國應占領臺灣，英國應奪取浙江沿海的舟山群島，法國應拿下韓國①。很顯然的，伯嘉擔心英國可能在美國動手之前先拿走臺灣。但如果把占領舟山群島的「第一優先權」給英國，就可以塞住英國的嘴，使其不致阻撓美國的奪臺大計。

但伯嘉的大計最終成爲泡影，因爲這時候美國總統換了人，換成曾任美國駐英公使的詹姆斯·布坎南(James Buchanan, 1857-1861)。他於一八五七年三月就職後，嚴重的內政危機，特別是廢奴派與脫離聯邦派間山雨欲來的衝突，使他無暇他顧。新總統任命賓州大學美國史教授列衛廉(William B. Reed)爲駐華公使，取代伯嘉。一八五七年夏，英國駐美公使內皮爾勛爵(Lord Napier)得到美國助理國務卿約翰·艾普頓(John Appleton)的保證：美國絕無占領臺灣的打算。事實上，一八五七年秋，美國新政府否決了在遙遠亞洲建立保護國的計畫。由於臺灣島上沒有美國官員照顧

① Bowring to Clarendon April 4, 1857, Foreign Office of Great Britain(Microfilm), 17/267, 31-33; U.S. Congress, Senate Executive Document, no. 22, 35th Cong., 2nd Sess., 1205-1206.

本國利益，有利可圖的樟腦買賣漸漸轉到英國人手上①。

列衛廉奉命維持「與中國的和平、相互尊重」，尊重中國的「領土完整」，因此在一八五七年十二月至一八五八年五月英法聯合攻打中國期間，美國保持中立。另一方面，天津條約談判期間，列衛廉大力說服清廷開放臺灣對外通商、供外人居住。但伯嘉、奈伊之類中國通深信，一八五〇年代末期中國陷入動亂期間，美國亞洲分艦隊和海軍陸戰隊若趁機攻臺，大概已輕易拿下臺灣，並永久占領。美國政府雖然忽略臺灣，一八五〇年代英、美與臺灣的貿易卻巨幅成長。英、美商人在臺灣設立商館，例如高雄港北邊壽山石灰岩懸崖上那些商館。根據一八五八年六月十八日中國被迫簽訂的天津條約第十四款，英、美都有權在臺開設領事館。星條旗比英國國旗還早一年飄揚在高雄港，但美國卻找不到有意願且適合的本國人出任領事。這一職缺就此空著，但一八六五年夏，美國第一任駐福州副領事克拉克(A. L. Clarke)來了臺灣一趟②。

誠如第四章已提過的，一八六〇年時，英國已在臺灣府設一領事館，並已在高雄、淡水、基隆從事貿易。倫敦還於一八六一年指派植物學家郇和爲全島副領事，派布老雲掌理淡水的英國領

① Ibid., 1208-1209; 也參見Harold D. Langley, "Gideon Nye and the Formosan Annexation Scheme," 402-412, 與Leonard Gordon, "Early American Relations with Formosa," *Historian* 19(May 1957), 272, 277. 也參見Ward to Case, December10, 1859, USNA: DD, China, vol.18, M-92, R-10.

② A.L. Clarke to William H. Seward, Foochowfoo(福州府), June 20, 1865, USNA: M-105, R-3.

事事務。一八六七年，英國取得淡水的荷蘭人舊紅堡（紅毛城），將其改闢爲英國領事館。在這期間，丹麥、普魯士兩國政府請郇和代爲處理他們在臺的領事事務。英國派給郇和的主要任務，乃是提升怡和、顛地之類著名香港洋行在島上的商業利益。一八六三年中期，臺灣第一個海關在淡水開闢；接著在另外三個口岸設了海關分支機構，以利與島民的貿易（在這之前，與島民的貿易一直不易且不穩定）。此後，所有可合法進出口的貨物，都有了明訂的固定關稅。清廷並指派英格蘭人侯威爾（John William Howell）爲海關副稅務司，負責臺灣島上結關證的發放和關稅的徵收①。

這時候，美國南北戰爭已迫使華府將遠東事務暫時擱下。但美船繼續來臺從事多種商業活動。例如，一八六一年年底，美國雙桅船伊斯坎得里亞號（Iskanderia）到高雄運米，但返回廈門途中失事，擱淺在臺灣府北邊布袋角附近的沙洲上。船長法蘭克·魯德斯（Frank J. Ruders）向當地官員求救時，總值一萬八千元的船貨遭當地居民洗劫一空。美國駐廈門副領事小希亞特（T. Hart Hyatt, Jr.）要求清廷賠償未果②。十一個月後，美國三桅船吉星號（Lucky Star），裝了總值八萬元的棉花從上海到香港，途中遇強風，而不得不在淡水港附近避難。受損的吉星號同樣遭洗劫，船長查爾斯·尼爾森（Charles Nelson）、其妻子和八名船員，遭洗劫者擄走，拘禁了一星期。最後，英

---

① William A. Pickering, *Pioneering in Formosa: Recollections of Adventures, Mandarins, Wreckers, and Head-Hunting Savages* (London: Hurst and Blackett, 1898), 47.

② T. Hart Hyatt Jr. to William H. Seward, Secretary of State, February 20, 1862, USNA: CD, Amoy, M-100, R-2.

國代理副領事布老雲和法籍海關官員美理登(Baron de Meritens)提高贖金，才救回他們①。

頻頻的船難和生還者據稱遭虐待之事，最後得到美國駐華公使蒲安臣(Anson Burlingame)的注意。蒲安臣向清廷施壓不足，未能替伊斯坎得里亞號、吉星號的損失爭取到賠償，但他要求此後臺灣官員應給美國水手和財產更周全的保護。在這期間，安平岸上建了海關，高雄的英籍海關港口稽查員必麒麟，一八六五年接掌安平關務。必麒麟任職安平海關期間，美國縱帆船謝爾曼將軍號(General Sherman)載著壓艙物從上海駛往臺灣府，以載運臺灣糖前往華北、日本市場。有趣的是船上有惡名昭彰的美籍冒險家白奇文(Henry Burgevine)。白奇文曾統領常勝軍對抗太平天國，但與李鴻章大吵一架後，轉而靠向太平天國陣營②。一八六七年，必麒麟離開海關，跳巢更有錢途的天利行。天利行是當時南臺灣最大的洋行，由身兼法國、荷蘭兩國領事職務的尼爾．麥菲爾(Neil McPhail)和其兄弟創立。但因爲鴉片貿易巨額虧損，加上一批茶葉在澎湖海域失事泡湯，剩下的天利行股票賣給另一家英國洋行怡記，必麒麟也轉任怡記，掌理該行在臺灣府城的分支業務。必麒麟出任新職後不久，又一艘美國船失事，必麒麟最後給捲進日益升高的美臺糾紛中。

---

① Ibid., Charles Nelson to George F. Seward, U.S. Consul at Shanghai, Tamsui, December 11, 1862; Oliver B. Brandford to William H. Seward, Amoy, December 31, 1862.

② Pickering, *Pioneering in Formosa*, 108-112. 謝爾曼將軍號後來在朝鮮遭擊毀，船員遭殺害。

臺灣沿海的美國砲艇和失事船

一八六七年三月十二日，美國三桅帆船羅發號(Rover)從汕頭開往牛莊，途經臺灣海峽，在臺灣最南端的七星岩觸礁。船隻嚴重受損而沉沒，但船長約瑟夫・杭特(Joseph W. Hunt)和其妻子、十二名船員上岸。當時美國駐廈門領事李仙得(Charles W. Le Gendre)確認其中九人喪命，但認爲剩下幾人有可能還活著。李仙得爲法籍父親、美籍母親所生，更早時以律師爲業；他打過美國南北戰爭(全程參與)，左眼受過重傷。擔任駐廈門領事期間，他戴玻璃假眼，外交作風強勢驃悍，一如他帶兵打仗時①。一八六七年四月初，他已說服美國亞洲分艦隊司令貝爾(H. H. Bell)，派美國軍艦阿舒洛號(Ashuelot)搜尋在臺的美籍生還者。艦長佛畢格(J. C. Ferbiger)和其船員，在李仙得陪同下，先駛往淡水，然後駛往臺灣府，並於四月十八日抵達。府城官員告知，南岬居民爲生番，「不隸版圖，爲王化所不及」，然後建議這些美國人遵守漢、番互不相犯政策，勿冒險進入險惡的原住民地界。清廷在國際壓力下試圖將船難生還者的安危責任撇得一乾二淨，卻也在同時

① Ibid., 174. 欲更深入了解李仙得，參見“General le Gendre,” *The Far East*(J.R. Black在香港、上海、日本刊行的月刊)III, no. 4(October 1876): 87-94.

宣告放棄對臺島約三分之二地區的管轄權。

但當中國當局推諉責任，不願幫忙救人時，阿舒洛號往南駛向高雄港。一八六七年四月二十四日，美國救援隊抵達船隻失事的地點。從海上勘察過叢林後，美國人斷定，若沒有兩棲作戰能力和後勤支援，無法安全登陸。艦長佛畢格當天下令暫停搜索，返回廈門①。就在這時，美國駐香港領事艾薩克·亞倫(Isaac J. Allen)，繼海軍准將培里和公使伯嘉之後，再度發出「爲保護本國利益」，爲了美國商業的「最大利益」，應占領臺灣的主張。他建議華府應以武力，不然就以購買的方式，將臺灣據爲己有。除了重述培里、伯嘉占領臺灣的論點，亞倫還強調，歐洲各大國都已在遠東設立基地，而美國在這地區，卻沒有港口，也沒有海軍基地，來保護本國利益。他還希望挫敗其他大國對臺的野心②。

分艦隊司令貝爾深信中國對臺的實質統治有限且不彰，因而決定不徵求臺灣官員許可，逕自

---

① 臺灣銀行，《臺灣番事、物產與商務》(臺灣文獻叢刊第四十六種，臺北：臺灣銀行，一九六〇)，頁七九。也參見 Le Gendre to the General, Tao-tai, and Prefect of Taiwanfoo, on board the U.S. Steamer *Ashuelot*, April 19, 1867, USNA: CD, Amoy, M-100, R-3; Le Gendre to William H. Seward, Amoy, May 10, 1867, ibid.

② Issac J. Allen to William H. Seward, Hong Kong, April 7, 1867, 香港，一八六七年四月七日，USNA: CD, Hong Kong, M-108, R-6; Charles W. Le Gendre to William H. Seward, Amoy, May 10, 1867, USNA: CD, M-100, R-3; 也參見George E. Belknap, commander of U.S. Flagship *Hartford*, to H.H. Bell, at sea, June 15, 1867, USNA: DN, Asiatic Squadron Letters, Jan. 1867 to April 1868.

動武解救倖存的本國同胞。他糾集了一百七十八名陸戰隊員、五門砲、一百二十多枝步槍，準備了四天份的糧食和水。一八六七年六月十三日，貝爾旗艦哈特佛號(Hartford)和美軍軍艦懷俄明號出現在羅發號失事現場。陸戰隊員登陸不久，即開始正面進攻。他們往山上挺進，燒掉濃密的叢林和草叢，包括屋舍。從早上九點到下午兩點，原住民採取類似游擊的戰法，傷亡慘重，但仍擊斃海軍少校亞歷山大・麥肯士(Alexander S. Mackenzie)。最後，因酷熱、數人嚴重中暑、麥肯士戰死，救人行動失敗而返①。

李仙得將軍在臺足跡

將近三個月後，李仙得才決定在南岬西部的瑯嶠灣上岸。從九月十日到十月三十日，李仙得在必麒麟協助下，在瑯嶠灣以南辛苦搜索。必麒麟對原住民和原住民語的了解，幫助極大。同行的還有臺灣鎮總兵劉明燈。他們搜索過多處山區，經羊腸小徑進入內陸，詢問過漢人移民和原住民。李仙得未能找到失蹤的美國人，卻與代表該地區瑯嶠下十八社的總頭目有過一晤。這位名叫

---

① George E. Belknap, Commander of U.S. Flagship *Hartford*, to H.H. Bell, at sea, June 15, 1867; Charles H. Page, Assistant Surgeon, to Belknap at sea, June 15, 1867, USNA: DN, Asiatic Squadron Letters, Jan. 1867 to April 1868.

卓杞篤的總頭目(西方人稱之爲Tauketok或Tooke-tok)，對羅發號生還者的不幸表示遺憾，承諾以後若有外國人漂流上岸會予保護。李仙得還就如何採取必要措施保護該地區遭難的外國人一事，與劉明燈達成含有十個條款的協議，其中包括在瑯嶠灣南端設立一座有防禦工事的瞭望臺。返回廈門前，李仙得在麥肯士少校戰死地點替他舉行了追悼儀式①。

由幾次海戰、商業交易、個人接觸的次數和程度，可見西方人有意自行和臺灣原住民打交道。羅發號事件發生時，臺灣西部平原住有約三百萬漢人、據估計五十萬的「熟番」，還有人數不詳的「生番」。經過這番軍事行動和外交折衝後，李仙得認定，在與高高在上又善於打官腔的清朝官員打交道時，得動用軍艦才能說動他們。另一方面，李仙得認爲臺灣原住民絕非食人族，相較於清朝官員，他們較單純、較謙遜、沒那麼狡猾，與他們打交道應出以體諒、誠懇、好意。一般來說，島上原住民不信任且痛恨漢人，對白人友善(但有漢人官員干預時例外)。生性急躁的李仙得，在擔任美國駐廈門領事期間，致力提升美國在臺的商業利益，特別是試圖減少官府在貿易上的繁瑣規定，廢除官府在既有關稅之外，對進出臺灣港口之貨物另外課徵的十餘種貨物稅②。

---

① S. Wells Williams to William H. Seward, Peking, March 13, 1868, USNA: MD, China, M-92, R-25; Le Gendre to H.H. Bell Foochowfoo, November 28, 1867, USNA: DN; Asiatic Squadron Letters, Jan. 1867 to April 1868.

② Le Gendre, *How to Deal with China, a Letter to De Benneville Rand Keim, Agent of the United States* (Amoy: Rosario Marcal & Co., 1871), 69-71.

值得一提的，一八七四年臺灣生產了三百六十一萬磅的茶葉，其中大部分輸美。

李仙得親自調查臺灣煤礦多次，把收集的岩壞樣本送到紐約供實驗室檢驗。一八六九年，他大力支持由美國商人高林士(C. E. Collins)、德商美利士洋行(Milisch & Co.)、臺灣本地地主潘觀生共同出資成立，欲採用西方技術和新式機器開採基隆煤礦的合資企業。但當地官員不准成立這企業，潘觀生只得將他所收的定金歸還高林士和詹姆斯・美利士(James Milisch)。不死心的李仙得繼續向清廷遊說，欲使基隆煤礦轉歸民營，直到潘觀生死於獄中才罷手①。接下來幾個月，李仙得要求清廷廢除樟腦官賣制度，允許臺灣原住民與外國人直接貿易，言語中明顯表露對清朝臺灣官員的不屑。李仙得與清朝地方官員起過多次衝突，令他的美國上司大為惱火。一如英國人必麒麟，李仙得對中國人抱持負面評價。他也以「臺灣通」之名名聞東亞。

不久後，李仙得有了機會運用他的強硬「砲艇外交」，解決與在臺漢人的糾紛。一八六八年秋，英國寶順洋行在艋舺向婦人黃莊氏租得店屋設立營業所，但遭仇外的黃氏族人強力反對。洋行經理顧爾(Crawford D. Kerr)不顧黃氏族人反對，派人接收該屋，結果引發混戰。英國商人遭毆成重傷，貨物損失慘重，時任淡水英國副領事兼美國領事代理人的何為霖(Henry P. Holt)急報廈門，向李仙得求救。十月二十三日，李仙得乘美國汽船阿魯斯圖克號(Aroostook)到淡水，與

① 黃嘉謨，《美國與臺灣》(臺北：中研院近代史研究所，一九七九)，近史所專刊十四，頁二五五。

英國砲艇傑納斯號一同逼黃氏宗族賠償寶順洋行的財物損失和人身傷害，並要中國當局撤換臺北官員①。

李仙得對中國人強硬，對原住民則較溫和親切。例如，一八六九年二月二十一日，他先到高雄，然後與必麒麟、海關官員亞列士・曼恩(Alex J. Man)一同回南岬番地。他送給總頭目卓杞篤肥皂、珠子、紅布、小鏡子、珠寶、鋼製工具、武器(包括手槍、步槍)，卓杞篤則重申其不傷害外國人的承諾，並保證與美國人的和睦關係不變。這一安撫政策似乎頗有成效，因爲接下來兩年，失事漂流上岸的船員，無一人遭原住民獵殺。事實上，儘管清朝官員不關心失事外國人的死活，卓杞篤和其族人卻兩次爲遭難上岸的外國人提供棲身之所，然後送他們到高雄。但外國航運業者送錢酬謝原住民搭救其船員時，臺灣官員卻將錢放入自己口袋。與此呈強烈對比的，當這幾個月期間，清朝地方官員貪贓枉法，惡意阻撓時，李仙得再度親自回到南岬，向這些部落民致贈禮物，重溫其與總頭目的友誼。一八七二年二月下旬至三月上旬，他又去了南岬一趟，帶了三十八人同行，其中包括水手、醫生、測量員、通譯、攝影師、苦力。李仙得與這些部落民討論了諸多

① Henry Holt to Le Gendre, Tamsui, October 27, 1868, USNA: CD, Amoy, M-100, R-4. 欲進一步了解李仙得在臺灣的外交活動，參閱George William Carrington, *Foreigners in Formosa, 1841-1874* (San Francisco: Chinese Materials Center, 1978), 152-176; 以及Sophia Yu-fei Yen, *Taiwan in China's Foreign Relations, 1836-1874* (Hamden, CT: Shoe String Press, 1965), 127,141-142, 151-153.

事項，其中包括美國商人與他們直接貿易的可能性①。

結束在臺美國官員的職務後，李仙得於一八七二年改爲日本人效力，在解決中、日牡丹社事件的外交紛爭中擔任日方顧問。他陪日本特使到北京，與中國官員交涉一八七一年約五十四名琉球漁民遭臺灣牡丹社原住民殺害一事（牡丹社不屬卓杞篤統領的瑯嶠下十八社）。接著，李仙得找來美籍通譯詹姆斯・強森（James Johnson）、美國海軍軍官克沙勒（Douglas Cassel）、陸軍中尉詹姆斯・瓦生（James R. Wasson）訓練日本軍人。他代日本政府向太平洋郵輪公司（Pacific Mail Steamship Company）租了美國郵輪紐約號，用以運送日本遠征軍赴臺。一八七四年三月下旬，日本人無視中國對臺的主權主張，出兵征討牡丹社時，美國記者愛德華・豪士（Edward H. House）靠李仙得的巧妙運作，跟著日軍來到南臺灣報導此一軍事行動②。此外，美國軍艦莫諾卡西號（Monocacy）駛至臺灣南端，監控日軍登陸。不過美國亞洲分艦隊的新任司令賓諾克（A. M. Pennock）指示旗下艦隻和人員保持中立，而中國則袖手旁觀，未阻止日本人屠殺數百名牡丹社人③。一八七四年八月下旬，

---

① Commander R.R. Wallace to John Rodgers USS *Ashuelot*, Swatow, March 17, 1872, USNA: DN, Asiatic Squadron Letters, July 1871 to Nov. 1872; 也參見Le Gendre to Frederick F. Low, Amoy, April 17, 1872, USNA: CD, Amoy, M-100, R-6.

② 豪士後來在東京出了本書，書名*The Japanese Expedition to Formosa* (Tokei, 1875).

③ A. M. Pennock to A. Kauta (telegram), Yokohama, June 4, 1874; A. M. Pennock to G.M. Robeson, Secretary of the Navy, Yokohama, June 17, 1874; USNA: DN, Asiatic Squadron Letters, vol. 1874.

爲讓日本征臺師出有名，李仙得在上海匿名出版了一本薄薄的小冊子——《福爾摩沙原住民居住區是中華帝國的一部分？》(*Is Aboriginal Formosa a Part of the Chinese Empire?*)，挑釁意味濃厚。兩天後，這本小冊子轉譯成中文，引發清朝官員強烈反彈。除了這本小冊子，李仙得還捐贈三十一件臺灣民族志標本和文物給紐約的美國自然史博物館。

晚至一八七〇年代，美國仍以其駐廈門領事館照顧其在臺的商業利益。廈門美國領事有時會指派代理領事駐臺。例如一八七〇年代，約翰·卡斯(John G. Cass)和約翰·陶德陸續擔任美國駐淡水、基隆的代理領事。陶德是蘇格蘭人，生性好鬥，一八六四年來淡水，靠改善臺灣茶葉品質，爲福爾摩沙烏龍開闢了全球市場，賺了大錢。他於一八六五年起從福建進口茶種，貸款給臺灣茶農以擴大種茶面積。剛採下的嫩綠茶葉，經烘焙脫水後，包裝出口。一八七〇、八〇年代期間，寶順洋行每年運出這一品牌的烏龍茶葉約三十萬個「半箱」(譯按：運送茶葉的箱子，約裝三十三公斤)到美國①。擔任美國代理領事的另一個英國人亞歷山大·福里達(Alexander Frater)，則在臺灣府、高雄協助南臺灣的美國商人。李仙得卸下廈門領事職務之後，除了一八七八年美國船美麗森林號(Forest Belle)失事外，臺灣、美國間未有大事發生。

---

① John Dodd, "Formosa," *Scottish Geographical Magazine*, 10(November 1895): 569.

但一八八三至一八八五年，中、法因越南而幾度兵戎相見時，美國與臺灣的貿易下滑。在這期間，法國人封鎖臺灣海峽，攻占淡水、基隆，占領澎湖。清廷經此教訓，更加憂心臺灣可能不保，於是在一八八五年十月十二日宣布臺灣建省，以主持臺灣抗法防務的劉銘傳爲首任巡撫。劉銘傳引進鐵路、郵政、電報、汽船體系，開發基隆煤礦，推動臺灣現代化。一八八六年六月，美國人詹姆斯·威爾遜(James Harrison Wilson)來臺，透露其建造鐵路的計畫，但未得到採納。最後，英國人、德國人贏得建造臺灣第一條鐵路(二十二公里長)的工程招標。但這時候臺灣進口美國礦油、棉製品、某些類金屬器件愈來愈多，而臺灣可供出口的茶葉和糖則幾乎全輸往美國①。將臺灣行政區劃分爲三府、一直隸州、十一縣、四廳之後，雄心勃勃的劉銘傳將省會由古城臺南移到臺北。他還控制官員員額成

圖十三　巡撫劉銘傳，1885-1891

① 欲進一步了解，參閱James H. Wilson, *China, Travels and Investigations in the Middle Kingdom: A Study of Its Civilization and Possibilities* (New York: D. Appleton and Co., 1887), ix-xvi, 295-307.

長，整飭虛矯浮誇之風，增加臺灣稅收，想藉此使臺灣改頭換面。欲增加稅收，快速且有效的辦法之一，乃是增加鴉片、茶葉、煤、黃金、樟腦之類大宗商品的關稅收入。因此，劉銘傳上任後的初期作爲之一，乃是針對進出口貨物，在一般的關稅之外，加徵名叫釐金(貨物稅)的特殊稅。釐金制一施行，從臺灣境內某港轉到另一港的貨物，例如從基隆轉到鹿港，或從淡水轉到高雄，乃至從安平轉到臺南的貨物，也將同樣受課。因此，貨物運得愈遠，外國航運業者得付的規費就愈多[①]。

田貝的來臺之行

歐美公使反對這些新關稅，並在一八八八年一月十八日在北京會商反制之道。於是，美國駐華公使田貝(Charles Denby)上校向清廷抗議，要求臺灣巡撫停止課徵新關稅[②]。而臺灣巡撫在新稅

---

① 欲進一步了解，參閱William M. Speidel, "The Administrative and Fiscal Reforms of Liu Ming-ch'uan in Taiwan, 1884-1891: Foundation for Self-strengthening," *Journal of Asian Studies* 35, no. 3 (May 1976): 441-459.

② Charles Denby to Thomas F. Bayard, Peking, January 26, 1888 and Feb. 15, 1888, USNA: MD, China, M-92, R-83.

爭端快要爆發時，還試圖恢復樟腦官賣。他下令對樟腦施以更嚴密的官署管制，對巨大樟樹的砍伐、樟腦的熬製、樟腦的買賣等諸多方面均施以嚴格的規定。在這情況下，除非透過官署並遵照官署的規定，外國人買不到樟腦。這時候臺灣一年生產的樟腦超過一萬擔，且樟腦在美國銷路極好，一擔可賣十二銀兩。臺灣巡撫於是下令，樟腦價格由一擔十二兩漲爲三十兩。此外，在這新官賣制度下，官署有權向賣給外商的樟腦，課以每擔百分之二十五的釐金①。

這一新政策大大損及外商和其臺灣代理人的獲利。但隨著因具有麻醉、抗菌效果而値錢的樟腦，在世界市場上價格持續攀高，走私活動也攀到史上最高峰。省署雖在淡水與臺灣府之間的後龍、大甲、鹿港，以及其他樟腦貿易區設了檢查哨，臺灣海岸線仍是漏洞百出，非法買賣未有稍減。更糟的是，漢人地下販子因這一政策而心生仇恨，組成半私人的武裝部隊，攻擊住在盛產樟樹之北部山區的原住民。屬於防守一方的原住民，則一再引誘入侵的漢人進入他們險惡的山區，設陷阱捕捉，予以殺害②。

毋庸置疑的，凡是曾與中國或日本打過交道的美國人，很快都會體認到臺灣擁有獨特的地緣戰略地位，且富含美國人和其他強權國家之國民不會放過的天然資源。因此，一八八八年初夏，

---

① 臺灣硫磺樟腦總局所發布的通告。光緒十六年三月二十日、三十日，USNA: MD, China, M-92, R-89.

② John King Fairbank et al., *H. B. Morse*: Customs Commissioner and Historian of China (Lexington, KY: The University Press of Kentucky, 1995), 105.

美國駐華公使田貝決定來臺，親自了解島上情況。美國海軍部則指示其亞洲分艦隊密切注意公使在臺的活動。一八八八年五月十一日，田貝在上海搭上美國軍艦朱尼亞塔號（Juniata）駛往廈門，然後與上尉伯韋爾（W. T. Burwell）、美國駐廈門領事威廉．克羅韋爾（William S. Crowell）一起從廈門出發，五月十九日抵達基隆，受到清廷代表熱情接待。田貝勘察了基隆的阿姆斯壯後膛裝彈砲、煤礦、鐵路。

然後這位美國公使乘轎子來到臺北。這時臺北城由一道新建的毛石砌體城牆圍住，牆高約五．四公尺，厚約三公尺，牆體構築紮實。巡撫劉銘傳帶田貝參觀了幾項他新完成的現代化工程成果，例如一間彈藥廠、淡水與福州間的電報線、一間西式學校、一座現代貯木場。但田貝與劉銘傳的交談，主要放在臺灣買辦陳守禮欠美國商人法蘭克．卡斯（Frank Cass）的巨額債務上（卡斯雄心勃勃欲爲臺灣造鐵路網，但未能如願）①。五月二十三日，田貝搭小船到淡水，調查附近的硫磺礦。他發現島民對美國人友善，且因爲淡水的出口品幾乎全銷往美國，他敦促美國政府在淡水設領事館。雖然未能達成任何外交突破，這趟實地考察使長久以來認爲臺灣戰略地位重要且富含天然資源的田貝，對此更爲深信不移②。事實上，一八九五年中日甲午戰爭快結束時，田貝告訴其華

① Charles Denby to Thomas F. Bayard, Peking, July 20, 1888, USNA: MD, China, M-92, R-84.

② Ibid.

府上司，中國要與日本達成和平協議，將臺灣割讓日本必不可免①。

兩位哈佛畢業生掌理臺灣關務

一八九一年六月，劉銘傳因政治紛爭和有病在身卸下巡撫職務。諷刺的是，劉銘傳離臺前幾星期，島上的樟腦官賣政策，也因難以駕馭的市場力量和北京外國使節團四年來不斷的施壓，宣告取消。接下來的十四個月內，臺灣由新巡撫邵友濂當家，而淡水海關也由美籍新稅務司馬士主持。馬士畢業自哈佛大學，是個中國通，上任後扮演曾任上海道臺與外交官的邵友濂巡撫和英國駐臺領事謝立三(Alexander Hosie)之間調解人的角色。馬士夫婦於一八九二年一月抵達淡水後，「對中國或中國人從談不上特別喜愛的」馬士妻子Nan，令人意外的「愛上她(所見到的臺灣)外在風貌」②。另一方面，馬士還得與無能的海關監督邵文璞共事，此人「幾乎什麼事都沒做，做起事

① Charles Denby to W. Q. Gresham, Peking, February 26, 1895, and April 25 and 29, 1895, USNA: MD, China, M-92, R-98 and R-99.

② Fairbank et al., *H. B. Morse*, 106, 139. 一九三九年，Morse太太Nan勸費正清勿去中國，因為中國人「會把你毒死」。

也無精打采。」但邵文璞是邵友濂的親戚，馬士只得與他敷衍，維持表面關係①。

馬士向邵友濂保證會替他覓得新財源，爲此提出將島上煤礦、金礦民營化和徹底勘察全島礦油、黃金礦藏的古怪構想②。一八九二年，馬士從茶葉徵收到三十萬元關稅，一八九三年從樟腦貿易徵收到七十萬銀兩。此外，馬士一年還可上繳徵自黃金的二十萬元關稅收入。一八九二年，約有五千名臺灣人以一天十分錢的牌照費，在淡水河、基隆河挖洗沙金。一年後，基隆港附近金瓜石發現新金礦，引來六千至七千名工人前來淘金，每名工人付二十分錢取得淘金的權利③。這時美國油稱霸臺灣煤油市場已十年，且每年進口量有增無減。但馬士擔任稅務司時，較便宜的俄國石油漸漸在臺灣市場取得地盤。馬士因此想出多種辦法，以確保美國繼續稱霸全島市場和煤油銷售。馬士到任後不到一年，透過在臺約十二家歐美洋行完成的貿易，總額達四百五十萬英鎊④。

---

① Ibid., 111, 114; 參閱Morse to Robert Hart, S/O 34, July 26, 1893, in Morse Letter Books, 馬士寫給赫德等人之半官方信件的複本，Houghton Library, Harvard University。以下簡稱ML。

② Fairbank et al., *H. B. Morse*, 111-112, 參閱ML，Morse to Robert Hart, S/O 7, June 27, 1892; S/O 45, Jan. 8, 1894; S/O 48, Feb. 24, 1894.

③ Ibid., Morse to Robert Hart, S/O 36, August 24, 1893; S/O 52, April 25, 1894. 也參閱China Imperial Maritime Customs: Tamsui Trade Report for the year 1890(by F. Hirth), 318-321; Trade Report for the year 1891(by F. Hirth), 338-341.

④ Ibid., Tamsui Trade Report for the year 1892(by H. B. Morse), pp. 339-342; 也參閱William A. Pickering, *Pioneering in Formosa*, 39.

一八九四年，有兩位哈佛大學畢業生替臺灣省掌理關務，其中馬士掌理臺灣北半部（淡水、基隆），威廉·史品尼掌理南半部。但一八九四年夏中日戰爭爆發時，在臺幾位人數雖不多但對臺灣很重要的美國人，其生活和工作均大受干擾。首先，清廷晉升前臺灣布政使（相當於財政廳長）唐景崧爲新任巡撫。才幹不如前任巡撫的唐景崧，施政未諮詢英、美人，反倒大大倚賴賣給他五千枝毛瑟槍的德國富商巴特勒（Count A. Butler）。海關稅務司馬士既受雇於清廷，替唐景崧籌措經費，以擊退進攻臺灣的日本人，自是職責所在。但唐景崧的能力不足以應付國際級的危機。身爲廣東人的唐景崧，把原防守基隆港的臺灣本地兵換成廣東兵，結果基隆港很快就失守。一八九五年四月二日，海關總稅務司赫德寫信給馬士、史品尼兩人，提醒他們臺灣注定保不住；如未割讓給日本，也會在一個月內遭日本占領①。

隨著情勢日益惡化，隱然逼近的危機，使島上一百八十多名外僑陷入恐慌。這些外僑以英、美人居多，還有一些德國人、幾名北歐斯堪的那維亞人。在這期間，憤怒的臺灣人攻擊唐景崧在臺北的官署，島上許多地區跟著陷入混亂。一八九五年四月下旬，已有德國、英國砲艇各載著二十五名水兵、三十名陸戰隊員，駐守臺北淡水河東岸和南臺灣的高雄。在此應指出的是，中日和談期間，居間調解中、日兩國者乃是美國前國務卿福士德（John W. Foster）。護送清廷代表李經方

① Fairbank et al., *H. B. Morse*, 125-127.

(李鴻章養子)到基隆港，以(在一八九五年六月二日)將臺灣交給日本治臺第一任總督海軍大將樺山資紀(一八三七—一九二二)者，也是福士德。馬士在基隆親自向福士德、李經方簡報之後，命令其基隆關務人員撤到臺北①。

一八九五年五月二十五日，島民展開獨立運動，宣布建立臺灣民主國，在全臺各地官署換下清國黃龍旗，升起虎旗。遺憾的是，臺灣民主國成立倉促，內部統合不佳，且臺灣民兵欠缺重武器，沒有人居中一統號令。這時，臺灣民主國總統唐景崧請馬士繼續徵收關稅。馬士照辦，但六月八日(日軍占領淡水港那天)起，他卻將海關收入交給日本人。接下來幾天，唐景崧和其幕僚逃離臺灣時，馬士將海關和海關帳簿交予接掌淡水關務的日本稅關鑑定官野村材二，然後偕同家人安全返回中國②。令人意外的是，一八九五年六月七日，充當日本人斥候，帶日本占領軍進入臺北城者，又是一名美國人，即《紐約信使報》(*New York Herald*)記者禮密臣。六月十七日，勝利的樺山資紀來到臺北，在臺北舉行的儀式上，宣告日本在臺殖民統治開始③。

相較於停滯不前、半封建的中國，李仙得、田貝、禮密臣之類見多識廣的美國人，似乎更喜

---

① Ibid., 129-130.

② Ibid., 130, 132; H. B. Morse, *International Relations of the Chinese Empire, The Period of Subjection, 1894-1911*, vol. 3(London: Longmans, Green, 1910-1918), 48-49.

③ James W. Davidson, *Island of Formoas*, 257-260, 306-307.

歡條理井然、現代化的日本，但島民不願歸附新殖民主子，也不願離開他們先民口中的「蓬萊仙島」。結果就是臺灣人展開長期抗日運動①。至於美國，雖有本國海軍軍官、外交官、商人一再強力敦促其拿下臺灣，但主要因爲南北戰爭，美國終究錯失這機會。等到美國體認到其在遠東也需要基地時，臺灣已落入日本人之手，美國於是在一八九八年決定奪取菲律賓。

美國與臺灣的關係，自日本據臺後，幾經變動，從二次大戰時將臺灣視爲誓不兩立之敵人日本的殖民地，到冷戰時期與臺灣聯手對付中共。第九章詳述了美國如何在最近幾十年，協助臺灣建立符合美國傳統、價值觀的民主政府。但在探索後來臺灣與美國的關係之前，得先談談日本對臺灣的影響。

---

① 參閱Shih-shan Henry Tsai（蔡石山）, *Lee Teng-hui and Taiwan's Quest for Identity* (New York: Palgrave Macmillan, 2005), 10-13.

第七章　日本帝國的根基

——拓殖臺灣

日本早期對臺的關注

臺灣曾有數百年歲月作爲商人－海盜的避難所。十七世紀初期，歐洲船隻初次出現在遠東時，日本人兩次遣使來臺（一六〇九年的有馬晴信、一六一六年的村山德安），但都未能與臺灣島民建立貿易關係①。一六三四至一六四〇年，荷蘭商人頻頻在中國買進生絲和絲織品，然後以臺灣爲轉運站，以絲類產品換取日本白銀。但由於德川幕府採行鎖國政策，日本文獻鮮少提及臺灣，

① 曹永和，《臺灣早期歷史研究》（臺北：聯經出版，一九七九），頁三二七。

因爲兩者間未有重大瓜葛。事實上，直到一八四九年，北九州肥前藩主命學者朝川鼎替母親爲日本人的鄭成功立傳時，才有出自日本人之手的臺灣地圖問世①。但美國海軍准將培里於一八五四年率艦隊逼日本開放通商與外交往來之後，有一些日本思想家開始表達奪取臺灣的意圖。在個人著作《幽囚錄》中，吉田松陰(一八三〇—一八五九)爲日本擬出安邦定國之策，其中就將臺灣列入保障日本安全的地區性戰略鏈中。山口縣武士暨一八九四、九五年甲午戰爭期間打勝仗的指揮官桂太郎(一八四七—一九一三)，言簡意賅道出了臺灣戰略地位的重要：「它不只是(日本)賴以將勢力擴張到華南的最理想地點，還是擴張到東南亞諸島的最理想地點。」②

但使日本政府與臺灣直接打交道的事件，源自一場船難。一八七一年十二月，一艘來自宮古島的琉球漁船兼商船，在南臺灣沿海失事，五十四名船員據信都遭牡丹社人殺害。一般情況下，這會當作國際海上安全問題來處理，但明治維新不久的日本政府決定把它當成領土主權問題，於是派兵征討臺灣番社。準備出兵期間，日本找來英、美人士當軍事顧問，租來英國汽船約克夏號和美國太平洋郵輪公司的紐約號，用以運送部隊和彈藥。一八七四年五月九日，載有數千日軍與

① 伊能嘉矩，《臺灣文化志》，卷一(東京：刀江書院)，頁一四六・三。

② 松永正義，〈臺灣領有論的系譜〉，《臺灣近現代史研究》一(一九七六)，頁五—三九；梁華璜，〈日本併吞臺灣的醞釀及其動機〉，《成功大學歷史學報》(臺南)一(一九七四)，頁一四〇—一四一、一五六—一五七。

工人的五艘船，在西鄉隆盛（一八二七—一八七七）之弟陸軍中將西鄉從道統領下，登陸瑯嶠灣（即一八六七年六月十三日美國陸戰隊員上岸以搜尋船難倖存美國人的地方）。日軍攻打十八社，十八社兩千三百名勇士奮勇抵抗，經六、七兩個月激戰，未能攻下。但濕熱和疫癘使日軍攻勢受挫。一八七四年九月，日本政府派全權大臣大久保利通（一八三〇—一八七八）到北京交涉。明治維新三傑之一的大久保，在北京質疑中國對臺灣「番地」的主權，稱「根據國際法，非管轄範圍內的土地，即不得視爲領土的一部分。因此我十足篤定的認爲，臺灣『番地』並非中國領土。」①十月，清廷同意支付五十萬銀兩撫卹遇害琉球漁民，彌補日本出兵開銷，這場危機才結束。成功打贏這場對中外交戰後，大久保前往南臺灣探望同爲薩摩藩武士出身的西鄉從道和日軍，再於十一月下旬返回日本。臺灣的疫癘奪走五百多條日本軍人、苦力的性命，但西鄉從道倖免，一八七四年十二月七日回到長崎②。

出兵臺灣之後的十年裡，日本大眾對本國海外貿易、拓殖、移民（包括移民到夏威夷、巴西之

① 日本外務省編，《日本外交文書》第七卷（東京：外務省，一九五三），頁二三三。

② 欲進一步了解一八七四年日本征臺之役，可參閱Robert Eskildsen, "Of Civilization and Savages: The Mimetic Imperialism of Japan's 1874 Expedition to Taiwan," *American Historical Review* 107, no. 2(2002): 388-418; 毛利敏彥，《臺灣出兵》（東京：中央公論社，一九九六），以及James W. Davidson, *The Island of Formosa: Past and Present,* (New York: Macmillan, 1903), 121-169.

類遙遠異地）的關注日增。在這背景下，愈來愈多日本主流作家開始注意鄰近的臺灣，注意這個以奇特之美和經濟潛力著稱的島。例如日本最重要的國際主義者福澤諭吉（一八三四—一九〇一），使日本國人注意到得天獨厚、物產豐富的臺灣島。四國南部土佐武士暨明治時期重要政治人物、作家的板垣退助（一八三七—一九一九）則指出，臺灣除了具有經濟、商業價值，還可在日本海防上扮演重要角色。板垣深信由於臺灣具有重要的地緣戰略地位，新東亞秩序絕不能將臺灣排除在外①。西鄉從道、樺山資紀之類日本著名海軍戰略家，呼應板垣的主張，公開鼓吹出兵占領臺灣，主張臺灣可作爲日本向華南、東南亞擴張帝國版圖時的戰略性海軍基地②。

臺灣成爲日本殖民地

雖有前述人士強力鼓吹拿下臺灣，日本決策者在討論殖民臺灣一事時卻緘默以對，原因之一

---

① 陳逸雄譯，〈福澤諭吉的臺灣論說〉，《臺灣風物》第四十一卷第一期（一九九一年三月），頁九五；第四十二卷第一期（一九九二年三月），頁一三三。陳逸雄譯，〈板垣退助的臺灣論說〉，《臺灣風物》第三十九卷第三期（一九八九年九月），頁八三—八五、九八—九九。

② 大澤貞吉，《從西鄉都督到樺山總督》（臺北，一九三六），頁六—七；也參閱Akira Iriye（入江昭），*Pacific Estrangement: Japanese and American Expansion, 1897-1911* (Cambridge, MA: Harvard University Press, 1972), 26-62.

在於一八七〇年代末期至一八九〇年代初期日本政府把韓國視爲首要議題。諷刺的是，中、日爲韓國而起的激烈衝突，卻決定了臺灣的命運。日本在一八九五年甲午戰爭的大勝、對揚威國際的渴望、日本帝國海軍以臺灣爲基地的提議，使日本在談判馬關條約時勢必將取得臺灣列爲講和條款之一。這一條約結束了中日戰爭，並於一八九五年四月十七日由李鴻章和伊藤博文代表雙方簽署。簽約後，李鴻章養子李經方搭德國船到基隆，以中國全權代表的身分，將臺灣交給海軍大將樺山資紀。一八九五年六月六日前夜，一小隊日本占領軍進入臺北城。十一天後，樺山帶著勝利軍來到臺北，舉行儀式，宣告臺灣納入日本殖民統治①。

殖民統治之始，日本人較關注的是天然資源，而非島上住民。例如福澤諭吉在自己創辦的《日日新報》上發表社論，稱應將被視爲野蠻、未開化的島民趕走。

爲平靖島上情勢，爲了用我們日本人的雙手親自開發豐富資源，治理臺灣的重點應完全放在土地上，至於土人，可以不放在眼中。我們首先應下令矯正所有野蠻習俗，例如男人留辮，女人纏足。抽鴉片應嚴格禁止，一如日本本土。凡是違法者，都應懲

① 欲進一步了解，參閱Edward I-te Ch'en（陳以德），"Japan's Decision to Annex Taiwan: A Study of Ito-Mutsu Diplomacy, 1894-1895," *Journal of Asian Studies* 37, no. 1（1977）: 61-72.

罰，絕不寬貸。凡是無法承受改革之苦者，都應視為不屬我們文明教化範圍者①。

福澤諭吉清楚將抽鴉片、留辮子、強迫女人纏足的中國人視為「未開化、令人厭」。福澤普遍被視為明治日本時代政府部門以外最具影響力的人，他的建議受到日本當局的注意，日本當局給予臺灣所有居民兩年寬限期，自行決定要留要走。凡是想離臺的居民，一八九七年五月八日期限之前，隨時可離開。但令日本人大為苦惱的，未有大量漢人從臺灣移往大陸，兩百八十萬人口中只有四千四百五十六人（僅百分之〇．一六）收拾家當，離開臺灣。此外，由於臺灣人與中國沿海幾省居民（特別是廈門居民）地理位置相近，商業、家族關係密切，有相當多的福建人自稱是臺灣籍民（日本籍臺灣人）。光是一八九六年，就有四千至五千這類籍民申請日本護照。他們請求日本領事館讓他們在廈門居住、工作，但不撤銷他們的日本護照。但日本領事館官員非常清楚，如果將日本護照發給這些自稱為臺灣籍民者，他們將有資格享有領事館保護和在通商口岸的其他特權，例如治外法權、進口貨物入華時享較低關稅。基於這些和其他考量，臺灣的新殖民當局駁回他們的請求。

但這些臺灣籍民不死心，最後花了五年時間，包括臺灣民政長官後藤新平（一八五七—一九二九）

① 《日日新報》社論，一八九五年八月八日。

於一九〇〇年四月親自到廈門一趟，才解決在華臺灣居民的國籍問題。一九一二年十二月，臺灣總督終於對移入臺灣一事頒布了四個要點的限制性政策，使中國人欲成爲臺灣籍民難上加難。在這政策下，只有能證實自己曾在一八九五年四月前設籍臺灣者，才有資格成爲臺灣籍民。此外，根據日本國籍法，臺灣人的妻子、小孩、孫子也將獲認可爲臺灣籍民，據此給予日本護照和特權。日本政府文獻顯示，一九一二年間，共有一千兩百八十二名中國人向日本駐廈門領事館申請臺灣籍民護照；但接下來三年無人申請①。

在此應該指出的，島民不願離臺，乃是因爲他們和先民已選擇此地作爲他們的蓬萊仙島，一個可讓人在新興的邊遠蠻荒社會裡過圓滿、幸福生活的理想之地。日本殖民統治之初，由於邊遠地區文化和島民特質，臺灣人同樣不願接受新統治者。割臺已成定局之後，島民即發動獨立運動。一八九五年五月二十五日，臺灣人宣布成立臺灣民主國（亞洲史上第一個共和國）。但主要因爲內部統合不良和欠缺先進重型武器，臺灣民主國存在不到五個月就滅亡。但在民主國短短存在期間，臺灣人自稱臺民或臺人，而非華人，開啓了獨特的民族認同②。

---

① 日本外務省，《外務省記綠》，檔案夾3-8-7-18，官方編號93，關於「臺灣籍民」（東京：外交史料館，一九〇七年九月至一九一五年八月）。

② 欲進一步了解，參閱Harry J. Lamley, "The 1895 Taiwan Republic: A Significant Episode in Modern Chinese History," *Journal of Asian Studies* 27, no. 4 (August 1968): 739-762. 也參見Stephane Corcuff, ed., *Memories*

研究臺灣史者通常將日據臺灣時期分爲三期：臺灣人反抗與軍事統治期(一八九五—一九一八)、強迫同化期(一九一九—一九三七)、戰爭期(一九三七—一九四五)。前後共有十九任臺灣總督，其中十人來自軍方(一八九五—一九一九和一九三六—一九四五)，九人出身文官，如表九所示。十九位臺灣總督不僅擁有行政權，還有立法、司法權。他們半世紀統治期間頒布了五百多則具有法律效力的政令。

臺灣抗日運動

臺灣人最初的強烈抵抗，使日本的寡頭統治集團迅即決定對全島施予軍事統治，指派現役的高階陸、海軍官爲臺灣總督。於是，薩摩藩武士出身且曾任海軍大臣的海軍大將樺山資紀，受命執行初期占領行動。樺山的大軍雖摧毀島上主要反抗勢力，但到一八九五年十月結束時，已有麾下一名指揮官和三萬餘士兵喪命，其中大部分死於瘧疾、霍亂、傷寒之類熱帶疾病。接下來幾年期間，抗日行動未消，臺灣地下抗日分子在全島各地攻擊、騷擾日本人。從一八九六至一九一三

(續) *of the Future: National Identity Issues and the Search for a New Taiwan* (Armonk, NY: M.E. Sharpe, 2002), xiii, 3-20.

表九 日本歷任臺灣總督，1895-1945

人名	階級	任期	出身
1.樺山 資紀	海軍大將	5/1895-6/1896	薩摩藩
2.桂 太郎	陸軍中將	6/1896-10/1896	長州藩
3.乃木 希典	陸軍中將	10/1896-2/1898	山口藩
4.兒玉 源太郎	陸軍中將	2/1898-4/1906	德山藩
5.佐久間 左馬太	陸軍大將	4/1906-5/1915	山口藩
6.安東 貞美	陸軍中將	5/1915-6/1918	東京府
7.明石 元二郎	陸軍中將	6/1918-10/1919	福岡縣
8.田 健治郎	文官	10/1919-9/1923	兵庫縣
9.內田 嘉吉	文官	9/1923-9/1924	東京府
10.伊澤 多喜男	文官	9/1924-7/1926	東京府
11.上山 滿之進	文官	7/1926-6/1928	山口縣
12.川村 竹治	文官	6/1928-7/1929	秋田縣
13.石塚 英藏	文官	7/1929-1/1931	福島縣
14.太田 政弘	文官	1/1931-3/1932	山形縣
15.南 弘	文官	3/1932-5/1932	富山縣
16.中川 健藏	文官	5/1932-9/1936	新潟縣
17.小林 躋造	海軍大將(退役)	9/1936-11/1940	廣島縣
18.長谷 川清	海軍大將(退役)	11/1940/12/1944	東京府
19.安藤 利吉	陸軍大將	12/1944-8/1945	宮城縣

年，通常由下層仕紳領導的臺灣抗日分子，突擊了五十四處日本軍事設施，發動了九十四次攻擊。但抗日行動也使臺灣人付出慘重代價，有時是慘重傷亡，有將近一萬人因此喪命。幾個著名例子，說明了島民的頑強不屈。例如簡義糾集了六百多人，在雲林縣自立為王，進攻日本守軍。一八九六年六月，日軍在斗六城（簡義的大本營）和周遭五十五個村莊屠殺約六千名臺灣人報復，在這過程中燒掉四千兩百多棟房舍①。林少貓和其數百名抗日部眾，以高雄附近某偏遠村鎮為根據地打游擊，一有機會即騷擾日本人。林少貓築竹柵和護城河圍住其根據地；他的手下闢道路、運河，種作物，養牲畜，自行釀酒，經營了賭場、窯間、診所各一間。但日本人將林少貓誘出巢穴，一九〇二年五月三十日將其殺害②。

第二任臺灣總督桂太郎只當了五個月，坐鎮臺灣總督府不到十天（後來他三次出任內閣總理大臣，獲得三個貴族頭銜：伯爵、侯爵、公爵）。桂太郎離職後，由山口藩武士出身的乃木希典（一八四九—一九一二）接任。乃木是日俄戰爭（一九〇四—一九〇五）中的民族英雄，也是大正天皇（一九一二—一九二六）當皇太子時的老師，上任後採三重防守體系（三段警備法）來鎮壓臺灣抗日分子。他結合軍、憲、警對付他所謂的臺灣「土匪」。為施行這新策略，乃木在全臺設置了一千

---

① 翁佳音，《臺灣漢人武裝抗日史研究》（臺北：國立臺灣大學，一九八六），頁九二—九五。

② 羅吉甫，《野心帝國：日本經營臺灣的策謀剖析》（臺北：遠流出版，一九九二），頁八五。

個警所，每個警所奉命監視三千名島民，包括居住在最偏遠地區的島民。藉由三段警備法，日軍於一八九八至一九〇二年間殺掉約一萬兩千名抗日分子，鎮懾了數十萬村鎮居民。但由於日警始終聽命長官行事，且習慣像牲畜一樣在戶外隨地小便，對這些無所不在又殘酷的日本警察，既恨又怕的臺灣人就把他們叫做「四腳狗」。

但綏靖計畫也所費不貲，因為殖民政府得撥多達四成的民政經費來維持警力，因為病死、戰死者極多①。有幾次，鑑於情勢無法掌控，日本統治者不僅主動表示願予某些抗日領袖特赦，還願封以官位。有些與日本人合作的臺灣人，特別是一九三四年獲選為日本貴族院議員的辜顯榮（一八六六—一九三七），奉日本人之召出面調解，勸抗日領袖放棄抵抗。但招撫只是日本人的權宜之計。例如一九二〇年五月二十五日，日軍伏擊中臺灣某場「歸順式」，屠殺兩百六十多名抗日分子。這類事件很快又激起島民數波強烈反制。一九一〇至一九一五年間，臺民的反抗情緒，因一九一一年中國辛亥革命和一場臺灣本土宗教狂熱運動而更形升高。

一九一三年，苗栗客家人羅福星招募五百名志士，開始大規模起事，後遭捕絞死。羅福星殉難後，大規模起事未歇。在東部花蓮海岸附近，有個原住民部落在太魯閣峽谷據地為王。一九一四年，第五任臺灣總督佐久間左馬太（一八四四—一九一五）動用一萬多兵力和兩百挺機關槍，鎮

① 同前，頁八一、九〇。

壓該部落，該部落人民則藏身在峽谷中的獨塊大理石巨石和石灰岩峭壁後面反擊。七十歲的佐久間親自帶兵圍剿，結果受重傷，不久死去，成爲臺灣抗日運動中名氣最響亮的陣亡者。一九一五年余清芳在臺南西來庵組成一宗教團體，公開挑戰日本威權。後來，一千四百一十三名死硬反抗分子，在這場又名「噍吧哖事件」的民變中，遭日本人逮捕送審。余清芳和兩百多名追隨者遭處死。一九二〇年代，有組織的叛亂和公開反抗銷聲匿跡，但一九三〇年十月，突有一群原住民攻擊中臺灣霧社的日本人。這場位於山區的民變持續了五十天，約兩百名日本人因此喪命①。

後藤新平：臺灣民政長官

從東京的角度看，臺灣人頑強不屈的精神和沒完沒了的反抗，不只令日本殖民者頭痛，也耗掉這個新帝國太多財力和人命。有些人，例如繼乃木希典之後出任臺灣總督的陸軍中將兒玉源太郎（一八五二—一九〇六，一八九八至一九〇六年任臺灣總督），開始懷疑武力鎮壓是否爲制服臺灣人的最有效辦法。這位出身德山藩武士的陸軍中將，得悉全臺有一千七百多所由地方士紳出錢維持，由傳統漢文老師主持的私塾，決定將這種舊式教育改造爲現代日本教育體制，並教臺灣孩

---

① 同前，頁九七、九九—一〇〇。

圖十四　日本總督兒玉源太郎，1898-1906

童技術性、科學性技能。兒玉把教育視爲贏得仍不受管束之臺灣民心的手段，進而藉此建立一與日本一模一樣的公民社會。兒玉在日本本土還兼有數職，因此指派四十二歲的醫生後藤新平爲其民政長官。受德國教育的後藤新平上任後，調查、登記全臺地籍，改善公共衛生，爲臺灣的經濟、教育發展奠定基礎。

一八九八年初期，後藤提出名爲「治臺緊急對策」的藍圖，決定尊重臺民既有習俗，並恢復島上沿襲已久的自治做法。上任後，後藤即下令土地調查和人口普查。爲改善臺灣公共衛生和醫療服務，後藤聘請蘇格蘭籍衛生專家爸爾登(William Kinnimond Burton, 1856-1899)設計、建造污水排放系統，設置水泵以供應飲用水。在這同時，後藤在臺北創立一公立醫院、一所醫學大學，在全島各地創設治療中心以控制熱帶疾病、解決鴉片癮問題。臺灣總督頒布法令，規定只有政府可種植、進口、販賣鴉片，有鴉片癮的臺灣人，只可向領有執照的販子購買鴉片，且前提是同意接受醫療。拜嚴格執行政策和毒癮治療計畫之賜，臺灣的鴉片癮者由一九〇〇年的十六萬五千人減爲一九三〇年的只約一萬六千人。更可喜的是，到一九二〇年代初期，當局立案的抽鴉片

圖十五 民政長官後藤新平，1898-1906

者中，已沒有三十歲或三十歲以下者①。

給予島民更好的公共醫療衛生服務，只是後藤用以降低島民反抗、緩和島民恐懼的手段之一。他還以正規警察取代憲兵，禁止政府官員、學校老師穿軍服、佩劍。顯然的，促使後藤修正日本在臺殖民政策者，乃是臺灣抗日分子頑強不屈的抵抗。在呈給東京上司的報告中，後藤主張日本應只扮演外力的角色，且在維持臺灣社會秩序上，應讓臺灣人自己帶頭做，這是達成有效殖民統治的必要途徑②。基於這信念，後藤決定利用中國的保甲制，將其改造爲日本對臺的新控制機制。依據保甲條例，十戶爲一甲，十甲爲一保，甲設甲長，保設保正。日本政府訓練保正，使其與日本警察密切合作，嚴密監視保內居民的動向。例如，保正的職責之一，

---

① 後藤新平，《後藤新平文書》（東京：雄松堂，一九八〇），R4-33；也參見李登輝與中島嶺雄合著的《亞洲的智略》（東京：光文社，二〇〇〇），頁一六四。

② Goto Shimpei（後藤新平）, "The Administration of Formosa (Taiwan)," in Okuma Shigenobu ed., *Fifty Years of New Japan* (London: Smith, Elder & Co., 1909), 538-539.

乃是挑選十七至五十歲的男子充任本地「壯丁團」（本地民兵），要「壯丁團」協助執行保內服務性計畫（例如防治瘧疾運動）。保正得提供壯丁修築馬路、建築及其他公共設施。保正的職責還包括替政府收稅、規費，協助警察監視犯罪分子、未向官方登記的鴉片吸食者、保甲內不受管束之徒。一九〇三年時，臺灣登記的「保」共有四千八百一十五個，「甲」四萬一千六百六十個，有十三萬四千六百名壯丁組成一千零五十八個「壯丁團」。保正為無給職，卻享有某種程度的權力，最終形成學者蔡慧玉所謂的殖民管理階層的第四層，使日本人得以進一步滲入地方鄉村①。

藉由讓某些具影響力的臺灣人參與地方政務，後藤得以施行以教育島上士紳為重點的「文化統治政策」。後藤確立島上一百五十一名傳統文人名單後，親自邀請他們到淡水參加一週一次的文學研討會（「揚文會」）。一八九八至一九〇〇年間，他也舉辦了四次「饗老典」盛會，邀請許多八十以上高齡者至總督府接受款待。但攏絡臺灣老者與文人只是個手段；後藤真正的目的乃是讓島民漸漸轉而效忠新統治者，開始學習日本文化。語言是了解任何文化的關鍵，因此後藤的首要施政是開始教島民日語，從小學就開始（臺灣人直到一九一五年才能上中學）。後藤的最終目標，乃是把臺灣人改造為認同神道教、菊花紋章（日本皇室家徽）、天照大神（日本皇室的祖先）的

① Ts'ai Hui-yu（蔡慧玉），"One Kind of Control: The Hoko System in Taiwan under Japanese Rule"（Ph. D. dissertation, Columbia University, 1990）, 46-47, 65, 74-82, 102-106, 574-575.

忠貞日本子民。一九〇一年後藤命人在臺北建了臺灣神社（位於今圓山大飯店）。後藤之後的接任者，開始在一九一二年建造十一層的臺灣總督府。一九一九年完成時，它是東北亞最高建築，日本國力的重要象徵。

後藤的改革主要是基於現實利害，而非爲了造福臺灣人民。他深知東京希望他想出辦法終結島上的殺戮，還希望他使臺灣經濟更爲自主。日本占領臺灣之初，殖民政府一年的預算約一千萬日圓，其中七百萬直接來自帝國政府的預算，三百萬來自臺灣本身的資源。一八九七年，東京決定控制殖民開銷，把對臺的補助由七百萬日圓削減爲四百萬日圓。在這同時，東京督促臺灣殖民政府從面積遠不及日本本土十分之一的臺灣島上尋覓新財源，以幫忙減輕日本本身的預算赤字。因此，後藤施行了一系列經濟措施，包括土地調查、人口普查、一八九九年設立臺灣銀行，以促進臺灣經濟，擴大殖民政府的稅基。在這些新經濟措施中，土地調查最終成爲後藤最重要的政績（特別是從日本的角度來說的話），因爲此舉替臺灣確立了符合現代標準的土地所有權和義務。這一浩大工程完成後，查出二十五萬七千八百一十甲先前未登錄於政府課稅清冊的土地（一甲合〇・九七公頃）。臺灣總督府的檔案顯示，臺灣土地稅收由一九〇三年的九十二萬日圓，增加爲一九〇五年的兩百九十八萬日圓[1]。後藤在臺的政績得到帝國政府的肯定，因爲他後來調任南滿鐵道株式會社總

---

① 羅吉甫，《野心帝國》，頁一一二、一一九—一二〇。欲對後藤新平在臺的殖民統治給予批判性的評

裁、東京市長、外務大臣、內務大臣，最後成爲貴族院議員。

財閥的到來

後藤的土地調查創造出許多臺灣人大地主，但真正受惠者是殖民政府，殖民政府藉此將許多無主的林地、可耕地據爲己有。更重要的是，土地已成爲可買賣的商品，且隨著內部情勢的穩定，在不久後吸引日本資金流入臺灣。事實上，臺灣總督賤售了許多地給日本公司和日籍移民。到一九二六年，已有五百多家日本公司在臺設立營業所，每家的資本超過三十萬日圓，最後使臺灣變成帝國經濟裡的珍貴資源。日本境內糖產量極少，八成以上的糖自海外進口。但日本人早就知道熱帶臺灣是理想的產糖島，因此，穩穩控制住臺灣後，他們即買下大量農地（大部分位在中部、南部沿海平原），闢爲大面積甘蔗園。到一九〇二年，日本已投入兩百七十萬日圓在島上的八座糖廠，其中一百萬日圓來自三井銀行。在這同時，臺灣的殖民政府提供多種設備和豐厚補助給大甘

（續）

價，參閱Patricia Tsurumi（鶴見），"Taiwan under Kodama Gentaro and Goto Shimpei," in Albert Craig, ed., *Papers on Japan 4*（Cambridge, MA: Harvard University Press, 1977），以及Chang Lung-chih（張隆志），"From Island Frontier to Imperial Colony: Qing and Japanese Sovereignty Debates and Territorial Projects in Taiwan, 1874-1906"（Ph. D. dissertation, Harvard University, 2003），166-188.

蔗園，以推動科學性耕種，增加糖產。因此，日本投入糖廠的資金，由一九〇八年的九百二十萬日圓，增加爲一九一二年的一千五百萬日圓。日本財閥擁有多座大糖廠，其中包括虎尾的大日本製糖株式會社、麻豆的明治製糖株式會社、位於臺南北邊的鹽水港製糖株式會社、屏東的三井臺灣製糖株式會社①。到一九三九年，臺灣已成爲世上第七大糖產地。

日本財閥也把握住殖民政府寬厚政策、慷慨補助的機會，發展臺灣的煤礦業，將煤的生產由北臺灣擴及到中臺灣和澎湖。煤除供百姓生活使用，也用於糖廠、火車頭、焦煤生產。但大部分煤出口到華南、上海、香港、日本、東南亞。三井商事株式會社是島上煤礦業最大投資者，因爲其子公司臺陽礦業株式會社與基隆炭礦株式會社生產的煤，占了全臺煤產量將近三分之二。日本財閥利用他們的獨占性出口網絡，獲利龐大。例如一九二〇年，三井商事賣了八十三萬噸的臺灣煤，約占臺灣總產量的百分之七十二②。

殖民政府與財閥的勾結，最終在臺灣催生出典型的殖民經濟，使臺灣成爲日本轄下重要的經

---

① Hugh Borton, *Japan's Modern Century* (New York: The Ronald Press, 1955), 273. 也參見Poultney Bigelow, *Japan and Her Colonies* (London: E. Arnold & Co., 1923).

② Chen Tsu-yu(陳慈玉), "The Development of the Coal Mining Industry in Taiwan during the Japanese Colonial Occupation, 1895-1945," in Sally M. Miller et al., eds., *Studies in the Economic History of the Pacific Rim* (London: Routledge, 1998), 187-193.

濟地區。在這體制下，日本從這殖民地進口高級木材和農產品，向這島出口工業產品。但也由於東京追求在臺的經濟成長，殖民政府替臺灣打造了完善的經濟基礎設施；殖民政府建造了超過六千五百公里的鐵公路、一條縱貫鐵路（一九〇八年四月完成）、一些用以利用水力發電的混凝土壩與水庫、一萬六千公尺用以灌溉農地的大圳。一九二二年，臺中的日本籍農學家發展出可口且帶黏性的中顆粒蓬萊米。這一新米種在日本很快打開市場，協助解決了日本稻米短缺問題①。在這同時，殖民政府採取措施壟斷菸草、酒、樟腦、鴉片、鹽等大宗商品的生產、販賣，且設立公司以控制營利性的航運、鐵路、電報業。

日本人於一八九六年取得基隆、高雄港後，立即有一支日本船隊開始在日、臺之間運送這些大宗商品。拜臺灣殖民政府

① 參見Chang Han-yu（張漢裕）and Ramon H. Myers（馬若孟），"Japanese Colonial Development Policy in Taiwan, 1895-1906: A Case of Bureaucratic Entrepreneurship," *Journal of Asian Studies* 22, no. 4（August 1963）: 441-445; Ramon Myers and Mark R. Peattie, eds., *The Japanese Colonial Empire, 1895-1945* (Princeton: Princeton University Press, 1984), 420-452.

圖十六　臺灣製糖株式會社

每年慷慨的補助，大阪商船，例如蓬萊丸、扶桑丸、瑞穗丸，定期來臺運出米、糖、木材、樟腦、鹽、茶葉、煤、營造材料。日本郵船會社(三菱商事前身)也提供資金給一些萬噸級輪船，包括朝日丸、吉野丸、大和丸，以促進日本與其新殖民地的貿易①。由於基礎設施確立，臺灣生產力提升，同時有愈來愈多具事業心的臺灣人到華南、香港、東南亞經商。臺灣殖民政府出版的資料顯示，移到中國沿海的臺灣人人數穩定成長，從一九〇七年的三三五人，成長爲一九三六年的兩萬多人。這些臺灣人擁有日本護照，受中日條約的保護(例如享有治外法權和免繳貨物稅)，集中在與他們語言相同而文化大同小異的福建省活動。他們做的生意，從五金製品、紡織品、消費性商品、電子業、化學業，到銀行與信託業、醫藥、營造、餐廳、飯店、乃至妓院，無所不包。從臺灣坐船到福建只要一天，因此，到一九三〇年代中期，廈門據估計已有一萬八千名臺灣人，福州有兩千人，漳州、泉州各有數百人②。

根據日本駐廈門領事館的調查，有四百六十多家店爲擁有日本護照者所有，其中只有七十一

① 入江文太郎，《基隆風土記》(一九三三；重印本，臺北：成文出版，一九八五)，頁一四一。也參見〈橫濱商工會議所〉，收於《橫濱開港五十年史》(東京：名著出版，一九七三)，頁三七三。

② 臺灣總督府外事部，〈臺灣與南支那〉，第二三六號調查報告，一九三七年十一月十日，頁一三。欲更深入了解在中國大陸的臺籍移民，參閱林滿紅，〈大中華經濟圈概念之一省思：日治時期臺商之島外經貿經驗〉，《中央研究院近代史研究所集刊》第廿九期，(一九九八)，頁五二—六二。

家店主是日本人、少數幾家是韓國人、其他全是臺灣人。到一九三八年十月，共有三千五百八十三名（一千五百六十四戶）住在廣州的臺灣人，從事多種文化、經濟活動。上海的臺灣人，由一九三八年的九百人，增加爲一九四一年的約四千人，而這約四千人中，大部分從事房地產、海產買賣、衣服、醫藥。但主要由於天寒和土匪打劫之類安全上的顧慮，願意到中國東北的臺灣商人、投資者較少。一九三一至一九四五年間，據估計有五千臺灣人住在滿洲，其中除了爲南滿鐵道株式會社工作的工程師、技師，大部分是年輕醫生、老師及他們的家眷①。

在這一背景下，臺灣的對外貿易漸漸擴及到不僅涵蓋日本、東北亞，還包括香港、中國沿海，因此需要更多船隻運送觀光客、移民和臺灣貨物、商人。一九〇五年前，英國船支配臺灣海上運輸和外貿服務。但一九〇六年後，日本航運業者在船舶噸數和船隻數量上都居於領先。到一九一二年，已有高雄、大連（滿洲遼東半島最南端）間和基隆、大連間的日本航線。一九一六年，臺灣殖民政府提撥六百萬日圓經費，建立基隆、東南亞間的航線。這是日本所謂「南進政策」的開始，該政策旨在開發、利用菲律賓、越南、泰國、英屬海峽殖民地、婆羅洲、荷屬印尼殖民地的資源。第一次世界大戰在歐洲爆發時，掛英國旗的船隻和德國人擁有的船隻，大部分各被其祖

① 林滿紅，〈大中華經濟圈概念之一省思〉，頁六七—六九。也參見許雪姬所撰，《日治時期在「滿洲」的臺灣人》，口述歷史叢書(79)（臺北：中央研究院近代史研究所，二〇〇二）。

國召回，爲戰爭服務，日本船趁虛而入，稱霸亞洲的海上航線。因此，到一九一四年，日本航運公司，例如大阪商船株式會社、近海汽船會社、日本郵船會社，已動用較輕、較快的船提供神戶、基隆之間的運輸服務。這些船平均每月來回約十二趟，獲利龐大[①]。諷刺的是，爲打贏戰爭而投入一切資源，雖帶來傷害，卻也有助於使船隻設計和航海科技更上層樓。日本初占臺灣時，臺、日間的航程需要六至十五天。一九二六年時，從基隆到九州的門司，只需要兩天兩夜，大大縮短了臺灣與日本本土之間的交通時間。此外，這時臺灣與日本的國際海上路線密切相連，日本前往歐、美的船隻重達八千至一萬噸[②]。表十簡單說明了一九二〇、三〇年代期間臺灣的航運業和外貿[③]。

第一次世界大戰間接促成日本外貿的好轉，日本的貿易出超達二十七億日圓。這場大戰和興旺的外貿，還爲臺灣的煤、鋼、米、鹽、糖、樟腦、硫磺、多種營建材料，創造了新的海外市場。就連臺灣烏龍茶的銷路都極佳。臺灣的報紙頻頻刊出臺灣經濟情況大好的消息。例如《臺灣日日新報》報導：

---

① 石坂莊，《基隆港》（一九三一），頁六五—六八；簡萬火，《基隆志》（一九三一），頁七四—七六。

② 村上玉吉，《臺灣紀要》（一八九九；重印本，臺北：成文出版，一九八五），頁一九四。

③ 石坂莊，《基隆港》，頁六五—六八；簡萬火，《基隆志》，頁七四—七六。

表十　臺灣的海上航運

路線名稱	航運公司	強制[a]	自由[b]
基隆、神户線	大阪，近海	強制	
高雄、橫濱線	大阪，近海	強制	
臺灣東海岸線	大阪	強制	
臺灣西海岸線	大阪	強制	
臺灣、中國線	大阪	強制	
臺灣、韓國線	近海	強制	
基隆、香港線	大阪	強制	
基隆、大連線	近海	強制	
基隆、南洋線	大阪	強制	
基隆、爪哇線	大阪	強制	
基隆、廈門線	大阪	強制	
高雄、廣州線	大阪	強制	
高雄、大連線	大阪	強制	
基隆、大阪線	大阪		自由
基隆、橫濱線	大阪		自由
橫濱、高雄線	大阪、山下、川崎		自由
基隆、那霸線	大阪		自由
臺灣、北海道線	川崎		自由
高雄、橫濱線	日本、大阪		自由

[a] 指航運公司得提供定期船班（亦即每月至少一或兩趟），沿途停靠固定港口。

[b] 指非定期性船班，例如每月來回一趟或每月四趟，視市場情況而定。自由航線船也可在航行途中改變航線，任意停靠。

交戰國為這場戰爭投入約五百萬兵力進戰場。為餵飽這些軍人，人人都在找食物，有些人來到我們島上洽購，就連俄羅斯都派了代表團來臺……這場戰爭必然會促進我們與歐洲的貿易，這倒是這場戰爭意想不到的正面效應①。

但臺灣商人、投資者大舉進軍的地區是東南亞。臺灣總督府與臺灣兩大銀行（臺灣銀行、華南銀行）合作，設立了幾筆基金，以協助推動與東南亞的商業關係。一九一五至一九三四年間，臺灣的殖民政府為補助臺灣人、日本人在東南亞的多種生意、農業計畫、企業，共撥款一百九十四萬七千七百九十五日圓。例如，一九一五年，臺灣總督府撥款三千五百日圓給「南亞興農組合」，以鼓勵臺灣人移民東南亞。最大一筆補助流向美國殖民地菲律賓，臺北當局撥款十七萬三千三百八十日圓，以在該地種植橡膠樹、馬尼拉麻、椰子樹，就是明證②。日本與臺灣的投資人，集中於民答那峨東南岸的達沃開闢馬尼拉麻大種植園、製造麻繩，在塔古拉諾（Tagurano）河、塔洛莫（Talomo）河沿岸從事伐木、成材業。下一個目標是婆羅洲，包括荷屬婆羅洲和英屬北婆羅洲。例如，一九一七年，約有一千名臺南農民被派到北婆羅洲的斗湖（Tawau），為由山口縣大商人久原房

①《臺灣日日新報》，編號五一二二（一九一四年九月十七日）。

②鍾淑敏，〈臺灣總督府的「南支南洋」政策——以事業補助為中心〉，《臺大歷史學報》第卅四期（臺北：國立臺灣大學，二〇〇四年十二月），頁一六〇—一六一。

之助(一八六九—一九六五)資助創立的大橡膠園工作。得到殖民政府補助的事業，還包括爪哇的甘蔗園、茶園、西里伯斯島的椰子事業、新加坡的貿易公司。到一九三〇年代初期，愈來愈多臺灣人被招募到南洋，協助管理這些由日本人投資的事業。一九三一年九月，日本關東軍占領中國東北，繼而在一九三二年二月初進攻上海，南京的國民政府隨之呼籲中國人民拒買日貨。南洋的華僑大力呼應這一主張，致使日本人突然間成爲不受歡迎者。爲保住市場，保住取得南洋原物料的管道，日本政府只得轉而求助於臺灣人執行其所謂的南進政策①。

同化不代表平等

第一次世界大戰快結束時，福岡縣出身的陸軍中將明石元二郎(一八六四—一九一九)出任臺灣總督。曾任韓國憲兵司令和日本部隊參謀長的明石，無意讓臺灣人享有公平待遇。因此，一九一九年，他發布臺灣教育令，規定日籍、臺籍學生不可共學。儘管當時只有百分之六的臺籍學齡孩童上學(相對的，在臺日本孩童有九成上小學)，明石仍對專供臺籍學童上的學校多所約束，連校名他都予以指定。爲使臺灣人更爲恭順，更願爲日本國家利益效力，明石致力於培育足夠所需

① 同前，頁一六二—一九二；也參見《臺灣日日新報》，一九三五年十月廿二日。

的臺灣人，使擔任政府下層職員、通譯、農業技師、老師、醫生。在他眼中，從事這些行業的臺灣人，乃是真正能有益於日本帝國的理想專業人員。田健治郎（一八五五—一九三〇）於一九一九年十月接明石的總督之位時，日本在臺的殖民統治已開始轉入被稱爲「強迫同化」的新時期。身爲第一任文官出身的總督，田健治郎宣布臺灣的日本化和臺灣人的同化是其主要施政目標，代表了同化的推行將是全面而廣泛①。以鐵路大亨身分從政的田健治郎，靠其生意頭腦，不僅賺了大錢，還成爲貴族院男爵。凡爾賽和會召開後，時任遞信大臣的田健治郎，突然調任臺灣總督。一如後藤新平，田健治郎不希望臺灣只是個商業市場或日本產業的原料來源地，還希望臺灣成爲日本帝國不可分割的一部分。事實上，由他的公開聲明來看，對於藉由教育和其他方法，將臺灣人改造成真正的日本帝國臣民（皇民化），他絕非隨便說說。此外，在擔任臺灣總督期間，他慷慨補助願前往中國或南洋替日本企業工作的臺灣人。在日記中，田健治郎卸下不苟言笑的面紗，常直抒胸臆，坦然寫下與密友私下的交談。歷史學家可用田健治郎的日記來批評他與日本幾位惡名昭彰商人的往來和勾結，但也可能會覺得他之所以勸臺灣人移民中國、南洋，居心叵測，乃是爲了讓更多日本人移居臺灣②。

---

① Harry J. Lamley, "Taiwan under Japanese Rule, 1895-1945: The Vicissitudes of Colonialism," in Murray Rubinstein ed., *Taiwan: A New History, Armonk* (NY: M.E. Sharpe, 1999, expanded editon, 2007), 221.

② 欲更進一步了解，參閱吳文星等人所編，《臺灣總督田健治郎日記》（臺北：中研院臺灣史研究所，

但撇開田健治郎的居心不談，他的自由主義政策只是一九二〇年代日本自由主義政黨政治的延伸。當時就因爲自由主義政黨政治的抬頭，才改派文官主持殖民政府。由於此一自由主義政策，臺灣人首度得以以顧問身分躋身殖民政府高層，臺灣企業家首度得以和日本人在公平的條件下競爭，島民的教育機會首度得到增加，特別是在實用性職業訓練、教學、醫學方面。例如，一九二三年十二月，淡水人杜聰明（一八九三—一九八六）成爲首位拿到京都帝國大學博士學位的臺灣人。一九二八年，臺灣第一所大學，臺北帝國大學（今臺灣大學），在臺北市東南隅創立。

一九二〇年代，臺灣出版、文學也蓬勃發展。由於日本人獨占新聞媒體，島民先前只能訂閱三份日本報紙：《臺灣日日新報》、《臺南新報》、《臺灣新聞》。但一九二七年八月，臺灣人得以出版其第一份日報《臺灣民報》。在這背景下，臺灣問世了一批本土詩人，包括屏東的楊華（一九〇六—一九三六）；彰化人賴和（一八九四—一九四三）、陳虛谷（一八九一—一九六五）；嘉義傑出作家張文環（一九〇九—一九七八）。以張文環爲例，他其實用日文寫作，編了名叫《臺灣文學》的雜誌，每期賣出兩三千本。但臺灣文人的創作仍受到限制，仍無法真實且自由抒發內心的情思。楊華與賴和曾試圖在作品裡揭露殖民壓迫，抗議社會不公，結果遭殖民當局逮捕，控以散

（續）二〇〇一）。

播「危險思想」的罪名①。

一九二一至一九三四年間，臺灣人總共向日本帝國議會提出了十五項請願案，要求成立臺灣議會，讓臺灣人在帝國議會中有民選代表。這些請願全遭日本統治者駁回，但臺灣人對某種程度自治地位的追求從未止息。自治運動的推手是臺灣文化協會。這是由一小群受過良好教育且有錢的臺灣人，於一九二一年十月十七日在臺北大稻埕成立的組織。文協選出慈善家林獻堂爲第一任總理，一年舉辦約三百場公開演講，聽眾總共超過十一萬人，試圖向群眾灌輸民族意識。文協還在林獻堂的霧峰自宅舉辦名爲「夏季學校」的夏令營，出版了一份中日雙語雜誌《臺灣青年》。爲確使該雜誌宣揚他的自治主張，他指定私人祕書蔡培火爲主編。一九二三年，蔡培火因宣揚臺灣民族自治理念遭逮捕入獄。《臺灣青年》繼續在東京出版其雙語版，直到一九三二年遷回臺北爲止②。

後來臺灣文化協會因反抗策略的意見不同，於一九二七年分裂爲民族主義右翼和社會主義左

① John Balcom, "A Literary Revolution," *Free China Review* 43, no. 5(May 1993): 73-81. 也參見Chao-cheng Chung(鍾肇政), "The Plight of Taiwanese Literature As Seen From Taiwan's Literary History," in *North America Taiwanese Professors' Association Bulletin* 4, no. 2(December 1984): 5.

② 欲更深入了解臺灣文化協會，參閱黃富三，《林獻堂傳》(南投市：國史館臺灣文獻館，二〇〇四)，頁四一—五一；吳密察，《臺灣史小事典》(臺北：遠流出版，二〇〇二)，頁一二八、一三二。

翼，然後右翼成員組成臺灣民眾黨，成為第一個向日本當局合法登記的政黨。臺灣民眾黨繼續為臺灣人民積極爭取更廣泛的憲政權，直到一九三一年遭殖民政府勒令解散為止。鼓吹自治的臺灣作家王育德稱一九二〇、三〇年代的臺灣民族主義運動是狂飆運動，因為該運動的領袖不是被關，就是遭放逐①。總而言之，臺灣政治運動未有立竿見影的具體成果，因為在日本半世紀統治期間，只有四位臺灣人獲選為貴族院議員，第一位出現於一九三四年，其他三位出現於第二次世紀大戰快結束時。但陳以德指出，這些運動和刊物有助於島民了解此前許多完全陌生的西方民主理念，包括被統治者的同意、民選、普選權、三權分立、自治②。

日本統治者理解到語言不只是人與人溝通的工具，還是在政治上、社會上、文化上達成同化的工具。一八九五年六月十七日樺山資紀宣告日本對臺殖民統治開始後，立即在臺北郊區設了一所日語學校。然後，一八九六年三月三十一日，臺灣總督頒布第九十四號令，在島上設立十四所

---

① 欲更深入了解，參閱George H. Kerr, *Formosa: Licensed Revolution and the Home Rule Movement, 1895-1945* (Honolulu: The University Press of Hawaii, 1974), 123-124; Ong Joktik, "A Formosan's View of the Formosan Independence Movement," in Mark Mancall, ed., *Formosa Today*(New York: Praeger, 1964), 163-164.

② 陳以德，"Formosan Political Movements under Japanese Colonial Rule, 1914-1937," *Journal of Asian Studies* 31, no. 3(May 1972): 496; 也參見吳密察，《臺灣史小事典》，頁一四八。

國語(日語)傳習所。到了一八九七年，提倡日語已成為施政要項和日本殖民教育的一貫目標①。但由於全島抗日運動未有稍減，大部分島民無意為殖民政府工作，臺灣人對學習殖民主子的語言興趣不大。此外，臺灣傳統漢文私塾(一八九八年有一千七百零七所)，繼續為肯上進而想學會基本讀寫的孩童提供豐富就學機會。因此，日語學校的就學率仍很低，直到日語學校課程裡加進漢語才改觀②。

殖民政府於一八九八年七月頒布臺灣公學校令，明定以新的六年制公立初等教育體系取代國語傳習所，以地方經費開辦「公學校」。「公學校」的課程，有七成著力於學習日語。但日語小學的就學率仍低，且退學率一直很高。一九一八年共有五萬三千四百零一個臺籍學童，占全島人口只百分之一·五一，其中八分之一遭退學，未能畢業。對自身影響力的式微大為沮喪的臺灣知識分子，甚至呼籲民眾罷學日語。到一九二〇年，只有百分之二·八六的臺民能說日語、能看懂日文。就是在這背景下，臺灣總督田健治郎致力於向島民灌輸日本精神(大和魂)。他於一九二二年頒布整合令，讓所有公立學校向臺籍和日籍學童均敞開入學大門。

但整合之中有個蹊蹺：日語能力佳的學童可讀「小學校」，幾乎不會說日語者讀「公學

---

① 臺灣教育會編，《臺灣教育沿革志》(一九三九；重印本，臺北：古亭書屋，一九七三)，頁一六六、二一一—二一二。

② 同前，頁九八四。

校」。在這政策下，日籍學童和日語能力較佳的臺籍學童，始終比其他臺籍學童占了優勢。因此，只有極小比例的臺籍孩童有資格就讀「小學校」，由來自日本而經過完善師範教育的老師，教授與日本本土學校一樣的課程。相對的，絕大部分臺籍學童只能學較實用性的技能，和可直接運用於日常生活的學科，例如算術、農業、商業、衛生、體育、手工藝、勞作①。田健治郎雖自稱是「自由派」，顯然還是想維持日本人對臺人的優越地位。

因此，同化臺灣人不必然表示對臺灣人與日本人一視同仁。日本統治者設計初級教育課程時，顯然抱持著培養臺灣人成爲忠貞且具生產力之日本帝國臣民的目標。但一九二六年，殖民政府將全臺行政區改設爲五州二廳時，臺北木匠的一日工資是一．八日圓，本事差不多的日籍木匠，則一日可賺三．五日圓。儘管薪資上有如此落差，教育上如此不平等，一九二八年川村竹治(一八七一—一九五五)出任臺灣總督時，臺灣已大體上成爲日本的一部分。一派樂觀的川村，當時誓言要使臺灣人「吃、穿、住如日本人，說起日語和日本出生的日本人沒有兩樣」②。

長遠來看，由於田健治郎、上山滿之進、川村竹治之類文官出身的「自由派」總督，不斷投入官方資源支持公立教育，積極推廣日語，公立學校學生逐漸增加，愈來愈多臺灣孩童願意學習

---

① Patricia E. Tsurumi., *Japanese Colonial Education in Taiwan, 1895-1945* (Cambridge, MA: Harvard University Press, 1977), 50.

② Ibid., 109; 參閱川村竹治《臺灣一年》，頁六。

說、寫這新語。到一九三〇年，川村竹治卸下總督職務幾個月後，已有百分之十二・三六的臺灣人會讀寫日語①。日語在臺的使用範圍仍相當有限，因爲大部分島民在家人交談、社交、商業買賣時仍偏愛用自己的母語(不管是閩南語、客語或原住民語)。另一方面，臺灣人對日本人的敵意降低，更多臺灣人在消極而不甘願的情況下漸漸接受日本人的統治。

① 臺灣總督府編，《臺灣事情》(臺北：臺灣總督府，一九三六)，頁二〇一—二〇二。

第八章 第二次世界大戰期間的臺灣

——從殖民地變成避難所

日本在臺的殖民教育

日本統治期間，臺灣學童接受六年的義務性初等教育，學會說日語，包括頌揚天皇的日本國歌《君之代》。許多學童輟學，其他學童大部分未升中學或未讀完中學。只有少數較上進和(或)較有錢的子弟繼續升學，不是進入日語學校接受五年的師資培育，升中學，就是學醫。日語學校免學費，但入學有不少附加條件，且老師薪水微薄。要當醫生，至少得讀十一年，且學費高，獎學金難拿。臺灣只有幾家公立中學，且殖民政府仍堅持有利於日本學童的雙重標準入學體制，因而臺灣人要就讀公立中學極難。臺北第一中學創立於一九〇八年，爲五年制中等教育機構。這所中學主要爲服務日本學生而設，由一九三六年的註冊紀錄——日本人九百六十三名、臺灣人只二十八名——就可看出。同樣的，日本青年享有優惠，而臺灣人，再怎麼聰明，都不是想讀中學就能讀。但城居人口攀升、識字率不斷提高、經濟蓬勃發展，使臺灣中產階級子弟讀中學的比例提高。因此，一九二二年，殖民政府不得不在臺北再設一所中學。臺北第一中學主要供日本學生就讀，臺北第二中學則以供日生、臺生一起就讀爲宗旨。例如，一九三九年，有五百零八名臺灣人、兩百一十七名日本人註冊①。另外，一九三五年八月，殖民政府要求由馬偕的臺灣人兒子在一九一四年的美好時代創立的淡水長老會中學，採行日本公立學校課程，包括強制性的軍訓課。一九三八年，日籍英國文學教授有阪一世取代明有德(Hugh MacMillan)牧師爲校長時，淡水中學才獲日本教育部認定爲合格中學。此後，淡水中學教職員全是日籍，大部分來自九州地區，該校的學位在日本受承認。但淡水中學學生絕大部分是臺籍(大部分來自全臺各地的有錢人家)，相對的，臺北第二中學的臺生錄取率大約是百分之十五，臺北第一中學則實質上沒有臺生②。

日本公立中學的規定課程，包括語言(日語、中國語、英語)、地理學、歷史、數學、健康、

---

① Shih-shan Henry Tsai(蔡石山), *Lee Teng-hui and Taiwan's Quest for Identity* (New York: Palgrave Macmillan, 2005), 27, 30; 也參閱Patricia E. Tsurumi, *Japanese Colonial Education in Taiwan, 1895-1945* (Cambridge, MA: Harvard University Press, 1977), 118.

② Tsurumi, *Japanese Colonial Education in Taiwan*, 251.

藝術與音樂、自然科學。但獨一無二且重要的課程是修身課，即倫理與道德課。由老師教授日本的倫理規範和社會準則，例如忠於日本、孝道、儒家五倫（君臣有義、父子有親、夫婦有別、長幼有序、朋友有信），一週上課兩次。修身課還宣揚正直、勇敢、仁慈、禮貌、誠懇、榮譽、自制等美德①。日本中學的老師全穿深色制服，戴金邊黑帽。另一方面，學生得穿灰色制服、鴨舌帽、綁腿。每週一早上，臺灣中學師生得全體遙拜一千公里之外的東京皇居。日本傳統的放假日，臺灣的中學當然也放，包括二月十一日紀元節（今建國紀念日），即明治政府所擇訂，神話中日本第一代天皇於西元前六六〇年即位之日。日本教職員生還於九月二十四日過「秋季皇靈祭」，在鄰里協會的秋分儀式中獻上壽司。

一九三〇年代初期，面對經濟大蕭條的破壞性衝擊，日本的回應是國內政策更趨暴力，國外則更為窮兵黷武。在這一期間，日本關東軍入侵中國東三省，日本政黨政治沒落，數位政界、財界領袖遭暗殺；一九三三年日本退出國際聯盟，恐怖主義勃發，最後類似法西斯主義的運動興起。一九三五年，日本設立教育改革委員會作為文部省的諮詢機構，命該委員會確立日本教育應走的方向。經過一年的商議，該委員會提出一建議案，要求以國體觀念和大和魂為中心改革教、

① 臺灣總督府編，《公學校修身書》第一—五卷（臺北：一九一四、一九二八、一九三〇、一九四二、一九四三）。欲進一步了解「修身」課，參閱周婉窈，《海行兮的年代》（臺北：允晨文化出版，二〇〇四），頁二九五—三六三。

學①。換句話說，日本戰時教育改革的前提，建立在神道教、國家、洗腦這三者上。因此，教育的宗旨在替國家服務，而最終，教育的確實現這一宗旨。臺灣青少年的命運，自此與日益窮兵黷武的日本帝國密不可分，他們的身心從此將被按照殖民主子的需要來塑造。學生得接受密集的體育和軍事訓練，包括嚴格的健身操、冷水晨浴、每週三小時的軍訓、在高舉的太陽旗後面以齊一步伐行進。臺灣每一所中學，按照政府指令，設立一所「道場」，供學生學習日本武術（例如柔道、拳擊）。

日本人宣示要將亞洲人民救離西方帝國主義宰制的神聖使命，並從小教育臺灣學童要支持這一使命。課餘時間，學生得清掃公園、挖壕溝、撿拾街上垃圾和落葉。這是因爲臺灣經濟和幾乎所有人力，都已被動員去爲戰爭服務，因此地方政府無法提供例行的市政服務。事實上，在日本動員所有人力、物力、財力打總體戰期間（一九三七—一九四五），在臺的公家機關和學校，都只剩寥寥幾個人看守，或一個都沒有。中學生通常早早就起床，天還沒亮就開始清洗學校廁所，打掃走廊、教室地板。他們還在校園裡闢了小菜園，用桶子裝人糞，抬到菜園施肥②。日本人深信體

① 麻生誠與天野郁夫合著，《教育與日本的現代化》（東京：日本外務省，一九七二），頁四九—五〇。

② 李登輝，《臺灣的主張》（臺灣：遠流出版，二〇〇一），頁四〇。詳情也可參見Peng Ming-min（彭明敏）, *A Taste of Freedom: Memoirs of a Formosan Independence Leader* (New York: Holt, Rinehart and Winston, 1972), 17-18.

力勞動和自力更生是實用的求生技能，一旦這些學童被派赴戰場，將可派上用場。

但對體力勞動與武術訓練的強調，只是構成後來近衛文麿(一八九一—一九四五)首相所謂東亞新秩序這一複雜體制裡的一環。一九三七年初春，日本文部省頒行新教科書《國體本義》，意欲對臺灣和日本年輕學生洗腦。它基本上是本宣傳書，意在灌輸日本愛國心，使年輕人效忠、服從日本天皇，合理化日本的帝國主義和極權政策①。在這同時，臺灣總督下令禁止所有中文書籍、報章雜誌的刊行。先前為老一輩讀者設想而允許刊行的雙語雜誌，這時遭禁止。唯一一份由臺灣人經營的報紙《興南新聞》，被勒令與《大阪每日新聞》合併。接著，在臺其他報紙全部併入已不再中日文並載的《臺灣日日新報》②。但由於日本對臺灣年輕人的洗腦鋪天蓋地無所不在，一樁轟動大事或一起政治暗殺，就能立即引發盲目的英雄行徑或殉難行為。事實上，讀過官營《臺灣日日新報》的數百萬易受影響的臺灣年輕人(但非所有臺灣年輕人)，這時只知盲目聽命於政府，不久就會志願上戰場，替日本戰爭機器效命。一九二三年，日本皇太子裕仁來臺做十二天(四月十六至二十七日)的考察時，日本在臺設立殖民政府已過了二十五年。這時，靠著有效利用臺灣保甲制度和所向無敵的日本軍力，已大大削弱了臺灣人的反抗勢力。十五年後，日軍於一九三七年占

① 《國體本義》修正版，由John O. Gauntlett譯成英文，由Robert K. Hall編輯，一九三七年由哈佛大學出版社出版。

② 吳濁流，《無花果》(Monterey Park, California: 臺灣出版社，一九八四)，頁一〇八。

領南京之後，裕仁天皇(年號昭和)被大多數臺灣學生當作人格神來崇拜。

日本戰爭機器裡的螺絲釘

日本除了施行這一連串宣傳、洗腦計畫，同時還加強對島民的同化。一九三〇年代中期之前，日本只想同化臺灣人，但一九三七年爆發對中全面戰爭後，日本致力於將全島人民(包括原住民)皇民化。因此，國際經驗豐富的第十七任臺灣總督小林躋造(一九三六—四〇在任)，著手完成以下目標：首先，加速臺灣戰略性產業(如化學品、金屬、造船)的發展，以使臺灣能爲戰爭提供物力支援；其次，以臺灣作爲日本南侵中國、東南亞的跳板；最後，大力推動皇民化。因此，一九三七年四月開始，殖民政府鼓勵臺灣人在家、在公開場合說日語，以完全融入日本文化，在理性和精神上都真正皇民化。

由於數十年的差別教育、政治不平等、社會不公，臺灣人在政治權利、住屋、就業、社會平等上，無法享有和日本人一樣的待遇。臺灣專業人士在升遷上有一道眾所周知的無形障礙。在這情況下，能說寫日語就可能成爲改善個人社會、經濟、政治地位的工具。殖民政府因此以恩威並施的方式，鼓勵說「純正國語」。殖民政府採取多種措施，阻止臺灣人在公車站、火車站、工作場所、店舖講自己母語。例如，工廠工人每兩個月得接受語言水平測試；顧客買玩具或公車票、火車票時，只能說日語。說日語並在屋頭懸掛國語家庭標牌的家庭，將獲頒證書、獎牌、較高等級的戰時配給券，使他們能得到額外的糧食、日常必需品配給。

每個地方政府設立國語家庭調查委員會，負責調查、審核、頒發證書給時時說日語的家庭。新竹州的國語家庭調查委員會一年只辦一次頒發證書儀式(四月十九日)，臺北、臺中則一年辦兩次(二月十一日、六月十七日)①。有了國語家庭證書，家中小孩可上較好的學校，但一九三七至一九四三年，臺北州二十五萬兩千七百一十九戶中，只有三千四百四十八戶(只百分之一．三)獲頒國語家庭證書②。臺北國語家庭的增加情況，見表十一。

日、臺通婚的法律限制已廢，島上「混血」兒愈來愈多，但一九四二年四月時，全島只有九千六百零四個獲頒證書的國語家庭(七萬七千六百七十九人)。一九四三年，臺灣共有六百一十三萬三千八百六十七人，這也意味著只有約百分之一．三的島民屬於國語家庭③。但儘管國語家庭所占比率仍很低，已具備日語溝通能力的島民卻愈來愈多，從一九三七年的百分之三十七．三八，增加為一九四〇年的百分之五十一。到一九四三年，已有超過八成的臺灣人能「讀、說」日語④。

---

① 《興南新聞》，一九四〇年二月十三日，頁四；一九四三年五月二日，頁二。
② 周婉窈，《海行兮的年代》，頁九三—九四。表十一中的數字，代表每年新增的「國語」家庭數目。
③ 同前，頁九五。
④ 《興南新聞》，一九四三年十月十二日，晚版，頁一。

因此，戰時日本人在推動臺灣人說日語上頗有成果。一九四〇年初，皇民化運動如火如荼。殖民政府於一九四〇年二月十一日發布創氏改名政策，鼓勵臺灣人改漢名爲日本名，以徹底皇民化。這一政策規定只有戶可申請改名，個人不行。每一戶可自由挑選想改成什麼日本姓，但以下姓氏不在此列：一、日本天皇的年號；二、著名古人的名字；三、申請者漢人先祖的出生地地名；四、不當的名字①。一旦核可，該戶人家的每個成員都將冠上新姓。結果大部分臺灣人還是選擇保留本姓。經過十個月的密集推廣，只有一千三百五十七戶改爲日本名；一九四一年年底時，增加爲七萬臺灣人（當時總人口五百七十多萬）；一九四三年底時，共有一萬七千五百二十六戶（或十二萬六千兩百一十一人）申請改名。這意味著在日本殖民統治接近尾聲時，只有百分之一．七的臺灣家庭，亦即百分

① 《臺灣日日新報》，一九四〇年二月十一日，頁三。參閱周婉窈，《海行兮的年代》，頁五六。

表十一　臺北的「國語」家庭

年	臺北的「國語」家庭*
1937	216
1938	318
1939	412
1940	324
1941	460
1942	652
1943	1,066
總數	3,448

*表中數字代表每年新增的家庭

之二的人口，選擇改爲日本名①。

但不管是否同意改名，臺灣人全被迫得展現他們對裕仁天皇的效忠，得赴公共神社參拜。殖民政府要臺灣家家戶戶設小神座奉祀神道教的神，在神座上擺出天照大神的徽章與其最晚近後代裕仁天皇的徽章。許多家庭未照做。批評或質疑神道教的獨大地位，遭日本官員斥爲褻瀆。一九四二年，臺灣共有六十八座大神社，一百二十八座小神社②（臺灣兩座最大的神社均位於臺北，最後分別被改建爲圓山大飯店、中央圖書館。臺南神社改建成體育館，唯一完好如初的大神社位在桃園，現受官方保護）。

皇民化時期，臺灣人發覺在家裡穿日本木屐、用日本榻榻米，既便宜又方便。但只有極少數島民揚棄傳統服裝，改穿較昂貴的日本和服。受過教育而以現代化日本人爲榜樣的年輕一輩臺灣人，通常選擇西式穿著。至於民間娛樂和戲劇，相撲賽愈來愈受歡迎。但殖民時期的臺灣人，大體上仍偏愛本身的戲曲，而對使用古奧語言、風格精緻雅緻、非一般臺灣人所能理解的日本歌舞

---

① 《興南新聞》，一九四四年一月廿四日，晚版，頁二。

② George Kerr, *Formosa: Licensed Revolution and the Home Rule Movement, 1895-1945* (Honolulu: The University Press of Hawaii, 1974), 168; 吳密察，《臺灣史小事典》（臺北：遠流出版，二〇〇二），頁一四一、一五四。也參見George W. Barclay, *Colonial Development and Population in Taiwan* (Princeton: Princeton University Press, 1954).

伎或能劇興趣缺缺。幾乎在臺灣每個市鎮村裡，都有青年男女受誘導加入青年團。青年團是定期舉辦晚間活動以培育大和魂的組織，據一九四〇年的嘉義《新港志》，新港這個小聚落就有十個這類青年團，團員共四千一百九十人①。

很顯然的，日本人意圖迫使臺灣人完全融入其大和文化，而非只是想在島上打造一「雙語」社會。因此，皇民化時期，對臺灣老百姓，特別是對臺灣學生來說，是個艱苦而令人困惑的時期。在家裡，年輕人偏愛用母語和家人交談，但在學校、公共場所、或青年團聚會時，則得講日語，以免遭排斥、處罰。如果文化意味著一群人信守同樣的價值觀與傳統，講同樣的語言，奉行一套普受認可的道德、習俗、宗教信仰，那麼臺灣人這時距失去其民族─文化只一步之遙。可想而知，一九四〇年代初期，有數百萬臺灣人面臨嚴重的認同危機。許多人與認同問題苦苦搏鬥，最後屈服於日本高壓政策；還有些人奮力保住其臺灣民族─文化。例如鼓吹臺灣自治最力的林獻堂，說母語，不願改日本名，不願與同化政策有任何瓜葛。但林的幾個侄子，不堪日本官員的施壓，最後改變立場，改日本名②。

① 顏新珠等編，《打開新港人的相簿》（臺北：遠流出版，一九九七），頁一二四—一二五。

② 葉榮鐘，《林獻堂先生紀念集》（臺中：林獻堂先生紀念集編纂委員會，一九六〇），頁二四—四一。欲更深入了解，參閱Leo T. S. Ching（荊子馨）, *Becoming Japanese: Colonial Taiwan and the Politics of Identity Formation* (Berkeley: University of California Press, 2001).

隨著對盟軍的戰事擴大、升高，日本文部省決定縮短中學和高等學校的修業年限，以便軍方能募得更多戰鬥、工作人員。然後，文部省創立科學委員會，以增加、擴大培養科學、技術方面人才的學校、大學科系。一九四一至一九四五的四年內，理工科系的畢業生約十萬人，占所有大專院校畢業生將近百分之二十三①。二次大戰時，有許多臺灣學生不到四年就完成中學教育，而非按照先前的規定讀完五年。只要持有文憑或有中學校長掛名背書，中學生就有資格參加升學考試。這一考試測考生對日本語、日本文學、數學、英語、中國語和其他學科的精熟、理解程度。未能通過這考試者，若非到日本升學，就是找工作，加入就業大軍。通過這考試的少數天之驕子，可就讀日本八所更高等學校的任一所，或留在臺灣就讀島上著名的臺北高等學校。

臺北高等學校(今國立臺灣師範大學的前身)創立於一九二五年，專門為即將進入專門學院或大學就讀的學生提供預備教育。該校的哥德式紅磚建築、藏書豐富的圖書館(有中、英、日、德文書籍)、美麗的綠色維也納棕櫚樹，營造出絕佳的讀書環境，有助於讓即將進入大學就讀之學生孕育出濃厚學習興趣。教職員全是日本人，可就讀的臺籍生人數受限制，大大少於日籍生。學生通常是日本高級官員、醫生、專業人員、商人的子弟。一九四〇年島上有五百七十萬臺灣人(日本人只三十四萬六千六百三十人)，但該年的檔案顯示，臺北高等學校招收了三百三十四名日籍生，臺

---

① 麻生誠與天野郁夫合著，《教育與日本的現代化》，頁五二—五四。

籍生則只有八十七位。一九四一年，該校共有三百六十三名日籍生，一百零四名臺籍生①。毋庸置疑的，只有少數最聰明且最有錢的臺灣子弟，有幸進入這享有盛名的預備學校。臺北高等學校提供四類預備教育：人文與社會科學有A、B兩類組，科學與技術也有A、B兩類組。每一類組的每班學生，有四十至五十人；一般來講，其中只有四或五名臺生。二次大戰時，許多學生(包括日籍、臺籍)在這所預備學校只讀了兩年，而非平時規定的三年，就通過大學入學考試。

臺北高等學校的課程，通常與日本本土境內其他預備學校一樣，其中部分課程的宗旨在於培養道地且純正的大和魂。必修科目包括日本早期神話和詩、日本古典文學和歷史。例如，學生得研讀編纂於西元七一二年的《古事紀》。這是部將日本本土神話、傳說有所擇汰之後，與史實雜糅寫成的準史書，書中陳述日本原是強大男女眾神居住的國度。這類歷史課輕易就能讓具可塑性的臺灣青年相信，日本天皇具有神性，大和民族優於其他民族。學生還讀新渡戶稻造(一八六二—一九三三)所寫的小冊子《武士道：日本之魂》。新渡戶是鼓吹日本走上殖民之路的主要人物，而《武士道》一書於一八八九年出版後，六年內出了十版，書中扼要說明了日本的道德標準和社會規範，討論了正直、勇敢、仁慈、禮貌、誠懇、榮譽、自制、對待女性、自殺、平反等問題。臺北高等學校的指定閱讀書籍，還有女作家清少納言的散文集《枕草子》和女作家紫式部的《源氏

① Tsurumi, *Japanese Colonial Education in Taiwan*, 127, 253, 280.

物語》，兩書都詳述西元一〇〇〇年左右日本的宮廷生活。另一本必讀歷史書是《平家物語》，書中描述平氏與源氏的戰爭、一一八五年源氏的戰勝平氏、第一個幕府的創立。

沉重嚴肅的閱讀，通常靠名爲「小說」的日本浪漫文學作品來沖淡。小說是自白式、自傳性的虛構作品，進入二十世紀後在日本年輕人裡大受歡迎。例如阿部次郎(一八八三—一九五九)的《三太郎日記》，描述一叛逆年輕人反抗日本社會的種種束縛。在《道草》中，著名小說家夏目漱石(一八六七—一九一六)以動人筆調寫下他的童年、他的嚴父、他無情的養父母、還有他常爲了省下錢買書而兩餐併一餐吃的事①。此外，學生也讀岩波書店出版的日譯西方作品，其中較受歡迎的作品包括《阿拉伯的勞倫斯》、愛因斯坦的《物理學的誕生》、歌德的《浮士德》。受歡迎的英美作品相對少得多，例如笛福的《魯賓遜漂流記》、華特·史考特(Walter Scott)的《艾凡赫》(*Ivanhoe*)、霍桑的《紅字》、或赫曼·梅爾維爾的《白鯨記》。

除了臺北高等學校，還有一些專門高等學校(相當於今日的專科學校)，例如臺北高等商業學校、嘉義農業高等學校、屏東農業高等學校、臺南師範學校、臺中師範學校。一九二八年，日本文部省指定臺灣爲帝國的「大學區域」之一，因此在臺北市設立臺北帝國大學。臺北帝大一般採

① 欲進一步了解自傳性小說，參閱Howard S. Hibbett, "The Portrait of the Artist in Japanese Fiction," *Far Eastern Quarterly* 14, no. 3 (May 1955): 347-352.

行歐洲的三年制，最初只設兩個學院，即理農和文政，後來又增設醫學院、工學院。臺北帝大圖書館藏書超過四十萬冊，其中約一半是西文書。該校主要定位爲研究機構，主要目標是促進日本的殖民利益，因此，核心課程著重在熱帶醫學、熱帶農業和華南、東南亞、東印度群島的亞熱帶地區。爲配合研究取向，校內教員、研究人員多過學生。檔案資料顯示，一九三九年時教員、研究人員有七百零八人，學生則只有三百七十三人。這既是由日本人創立、爲日本人著想而設的日本人大學，可想而知，臺籍老師極少，只有極少數臺灣人得以就讀。表十二說明了日本人在入學學生中占了極大比重①。

就讀臺北帝大的臺灣學生，大部分學醫，只有寥寥幾位專攻人文、社會學科。該校教務部門的檔案顯示，一九

① 《臺灣省五十一年來統計提要》（臺灣：臺灣省行政長官公署統計室，一九四六），頁一二一四—一二一七。

圖十七　臺北帝國大學入口，大學於1928年由日本人創建

四〇年有五位臺灣人讀文政，一九四一、四二、四三年分別有三位，一九四四年有兩位。但日本人的確爲最優秀、最聰明的臺灣學生提供了機會，這點也顯示了他們對臺灣人的矛盾心態①。

臺灣人赴戰區工作

爲表明日本政府已開始把臺灣人視爲無差別待遇的天皇子民，臺灣總督小林躋造（公認有體恤他人之心的海軍軍官）於一九三七年九月二十七日派了幾名臺籍軍伕到中國，擔任軍醫、通譯、占領區安全人員之類的職務②。隨著日本人擴大在華占領區，在農業生產和交通、通訊基礎設施的建造等暫時性的工作上，就需要更多臺灣人出力。一九三七年十

① 同前；也參見Kerr, *Formosa: Licensed Revolution*, 179; Tsurumi, *Japanese Colonial Education in Taiwan*, 123-124.

② 吳密察編，《臺灣史小事典》，頁一五二。也參見許雪姬，《日治時期在「滿洲」的臺灣人》，口述歷史叢書（七十九），（臺北：中央研究院近代史研究所，二〇〇二）。

表十二　臺北帝國大學的日、臺學生比例

年	日籍生	臺籍生
1939	283	90
1940	235	85
1941	196	61
1942	388	69
1943	384	69
1944	268	85

月二日，名為「白襷隊」的一千名臺灣軍伕抵達上海，負責運送彈藥到前線。日本遠征軍於十一月九日占領上海後，這些軍伕還被派去替只花三十三天(至一九三七年十二月十二日)就攻下南京的日本軍種菜和其他作物。這些臺籍軍伕待遇優渥，一個月可拿到三十至一百五十四日圓，而當時在臺灣的高階警察，月薪只三十六日圓①。他們大部分在華工作五個月後返臺，但不久後又被派到其他戰區。有位名叫蘇喜的臺北人，應募擔任短期軍伕四次。第一次出任務是一九三九年七月，到南京種菜。一九四一年十一月，派到菲律賓北部的呂宋島，後來因被美軍炸傷，提早返臺。第三次替日軍工作是一九四二年十月下旬，派到索羅門群島的瓜達爾卡納爾島。他首次領到步槍、刺刀、實彈。最後，一九四三年十一月，在索羅門群島新不列顛島的拉包爾日軍基地，他成為真正的日本軍人。他熬過戰爭的折磨，一九四六年四月安然返臺②。臨時性的戰時工作，一開始讓臺籍軍伕覺得是天上掉下來的大禮，但最終卻是個災難，因為許多人在戰爭結束前客死異鄉。彰化員林人陳漢章就是個例子。他於一九三七年十二月當上軍伕，做過兩次類似的工作，然後在一九四〇年二月六日在華南被炸死③。

一九三一至一九四一年這段期間，對臺灣和整個世界都是多事之秋。在這期間，日本入侵中

① 臺灣總督府外事部，《臺灣の南方協力に就て》(臺北，一九四三)，頁七二—七三。
② 周婉窈，《海行兮的年代》，頁一三一—一三四。
③ 《臺灣日日新報》，一九四〇年三月廿一日，頁五。

國東北和華北，一九三七年夏對華發動全面戰爭。然後日本在滿洲國、內蒙古、北京、南京陸續扶植傀儡政權；一九四〇年九月與德、義締結三國同盟。這一連串侵略行徑，促使美國於一九四〇年十月禁止賣廢鐵給日本。但早料到此事的日本，已找到幾個替代的原料來源，供應其戰爭機器所需。一九三〇年代，爲漸漸降低對歐美進出口貨的依賴，日本有計畫的透過大連、天津、青島、上海、廣州、香港、新加坡等港口，擴大與華南、東南亞的貿易。日本於一九四一年十二月攻打珍珠港之前，不僅已稱霸亞洲市場，且已將數個較小的經濟圈整合進它的帝國經濟計畫裡。日本財閥利用其已在日本、韓國、滿洲、臺灣建立的網絡，得以將產品價格壓低，但藉由壓低利潤，衝大銷售量，終究壟斷亞洲市場。例如，一九三一至一九三五這五年間，全球經濟和貿易嚴重不景氣時，日本與亞洲諸地區的貿易成長了百分之十一．一[①]。一九四〇年九月二十二日，日本政府與越南的法國維琪政府印度支那總督讓德句（Jean Decoux）簽訂協議，讓三萬日軍進駐法屬印度支那，利用越南的各大機場。此外，攻擊珍珠港的隔天，日本與泰國簽訂另一同盟協定，以取得泰國的原料。因此，日本在東南亞成功執行了與德國在二次大戰期間於巴爾幹半島所執行者類似的方針。

① 上海《申報》，「經濟專題」，一九三四年十二月十七日，頁四；三菱經濟研究所編，《東洋及南洋諸國之國際貿易與日本的地位》（東京：三菱經濟研究所，一九三三年十一月），頁六。

臺灣拓殖株式會社

在日本建造帝國的過程中，臺灣總督於一九三六年創立了臺灣拓殖株式會社，以執行東京的經濟政策，在華南、東南亞、日本諸殖民地開發原料。臺拓把總部設在臺北，最初資本額三千萬日圓，其中一半來自臺灣總督府的府庫，另一半來自三井、三菱、住友、安田等財閥。與三菱集團關係密切的幹練企業經理加藤恭平，出任臺拓的首任社長。在臺灣，臺拓的目標是提升生產力；在東南亞是取得原料，在華南是與侵華日軍合作，執行多項營造工程，例如在廣東建造飲用水廠。在如此情況下，臺拓得以投注資金於臺灣、海南島、印度支那，和其他地方境內的多種工商業，包括礦、漁、農林、不動產和營造、運輸與貿易。

到一九四二年，臺拓投資的事業已達三十二項，其中八項位在海外，二十四項位在臺灣（十三項在臺北、四項在東部、三項在高雄、兩項在臺中，臺南和新竹則各一項）①。這些事業大部分是以商業發展和工業成長爲目的，但一九四三年後，礦業成爲首要投資標的之一。東部臺東、花蓮

---

① 臺灣拓殖株式會社，《昭和十七年度事業概況書》（臺北：臺灣拓殖株式會社，一九四三），頁六七—六九。

擁有未遭破壞的邊地和特別豐富的資源，臺拓於是前往開發，以發展數項特別指定的事業。例如臺拓在臺東的三家公司中，臺東興發旨在開發原住民人力，以供生產糖與林木和獲取野獸皮。臺灣棉花公司則是栽種棉花，以滿足日本棉織業的需求。一九三三年，日本棉織業已超越英國，成爲世上第一大棉織品生產國。星規那產業株式會社是製藥公司，負責種植南美樹，提取可治瘧疾的奎寧。臺拓於一九三八年八月在臺東創立星規那產業株式會社，最初資本額二十五萬日圓。一九四一年，爲滿足日本帝國的醫療需求，資本額增加爲一百萬日圓。此外，臺拓還在花蓮港設立了三家公司生產金屬、氮肥、石綿，以充分利用該地區豐沛的水力和礦物資源①。

一九三九年二月十日，日軍占領海南島北端的海口港。帝國海軍認爲日本若欲往東南亞擴張，絕對得先占領海南島。兩個多星期後，臺拓就在海口設立一辦事處，等候帝國海軍指示。根據亞當·史奈德(Adam Schneider)的研究，日本對帝國海軍所占領、治理的地區共投入十一億四千六百萬日圓，其中將近四億七千九百萬日圓(百分之四十二)投入海南島②。例如，有另外幾家日本公司(包括淺野水泥、日本氮肥、石原產業等)，投資海南島上的礦業、電器業、電信業，瓜分了

---

① 欲進一步了解，參閱林玉茹，〈戰爭、邊陲與殖民產業：戰時臺灣拓殖株式會社在東臺灣投資事業的佈局〉，《中央研究院近代史研究所集刊》四十三期(臺北：中研院，二〇〇四)，頁一一二—一六四。

② Adam Schneider, "The Business of Empire: the Taiwan Development Corporation and Japanese Imperialism in Taiwan, 1936-1946"(UMI Dissertation Services, 1999), 284-286.

這塊戰利品。同樣的，一九三九年三月起，臺拓有所選擇但大手筆的投資這熱帶島嶼上的農林、畜牧、運輸、製冰、磚瓦、木材諸產業。但由於派駐華南和後來派往東南亞的占領人員愈來愈多，改善米、糖、食物的生產，不久即成爲臺拓在海南島的首要任務。

日本占領海南期間，每年消耗掉約六千噸汽油。要製造兩百噸酒精，得用掉一萬擔黑糖，日本人因此決定就地尋找能源，滿足其戰爭機器的需求。此外，爲了餵飽海南島上的軍人和文職人員，日本不得不在一九四二年從越南進口六千噸米，一九四三年更增加到一萬六千噸米①。在這情況下，臺拓在北部的海口和南部的三亞(後改爲榆林)分別設立一總辦事處，統籌其所有投資。海口辦事處的職責是種植甘薯、香瓜、甘藍、番茄、茄子，栽種甘蔗、麻、橡膠樹(供應普利司通輪胎公司)和其他熱帶植物的幼苗，此外還得養家禽、豬、牛，增加乳酪、獸皮、鞋子、冰塊的產量。榆林辦事處下轄兩座大農場、一座畜牧場、一家煤炭工廠、一處林場，並爲軍隊供應勞力和物料，協助建造三亞海軍基地、黃流機場、榆林港②。

既然有財閥願意投資新占領區如此多的事業，日本政府於是提供種種優惠措施，包括五年無

---

① 鍾淑敏，〈臺灣拓殖株式會社在海南島事業之研究〉，《臺灣史研究》卷十二第一期(臺北：中研院，二〇〇五)，頁九七。

② 《臺拓社報》，九十六期(一九四二年一月卅一日)，頁二—二〇、三六；同上，一〇八期(一九四二年七月卅一日)，頁三—六；同上，一一九期(一九四三年一月十五日)，頁一、二。

息貸款，鼓勵日本人、臺灣人來海南。但到一九四二年，只有九十六戶日本家庭，共兩百六十人，同意移民海南，其中大部分來自琉球和九州。事實上，日本既有受過訓練的技術人員或中學畢業生，人數根本不夠管理這麼多的農場、林場、工程。在臺灣總督和臺北帝國大學協助下，臺拓定期舉辦「臺拓技術懇談會」，以招募臺灣人前往海南島。占領海南期間，究竟有多少臺灣人（包括軍人、軍屬、護士、爲臺拓工作者等等）前往海南，不同的統計資料有不同說法。但日本投降時，盟軍在島上設了四座戰俘營，分別位於秀英港、三亞海軍基地、北黎、陵水。其中三亞營關了八千兩百二十名臺灣人，秀英營關了四千至五千名臺灣人。史學家湯熙勇引用國民政府提供的資料，表示一九四六年時共有兩萬三千名臺灣人被困在海南島①。臺灣人對海南的貢獻有多大，如今無法精確道出，但無疑對海南的整體經濟發展，特別是農、林、營造業，有很大貢獻。臺灣技術人員將五十八品種的米和三個新種甘蔗(P.O.J2878, P.O.J2883, P.O.J2725)引進海南，而這只是他們戰時在海南的諸多成就之一②。

① 湯熙勇，〈脫離困境：戰後初期海南島之臺灣人的返臺〉，《臺灣史研究》第十二卷第二期（二〇〇五年十二月），頁一七二—一七六；也參見蔡慧玉所著，《走過兩個時代的人——臺籍日本兵》，口述歷史叢書（一）（臺北：中研院臺灣史研究所，一九九七），頁四三〇。

② Chi Chang-chien等編，《海南資源與開發》（香港：亞洲出版，一九五六），頁一三八；Hsu Kung-wu著，《海南島》（南京：新華出版，一九七七），頁四二、四六。

除了開發海南資源，臺拓還克服萬難從越南取得鐵礦、錳之類重要原料，且到一九四一年初已能占有越南的鉻礦、磷礦、鎳礦。到一九四一年末期、一九四二年初期，臺拓已針對棉、黃麻、木材、米之類作物，在中南半島設立八處實驗種植場。由於戰時人力短缺，臺拓的業務大大倚賴臺灣人執行，而到戰爭末期，臺拓需要的職員超過六千人。因此，臺灣人和在臺出生、長大的日本人，在臺拓扮演了重要角色。亞當．史奈德指出，雖然大部分臺灣人在鄉間爲農業計畫效力，日本人則在河內、西貢坐鎮辦公室，但臺拓在東南亞，比在臺灣，更爲平等對待臺灣人和日本人。史奈德舉出吳連義、廖祖耀（音譯）兩名臺灣人說明此點，他們擔任農場技術人員和經理，管理越南農民和工人。諷刺的是，在東南亞的臺灣人，被迫與其日本同僚站在一起，原本是被殖民者的他們，一轉眼間成爲「暫時的殖民者」①。臺拓從頭至尾一直與臺灣總督和日本軍方密切合作。例如，日本海軍要臺拓研擬七個生產計畫，陸軍則請臺拓研擬十六項計畫。一九四二年，海軍再度找上臺拓，請它在西里伯斯島和巽他群島開發鹽業②。臺拓的事業網遍及整個日本帝國，因

---

① Adam Schneider, "The Taiwan Development Company and Indochina: Subimperialism, Development, and Colonial Status,"《臺灣歷史研究》第五卷第二期（臺北：中研院，一九九八），頁一一五、一一六、一二二—一二六。

② 朱德蘭，〈臺灣拓殖株式會社的政商網絡關係（一九三六—一九四六）〉，《臺灣史研究》第十二卷第二期（臺北：中研院，二〇〇五），頁九九。

而得以提供原料，滿足日本戰時軍工複合體的需求。隨著戰火繼續蔓延，臺拓的規模愈來愈大，獲利愈來愈高，戰爭快結束時，其金融資產超過一億三千五百萬日圓。但帝國一瓦解，臺拓的龐大資產隨之灰飛煙滅。一九四五年九月三十日，東京的盟軍統帥下令關閉臺拓和其二十九家子公司①。

日本進攻東南亞的跳板

海軍大將長谷川清是第十八任臺灣總督（一九四〇年十一月—一九四四年十二月），此前曾任海軍省次官和橫須賀鎮守府司令長官。長谷川不僅成功將臺灣改造爲日本對菲律賓和其他東南亞國家用兵的跳板，還有計畫的動員臺灣人力、物力，支應戰爭的升級。爲完成這些目標，長谷川組成皇民奉公會，用以強化日本對島民社會、文化活動的掌控，加強戰時對臺灣人的洗腦、宣傳。學校教科書、官營報紙、期刊與雜誌、圖畫與漫畫、電臺廣播，全充斥著有關日本信仰與宗教、有關國家與愛國、有關現行日本國體的話題和談論。這種國體論大力鼓吹所謂的家—國

① Adam Schneider, "The Taiwan Development Company and Indochina," 127, 128. 鍾淑敏，〈臺灣拓殖株式會社在海南島事業之研究〉，頁一〇七。

(family-state)制理想政體，在這種政體下，天皇成爲構成日本社會之階層組織的最高領袖。國家的所作所爲，從愛國的角度看，全都有了正當性。殖民政府鼓勵臺灣人揚棄傳統婚喪禮儀，改採日本神道教儀式。互助社、愛國社等民間團體紛紛成立，以做國家所要求他們做的事。臺灣軍人的妻女站在街角或工廠門口，請一千名過路人各在一塊大白布上縫上一針，然後將這塊名叫「千人針」的祈福布巾送到前線，讓丈夫或父親知道他在家鄉有一千名景仰者①。

日本於一九四一年十二月七日(臺灣是十二月八日)攻擊珍珠港後，殖民政府即頻頻要各大城鎮的臺灣人提著燈籠上街，參加夜間勝利遊行。每有日軍占領一座大城，例如香港(一九四一年十二月二十五日)、馬尼拉(一九四二年一月二日)、新加坡(一九四二年二月十五日)、仰光(一九四二年三月八日)，即有此類遊行。値得一提的是，許多臺灣人陶醉在得勝的狂喜中，深信天照大神已使日本所向無敵。事實上，從各戰場傳來的軍事消息也一再證實他們所讀到的，更進一步加深他們心目中日本天皇具有神性的信念。表十三列出日本的一連串勝利，或許有助於說明爲何大部分臺灣人漸漸站到勝利的一方②。

---

① 「千人針」的照片常出現在《臺灣婦人界》這本每月出版的戰時宣傳畫刊上。高中女學生還被要求製作「千人針」，送給不知名的戰士。

② 資料主要取自周婉窈，《海行兮的年代》，頁一六一、一六二，與蔡慧玉，《走過兩個時代的人——臺籍日本兵》，頁五四七—五五〇。

表十三 第二次世界大戰期間日本占領的地區與城市

年	月	日	占領區，城市	殖民地原宗主國
1941	12	10	關島	美國
		16	維多利亞角（緬甸）	英國
		17	古晉（婆羅洲）	荷蘭
		23	威克島	美國
		25	香港	英國
1942	1	2	馬尼拉（菲律賓甲米地省）	美國
		6	文萊（婆羅洲）	英國
		11	亞庇（婆羅洲）	荷蘭
		11	西里伯斯	荷蘭
		23	拉包爾（新不列顛島）	澳洲
		24-27	望加錫海峽	無
		最後一週	馬來亞（新加坡除外）	英國
	2	4	安波那	荷蘭
		8	望加錫市	荷蘭
		15	新加坡	英國
		16	巨港（蘇門答臘）	荷蘭
		17	峇里（印尼）	荷蘭
		24	帝汶（印尼）	荷蘭
		27	爪哇（印尼）	荷蘭
	3	5	巴達維亞（雅加達）	荷蘭
		8	仰光（緬甸）	英國
			萊薩拉馬瓦（東新幾內亞）	澳洲
			布干（索羅門群島）	澳洲
	4	第一週	布干維爾（索羅門群島）	澳洲
			阿德米勒提群島	澳洲
		9	巴丹（菲律賓）	美國
		29	中緬甸	英國
	5	3	圖拉吉島（索羅門群島）	澳洲
		6	科雷希多島（菲律賓）	美國
		20	攻占緬甸全境	英國
	6	8	阿圖島（阿留申群島）	美國

臺籍日本兵

毋庸置疑的，有許多臺灣人受了有意或無意的洗腦，而生起爲國而活、爲國而戰，以及如有需要，爲國而死的情操。眼見臺灣人有如此昂揚的集體榮譽感，臺灣總督長谷川清於是在一九四一年四月招募了第一批臺灣陸軍志願兵，一九四三年五月開始訓練臺灣海軍志願兵。對於招募志願兵，臺灣青年大體上一如預期反應非常熱烈。有些志願兵甚至以自己的血塡申請表；還有些人則乾脆寫「血書」給報社或動員局。一九四二年初夏，共有四十二萬五千九百二十一人報名爭取一千名陸軍志願兵員額。當時臺灣共有三百萬名有資格的男子，表示每一百名臺灣男子中，就有十四人有意從軍。一九四三年初第二輪募兵時，更有六十萬一千一百四十七名臺灣男子應募，爭取少少的一千名陸軍員額①。到一九四三年七月，已有超過三十一萬六千名臺灣男子報名海軍志願兵。但由於強制徵兵在即，海軍志願兵的招募於一九四四年喊停，一九四五年陸軍跟進。這時候已有一萬六千五百名臺籍志願兵，其中五千五百名服務於帝國陸軍，一萬一千名在帝國海軍。另一方面，軍屬則編成數種不同性質的團，例如農業義勇團、農業指導挺身團、臺灣特設勞務奉公

---

①《興南新聞》，一九四二年六月十日，頁二；一九四三年二月十三日，晚版，頁二。

團、臺灣特設農業團、臺灣特設建設團等①。

一九四三年五月初，帝國海軍大佐澤井秀夫（Sawai Hideo）開始要臺灣的日籍校長、老師，勸誘十三至十六歲的臺灣學童「志願」到神奈川縣的海軍C飛機廠（一九四四年四月一日後改名高座海軍工廠）工作，結果共有八千四百一十九名貧窮的臺灣少年工被帶到日本，接受三個月的訓練，然後迅即派去製造轟炸機和神風自殺飛機的零件。招募者保證工資優渥，並告知工作三年後，就能拿到相當於專科學校文憑的工科學位。這些臺灣少年工在最艱苦的環境裡幹活，協助日本航空工程師組裝零戰、紫電、雷電、月光、流星、銀河之類戰機。其中，月光戰機用來攻擊日本人稱之爲「B桑」的美軍B—29超級堡壘轟炸機。

臺灣人郭亮吟製作、執導的二〇〇五年紀錄片《綠的地平線》，首度披露臺灣戰時少年工的故事，但詳細情形、死傷數字、影響仍有待進一步揭露。

無論如何，一九四五年四月，臺灣開始強制性徵兵，據日本政府的檔案，到一九四五年八月十五日日本無條件投降爲止，共有二十萬七千一百八十三名臺籍軍事人員在二次大戰時作戰、服務，其中戰鬥人員八萬四百三十三人，軍屬十二萬六千七百五十人。據估計共有三萬三百零四人死於戰場，另有數千人死於戰後的戰俘營和遣返過程中。死者大部分是漢人男性，但也有爲數不

① 臺灣總督府，《昭和二十年臺灣統治概要》（臺北，一九四五），頁七二。

少的原住民(高砂族)和當護士(看護婦)、慰安婦的臺灣女性①。

日本軍事訓練很嚴厲，因爲強調紀律、忠貞、不計代價打贏。訓練的目的在使每個陸軍軍人和水兵成爲絕不質疑上級、完全聽命行事者。受完訓，臺籍戰鬥部隊和軍屬會給派到新占領區，執行日軍命令。在一九九七年完成的某口述歷史計畫中，蔡慧玉訪問了二十幾位尙健在的臺籍日本軍人和軍屬，詳述記錄下他們在東南亞、太平洋和其他地方的戰時經歷。在她所訪問的二戰倖存者中，包括兩名替廣州某軍醫院工作的護士，一名在印尼帝汶島打過仗的老兵，一名曾被蘇聯紅軍關在西伯利亞的客家籍海軍志願兵，一名被派到索羅門群島新不列顛島的拉包爾管理農場的農業專家，一名最初在北婆羅洲被判死刑，後來減爲十年刑期的戰俘，一名曾在菲律賓民答那峨海軍軍港服務的船舶機工，一名在海南島、拉包爾工作過的軍屬；一名派到海南島防治瘧疾的公共衛生專家，一名派去南京修理軍車的汽車機工，一名派去海南島的警察。蔡還訪問了四名原住民軍屬、軍人，分別是在菲律賓服役的醫務兵、在香港服役的海軍衛兵、在新幾內亞打過仗的水兵、在拉包爾蓋過兵營和掩體的石工。

---

① 周婉窈，《海行兮的年代》，頁一四一。

戰俘

史學家鍾淑敏替戰時在多處戰俘營當監視員的臺灣人留下了忠實紀錄。日軍俘虜的戰俘很多，因而至少有六百名臺灣人，被派去菲律賓聖費南多（San Fernando）的奧當內爾營區（Camp O'Donnell）、上海、婆羅洲的古晉和山打根，及其他地方，看管戰俘。他們普遍不知道有關對待戰俘的日內瓦公約規定，後來還是有一百七十三名低階的臺籍日本兵，遭以違反人道罪起訴，其中二十六人判死刑，其他人判不同刑期的徒刑①。

臺籍日本兵的遭遇一般來講令人難過，其中有些遭遇體現了人的基本求生本能。臺灣人在拉包爾日本海軍基地的悲慘經歷，就是個例子。根據《臺灣新生報》的報導，在日本所謂之「大亞東戰爭」即將結束時，至少有七千五百三十六名臺籍軍人和軍屬駐紮在拉包爾。如果把在新不列顛島、新愛爾蘭島服役的臺灣人加進去，立即就破萬②。一九四四年一月，從航空母艦和陸上起飛的美軍軍機開始有計畫的轟炸西新幾內亞。自那之後，一千五百至兩千名臺灣人奉命什麼都不

① 鍾淑敏，〈俘虜收容所——近代臺灣史的一段悲歌〉，收於《曹永和先生八十壽慶論文集》（臺北：樂學書局，二〇〇一），頁二六二、二七六—二八一。

② 《臺灣新生報》，一九四六年四月十九日。

做，只每天挖壕溝和墓穴。一九四四年二月二十日，美軍已摧毀拉包爾基地。四月二十二日，美國海軍陸戰隊登陸西新幾內亞首府荷蘭迪亞(Hollandia)，不到四個月就拿下西新幾內亞全境，迫使日軍撤離東新幾內亞。

在這期間，有數千臺灣人死於橫越叢林的「死亡行軍」。周婉窈訪問了還健在的臺籍日本兵謝天來，謝表示他所屬的拉包爾單位共有部隊一千零一十三人，大部分是日本人，但也有許多臺灣人和一些韓國人。除了有病在身而選擇留下者，其他九百多人，除了他，都死於這場行軍。謝很篤定的說，就記憶所及，他的單位裡，就只有他一位臺灣人捱過盟軍的不斷轟炸、沼澤、疾病、濕氣、飢餓①。美國的歷史書和流行文化，一再談到巴丹死亡行軍和美籍倖存者在菲律賓北部可怕的奧當內爾戰俘營的遭遇，以提醒世人日本人的殘酷。但如今，臺灣年輕一輩才剛開始了解他們老一輩在二戰期間經歷所有苦難。

捱過戰爭摧殘的臺灣人，戰後所受的待遇，因地，因所面對的勝利者，而有很大差異。一般來講，如果遭美國人俘擄，吃得較好，戰俘營設施也還不錯。經過標準的戰俘處理程序後，即可準備搭美國自由輪(珍珠港事件後立即倉促建造，用以運兵到不同戰區的標準貨船)遣返回鄉。在英國人、荷蘭人、澳洲人手中，臺籍俘虜受到的待遇就因營而異。在澳洲軍方主持的某場軍法審

---

① 周婉窈，《海行兮的年代》，頁一六九、一七〇。

判中，有九十一名臺灣人被裁定有罪，其中七人遭處死。但幾乎所有臺籍戰俘都抱怨遭到中國國民黨員，尤其是遭到海南島戰俘營衛兵，不人道、卑鄙的對待。中國官員和衛兵衣衫破爛、貪污、懷有報復心態。他們把錢、藥、配給中飽私囊，任由戰俘營破敗到如牛棚般難以忍受。更糟的是，中國遣送臺籍日本兵回臺極爲緩慢，有些人直到一九四七年才返鄉。有位忿忿不平的遭遣返臺灣人指控，在海南島的臺灣人，只有四分之一活著回家。但主要倚賴國民政府文獻的湯熙勇表示，海南島兩萬三千名臺籍戰俘中，有兩萬兩千五百人（百分之九十八）安然遣返回臺①。

戰死臺灣人的骨灰先是存放在東京的靖國神社，後來他們的牌位移到新竹北埔的濟化宮。戰死的臺籍志願兵和被徵入伍兵約有四萬人，其中約兩萬人如今仍未得到家人指認②。一九七四年年底，二次大戰結束三十年後，有人在印尼叢林裡發現了臺籍日本兵李光輝（原住民，本名是史尼育唔，日本名是中村輝夫）。李光輝的重回人間，迅即讓臺灣人回想起艱苦的戰爭歲月。臺籍二次大戰老兵因此於一九七五年三月十五日組成日本福爾摩沙協會（Formosan Club of Japan），向日本政府追討他們和同袍存放在日本軍事郵政儲金的錢。該協會成員和他們的家屬要求賠償兩億五千萬美

① 鄭麗玲採訪撰述，《臺灣人日本兵的戰爭經驗》（板橋：臺北縣立文化中心，一九九五），頁七八、八五、九一。也參見湯熙勇，〈脫離困境〉，頁二〇一。

② 莊永明編，《臺灣世紀回味》（臺北：遠流出版，二〇〇〇），頁二四。新竹北埔濟化宮的法師，每年春秋兩季各會為這些臺籍亡靈舉辦一次祭禮。參見新浪網，二〇〇二年十月廿七日。

元，然後在臺灣各地設了二十九處登記處。登記第一天，就有一萬多人帶著軍事儲金簿前來。後來，幾位臺籍日本老兵在東京某地區法庭提起集體訴訟，要求賠償。東京高等法院最後駁回此案，但日本國會於一九八八年通過弔慰法，予二戰時受重傷的每位臺籍老兵和戰時有家人戰死者的每個家庭，兩百萬日圓(約美金兩萬一千九百元)弔慰金。一九九五年三月三十一日，補償金發放給兩萬九千六百四十五個可確認身分之臺籍軍人、軍屬的家人①。

戰時也有數千名英、美、荷蘭戰俘關在臺灣，大多是日本於太平洋戰爭初期連連大捷之後擄獲。一九四二年六月，第一批兩千四百名戰俘從馬來西亞運出，但無一人抵達臺灣，因為載運他們的船遭盟軍炸沉。八月二日，十二名荷蘭戰俘、五名美國戰俘抵達高雄，八月中旬又有一百七十九名戰俘從菲律賓運來，其中包括在麥克阿瑟(一八八〇—一九六四)退到澳洲之後，接掌菲律賓美軍部隊的美國陸軍少將強納森・溫萊特(Jonathan Wainwright)。八月底，新加坡的日軍指揮部送一批高階戰俘來臺，這批戰俘共三百九十九人，包括陸軍中將珀西瓦(A. E. Percival，馬來亞英軍司令官)、申頓・湯瑪斯爵士(Sir Shenton Thomas，馬來亞英國民政長官)、陸軍少將基(B. W. Key，印度英軍司令官)。一九四二年十一月十四日，又有兩千名戰俘從馬來亞運來臺灣。一九四

① 《中華日報》，一九七五年二月廿七日，《中央日報》，一九七六年三月五日。欲進一步了解，也參閱 Hung Chin-chu, "Sino-Japanese War: A Long Way to Go," *Free China Review*(October 1995): 54-57.

三年，在爪哇擄獲的一千一百五十五名戰俘，只有三十三人送來臺，其他送到日本。一九四四年，又一批戰俘死在從新加坡到臺途中，運俘船遭美國軍機攻擊，一千兩百八十七名戰俘喪命。一九四五年，日軍當局決定將七百零二名戰俘從臺灣移到日本①。表十四列出關押在臺盟軍戰俘的國籍、人數，資料來自日本情報機構②。

在臺戰俘大部分關在基隆港附近的金瓜石金礦區，但頻頻給移到臺灣各地。他們的居住區（有時是山洞、穀倉）環境惡劣，食物配給微薄且質差。此外，日本人常要他們做各種粗活，從到甘蔗園、工廠工作，到河裡挖石頭提供建材，到搬運木頭，到金礦、煤礦工作，都有。更慘的是，戰爭末期，日本人有時拿他們當人肉盾牌，防止盟軍空襲。據某位臺籍戰俘營監視員所述，戰俘，包括溫萊特將軍在內，常受到言語羞辱和毆打③。戰俘營倖存者中，英國軍官傑克·愛德華茲（Jack Edwards）、保羅·莫特比（Paul C. Maltby）和荷蘭軍官保羅·史霍滕（Paul Scholten），於營中克服萬

① 俘虜情報局，《處置俘虜的記錄》（東京：防衛廳防衛研究所，一九五五），頁七—八、一八—二〇；也參見鍾淑敏，〈俘虜收容所〉，頁二六九—二七二。

② Chaen Yoshio著，《大東亞戰火外地的俘虜收容所》（東京：富士出版，一九八七），頁二四、三六。

③ 二〇〇五年八月三日，作者從高雄搭火車北上臺北途中，旁邊坐著一位姓鍾的客家老人。他告訴作者，一九四四年他才十七歲時，在基隆的金瓜石戰俘營當監視員。一九四二年五月六日被俘的溫萊特將軍，一九四五年八月十六日在中國東北某戰俘營獲釋。不到三個星期後（九月三日），溫萊特回菲律賓，在碧瑤接受日本指揮官山下奉文將軍投降。

難寫下簡略的日記，或在獲釋後試圖憑回憶寫下那段經歷。去過戰俘營的臺灣人和戰犯審判紀錄，一般都證實戰俘的悲慘描述不假①。

苦難結束

研究二次大戰的史學家一般都同意，一九四二年六月中途島之役後，日本帝國海軍失去了進犯能力，或至少失去了鬥志，而美、澳部隊於一九四三年二月八日拿下瓜達爾卡納爾島之後，日本即開始漸漸西撤。一九四三年夏末，美國海軍上將尼米茲(Chester W. Nimitz, 1885-1966)的部隊已有效占領中太平洋諸島，開始轟炸日本基地。此後，美國海軍頻頻破壞臺灣對外二十一條定期海上航線。一九四四年，三百名臺籍海軍志願兵搭乘日本巡洋艦護國號前往日本

表十四　在臺灣的二次大戰戰俘

年	美	英	荷	加	澳	其他	總數	死於戰俘營人數
1942	235	2,114	25	2	30	2	2,408	38
1943	236	2,061	90	0	37	6	2,430	114
1944	50	1,925	34	0	22	5	2,036	107
1945	86	1,156	24	1	12	2	1,281	0

① 欲更深入了解，參閱Jack Edwards, *Bunzai, You Bastards!* (Hong Kong: Corporation Communications, 1991); Jane Flower, *Japanese Army and English Prisoners of War–1941-1945* (Tokyo: POW Intelligence Bureau, Defense Department, Defense Research Institute, 1955); Paul Maltby所撰但未出版的"The Diary of a Prisoner-of-War in the Far East, 1942-1945."

受訓，途中船隻遭美軍潛水艇擊沉，兩百一十二人喪命。一九四四年初，兵員、軍火、飛機、船艦的增援需求愈來愈吃緊，帝國經濟開始瓦解。此外，由於人力短缺，殖民政府動員臺灣婦女、小孩、老人到工廠、農場工作，時間將近四個月。一九四四年七月第一個星期，美軍拿下塞班島，日本食物短缺變成嚴重問題。豆腐、蛋、麵、糖、豬肉、魚，樣樣不足。就連米都愈來愈難買到。民間過節食物，例如年糕，難以弄到；且由於電力不足，常常大停電。七月十八日，東條英機(一八八四—一九四八)辭內閣總理大臣和軍需大臣之職。陸軍將領小磯國昭(一八八〇—一九五〇)立即組成新內閣，而傑出實業家暨三井高階主管藤原銀次郎則接掌軍需大臣①。但日本於菲律賓的萊特灣海戰(Battle of Leyte Gulf)失去六艘航母後，就讀日本大學的臺灣學生被迫志願從軍。若不願主動從軍，名字會被公告在顯著的公共場所。一九四四年十月，麥克阿瑟將軍誓言重返菲律賓。一九四四年十一月十三日，超過一千架飛機轟炸臺灣各大城，其中大部分是航母艦載飛機和一些B—29轟炸機。

戰敗陰影籠罩日本帝國，臺灣殖民政府於是在一九四五年春組成民間志願團(Civilian Volunteer Corps)，以防止人民暴動。此外，殖民政府已開始透過保甲制度，動員臺灣六十歲以下男子修補遭

① 小磯國昭是一九四六至一九四八年在遠東軍事法庭受審的二十八位日本高級官員之一，被判無期徒刑。吉田茂於一九四四年十二月接替藤原之職，後來成為日本戰後第一位首相。

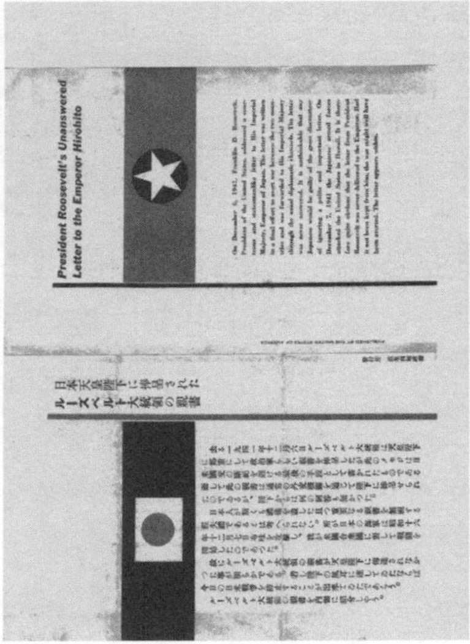

圖十八　二次世界大戰末期，美軍空投到臺灣的宣傳單（蔡石山私人收藏）

炸毀的工廠、道路，在山區挖掘壕溝、隧道，在海邊築機槍掩體和帶刺鐵絲網。人力動員很快就擴及到婦女，婦女被派去幫軍事設施搬運石頭和沙，去當急救護士。就連小學學童都得暫時停下課業，幫忙準備最後的抵抗。盟軍空襲更爲頻繁時，殖民政府找最著名的臺灣布袋戲大師李天祿出馬，巡迴全島演出反美布袋戲。在名爲「殲滅英美飛行員」的戲碼中，臺灣民兵射下盟軍飛機，俘擄美軍飛行員①。

在這期間，東京、臺北的日本人總部正密切注意美國的下一步。一九四四年底出任臺灣第十九任總督（末代總督）的陸軍將領安藤利吉（一八八四—一九四六），研判可能會有場大決戰，於是糾集約十八萬兵力，開始爲長期受圍做準備②。菲律賓距高雄只有幾百公里，且日本艦隊這時已殘破不堪，安藤因此推斷，高雄會是美軍入侵的首要目標之一。此前三百多年

① 見臺灣導演侯孝賢所導的《戲夢人生》（一九九三）。

② Kerr, *Formosa: Licensed Revolution and the Home Rule Movement*, 228.

來，高雄一直被居住該地者視爲戰略要地。鄭成功和清廷都在高雄旁邊的左營駐兵，訓練水師。日本軍事－財閥複合體則將高雄進一步發展成大港，以利其往華南、東南亞擴張。高雄駐防司令部位在壽山，壽山高三百九十公尺，可將整個高雄和高雄港一覽無遺。日本人將其大部分防空砲設在在壽山山頂。但日本雷達偵測能力差，日本防空砲因而無法有效阻止美國B－29轟炸機摧毀運輸設施、工廠、電廠、汽油貯存站、房子和炸死平民。美國海軍在中、西太平洋的連獲大勝，促使華府迅即改變其對日本帝國的進攻策略。美軍參謀長聯席會議決定攻占琉球，取消原已策畫周詳的堤道行動（Operation Causeway），即攻占臺灣的行動。這時已有一些臺灣人開始察覺到美國力量的轉強和日本軍力的變弱。當戰爭使島上許多人瀕臨餓死時，臺灣人的信心漸漸瓦解。島民一天只攝取約一千四百卡路里的熱量，未來日子還會愈來愈艱苦。然後，臺灣人在事後幾天得知，一九四五年八月六日，美軍在廣島投下第一枚原子彈，奪走十三萬至十四萬日本人性命，八月九日在長崎又投下一枚原子彈，使六萬至七萬人喪命。臺灣人，一如大部分日本人，並未立即知道原子彈的可怕，但官方控制的報紙的確發出特別聲明，稱美國人用了某種新武器，重創這兩個城市。八月十五日，裕仁天皇同意按照盟軍領袖七月二十六日在波茨坦會議的要求無條件投降，並「玉音」放送投降聲明。兩星期後，麥克阿瑟將軍抵達日本，立即解除日軍武裝，要日軍復員。一九四五年九月底，復員快完成時，停止對所有臺籍軍人、軍屬發放軍事津貼。所幸美國已開始運送緊急補給品來臺，包括穀物、肉、乳製品、衣物、毯子。五百五十萬島民普遍樂見日本投降；事實上，九月三日日本一將臺灣交給橫濱的盟軍最高統帥，就立即有一些臺灣重要人士開始爭取臺灣獨立。但一九四四年八月初，中國國民政府已在重慶設立臺灣調查委員會，做收復臺灣的準備。該委員會以長期受蔣介石賞識的陳儀(一八八三—一九五〇)爲主委，陳儀和蔣介石一樣畢業自日本東京軍事預備學校(振武學校)。一九四五年十月二十五日，臺灣總督安藤利吉將臺灣連同估計值二十億美元的日本資產交給陳儀①。於是，拜盟軍勝利之賜，日本對臺統治，經歷五十年後，終於劃下句點。但此後，臺灣的地位仍懸而未決，因爲不管是波茨坦宣言(一九四五年七月二十六日)，還是日本與二戰同盟國在舊金山簽的和約(一九五一年九月八日)，還是中日和約(一九五二年四月二十八日)，都未具體交代臺灣在法理上歸屬何者。誰來治理臺灣，一如以往，未徵詢島上居民的意見。

圖十九　二戰期間做體操的女學童

① 安藤利吉可能無法忍受中國人的凌辱，在一九四六年四月十九日，吊死於上海的牢獄。

第九章　戰後臺灣
——美國勢力和影響力日增

美國擱置決定臺灣的歸屬

日本於一九四五年八月十五日接受盟軍的無條件投降要求時，約有五百五十萬臺灣人普遍認爲，解放他們者是西方同盟國，而非國民黨領導的國民政府。接下來十五個月期間，將數十萬臺灣軍人、軍屬和旅居海外的臺灣平民送回家者，是美國的自由輪。一九四五年九月一日，有四名美國人護送廈門市長和一名國民黨祕密警察上校來臺。四天後，一支美國特遣艦隊停靠基隆港，以運走約一千三百名盟軍戰俘。九月十日，十五名美國戰略情報局(Office of Strategic Services)的成員從昆明飛來臺灣，對島民做大型民意調查，結果顯示美國是島民心目中作爲臺灣「守衛者」

或「托管國」的首選，有小比例的人選擇繼續受日本統治，但非常少人想讓中國人統治[①]。最後，一九四五年十月五日，中國戰區美軍總司令魏德邁(Albert C. Wedemeyer)中將轄下一百多位幕僚，組成美軍聯絡組(American Liaison Group)。這一組織用美國船艦、飛機，將數千中國部隊、國民黨官員和他們眷屬從中國大陸運來臺灣，以「收復」這個遭日本殖民統治五十年的島嶼。接下來幾個月，美軍聯絡組訓練國民政府在臺的第二〇四師、二〇五師。然後，有由總領事李奧・史特金(Leo Sturgeon)領軍的美國外交團、聯合國善後救濟總署(United Nations Relief and Rehabilitation Administration)的小組、美國傳教士、爲特殊任務或個人事務前來者，來到臺灣[②]。

這時，美國人來臺理論上是要幫國民政府在臺站穩腳跟，統籌拘留在臺之日本平民、軍人的遣返事宜。一九四六年四月一日，最後一位日本軍人離臺，美軍聯絡組也撤出臺灣。但一個月後，美國在臺設了一個領事館，聯合國善後救濟總署也在臺設了一個辦公室，其中，美國領事館裡有位來自美國新聞處的軍官，名叫羅伯特・卡托(Robert Catto)[③]。美國領事步雷克(Ralph J.

---

① 楊肇嘉，《楊肇嘉回憶錄》(臺北：三民書局，一九七八)，頁三五三。

② George H. Kerr, *Formosa: Licensed Revolution and the Home Rule Movement, 1895-1945* (Honolulu: The University Press of Hawaii, 1974), xv; 也參見Kerr另一本著作*Formosa Betrayed* (Boston: Houghton Mifflin Company, 1965), 81. 也參見U. S. State Department, *The China White Paper* (《中國白皮書》)(Stanford: Stanford University Press, August 1949), 347. 《中國白皮書》最早是以「美國與中國關係」之名發布。

③ 《中國白皮書》，頁九六、一〇六、一四三。

Blake)個人不關心臺灣自治運動，因此寫給國務院的最敏感政治報告，大部分出自副領事柯喬治(George H. Kerr)之手。柯喬治在一九三五至一九三七年研究過日本歷史和政治，一九三七至一九四〇在臺北高等學校教過英文，一九四二年參加了哥倫比亞大學的福爾摩沙研究小組(Formosa Research Unit)，然後於一九四五至一九四六年以海軍武官身分任職於美國駐臺北領事館。他與幾位臺灣要人過從甚密，二次大戰時深入參與島上情報蒐集工作。他曾寫了一本臺灣民政事務手冊，曾收集數份戰區圖，爲美軍預定的攻占臺灣行動(代號「堤道行動」)翻譯了未出版的資料。柯喬治基於個人經驗，尖銳批評一九四五至一九四七年戰後臺灣的情況，厭惡國民黨統治者，稱他們是「糊塗蛋」(bewildered rag-tag)和「飯桶」(incompetent bob-tail)。相對的，他對臺灣人的困境由衷同情①。

除了先前提到約值二十億美元的民間資產，日本還將大量儲備的食物、醫療必需品、武器與彈藥交給國民黨。當臺灣人受到來自中國大陸的貪婪新主子欺壓時，美國人自然而然成爲來臺中國人與臺灣本地人之間的緩衝。中國人未將臺灣人視爲自己的兄弟姊妹，反倒立即剝削臺灣的豐富資源(包括煤、米、糖、水泥、木材)，以支持他們搖搖欲墜的經濟和腐敗的政治機器。美國記者威

---

① 在國務院的十進位分類檔案裡，柯喬治的諸多報告，有許多被列為Record Group (RG) 9。有關臺灣的重要文件包括：RG 59, 1946, No. 9, 13, 14, 30, 1206; GR59, 1947, No.36, 45, 405, 449, 499, 500, 893, 894A, 2788; RG59, 1948, No. 2, A-9, A-65, 110, 450; RG-59, 1949, 894A, 00/1-749, CSBM, 894A.00/1-2349, CSBM.

圖二十　日本人遣離臺灣，1945-1946

廉·紐頓(William D. Newton)來臺一趟之後，一九四六年三月下旬，在華府史豪德報系(Scripps-Howard)的旗下報紙登出數篇令人震驚的頭條新聞，包括〈腐敗中國人統治失血的豐饒島嶼〉、〈中國人剝削福爾摩沙更甚於日本人〉、〈中國統治無能，福爾摩沙工廠生銹〉、〈福爾摩沙受苦，美國難辭其咎〉和諸如此類的報導。《華盛頓郵報》則在一九四六年三月二十九日論「福爾摩沙醜聞」的社論中，稱臺灣的新主子中國人「特別愚蠢、貪婪、無能」，接著說「中國人已建立一個集恐怖、全面劫掠、乃至赤裸裸攔路搶劫之行徑於一身的政權……。中國的行政長官公署已接收日本的專賣事業，且似乎把那當作千載難逢的賺錢勾當來經營，自己大發其財，而使已受苦於四年戰爭所造成之通貨膨脹和物資缺乏、受苦於美軍不斷轟炸的人民，生活又苦上數倍。」然後該文敦促美國勿袖手旁觀，任由國民政府「如此踐踏戰時的所有解放承諾。」①

① *The Washington Post*(March 29, 1946): 18.

二二八屠殺

戰爭那些年，臺灣人已對大陸人有了新的看法和認知，發展出有別於大陸人的思維模式和情感模式。戰爭體驗強化了他們與大陸人截然不同的感覺。戰前、戰時、戰後，臺灣人都對中國當局的道德敗壞和腐敗非常清楚。這些無可改變的社會因素和國民黨在臺的治理無方，隨著島上經濟的惡化和遣返回臺之臺籍日本兵的大量失業而更爲激化，從而使大陸人與島民之間的緊張逐漸升高。在這關頭，大陸爆發激烈國共內戰，然後，就在這期間，一九四七年二月二十七日晚，在臺北，有臺灣菸酒專賣局的緝私小隊騷擾一名帶著兩個小孩兜售香菸的臺籍寡婦，混亂中殺死一名旁觀者。遺憾的是，被偏袒循私和治理無方搞得焦頭爛額的國民黨政權，不願正視臺灣人民即將暴動的跡象。但跡象清楚顯示，這一事件發生後幾小時，就有人在準備行動。隔天(二月二十八日)中午，憤怒群眾洗劫專賣局存貨，將兩名公賣局官員打死。下午，兩千至三千名武裝臺灣人接管總督府，占領臺灣的國營廣播電臺。臺灣島不大，消息傳播迅速，因此緝私殺人事件很快即激起臺灣人反國民黨當局的全島暴動。一九四七年三月八日、九日，國民黨領袖蔣介石(一八八七—一九七五)派兩千憲兵和一萬一千重武裝部隊來臺，殘酷鎮壓臺灣叛亂分子和異議人士，造成後人所謂的二二八屠殺。後來某項教人心痛的調查估計，有一萬至兩萬人被殺。但這一可怕的數字，並未能道出這慘劇的全貌；另有數百名受過教育的臺灣專業人士，若非遭拘押，就是遭趕到海外。美國政府稱二二八屠殺爲「非自發性的抗議和非組織性的暴動」①。但這一事件的寒蟬效應將停留於島上多年不去，自此，年輕一輩臺灣人被告誡勿碰政治，因爲在中國的政治叢林裡，講究的是以眼還眼。

一九四七年七月，肅殺之氣籠罩臺灣，一群臺灣異議分子請魏德邁將軍出面干預。這位駐華美軍總司令雖向國民黨當局保證，美國對臺沒有領土野心，還是在一九四七年八月十七日發了以下信息給國務卿馬歇爾：

(臺灣)人民衷心且熱切期盼脱離日本的控制。但陳儀和其親信無情、腐敗且貪得無厭的將一群快樂、溫順的人民，強行納入他們的統治。(中國)軍隊的行徑猶如征服者。祕密警察橫行霸道，恫嚇人民，協助(國民黨)官員剝削……這座島盛產煤、米、糖、水泥、水果、茶葉。八成的(臺灣)人民有讀寫能力，中國大陸上的普遍情況則與此正相反。跡象顯示福爾摩沙人會接受美國的保護和聯合國托管。他們擔心(國民黨)政府有意榨取臺灣的資源，以支持搖搖欲墜且腐敗的南京政府，而我覺得他們的憂心有其

① 欲更深入了解美國政府對二二八事件的立場，參閱U. S. State Department,《中國白皮書》, 926-938.

充分根據①。

臺灣獨立運動

魏德邁將軍的道德支持雖不是替臺灣人療傷止痛的特效藥，他的「美國保護」構想卻令數位臺灣異議分子大爲雀躍，包括廖文奎、廖文毅這對兄弟、林獻堂、黃紀南。廖文毅是雲林西螺有錢地主的兒子，拿到美國俄亥俄州立大學的工科博士，娶了美籍女子。據黃紀南的回憶錄，柯喬治在二二八屠殺期間就與另兩位臺灣要人有聯繫，一位是鼓吹美國保護臺灣的陳逸松，另一位是組織了一小型「臺灣獨立」團體的楊肇嘉。一九四六年六月，黃紀南將請願書送到臺北的美國領事館，要求在聯合國監督下舉行全島公民投票②。一九四七年夏，廖文毅、黃紀南與另外幾位有志之士組成「臺灣再解放聯盟」，一九四七年九月底，廖文毅帶領幾位他新成立聯盟的成員，向當時的美國駐華大使司徒雷登(John Leighton Stuart)請願③。據卜睿哲(Richard C. Bush)的說法，傳教士出身的司徒雷登大使聽取了柯喬治的意見，「認定二二八事件的屠殺不能置之不理」，並敦促

① Ibid., 309.

② 黃紀男，《黃紀男泣血夢迴錄》(臺北：獨家出版，一九九一)，頁一三七—一三九、一四六。

③ 陳芳明，《謝雪紅評傳》(臺北：前衛出版，一九九四)，頁三八二。

蔣介石撤換陳儀，改以文人出身的魏道明爲臺灣省主席①。據說，對於廖文毅等人的請願，司徒雷登答以：「福爾摩沙獨立是條漫長而艱辛的路，但值得一搏。」②

國民黨政府立即宣布臺灣獨立運動爲非法，將該運動的領袖扣上「外國勢力的代理人」、「共產同路人」、「野心分離主義者」、「中華民族的叛徒」等帽子。一九四八年九月一日，臺灣聯盟無視國民黨高壓政策，代表七百萬島民向聯合國請願，要求將臺灣的主權和治權暫時放在由聯合國任命並監督的國際機構底下。這一請願案還要求更晚時舉辦公民投票③。但就在臺灣獨立運動人士尋求國際支持，以使臺灣擺脫國民政府統治時，國民黨漸漸輸掉大陸的內戰。一九四八年十二月，國民政府於徐蚌會戰失敗而華北、華中軍事情勢急速惡化之後，請美國將根據補助計畫購買的物資運到臺灣。接下來幾星期，國民黨軍隊幾乎在全國各地都慘敗於共軍之手。一九四九年四月下旬，毛澤東的人民解放軍大舉渡過長江，四月二十四日占領南京，五月十六、十七日拿下漢口，五月二十五日攻下上海，六月二日拿下青島。

---

① Richard C. Bush, *At Cross Purposes: U.S.-Taiwan Relations since 1942* (Armonk, NY: M.E. Sharpe, 2004), 47, 49, 82.

② 《黃紀男泣血夢迴錄》，頁一七三。*Fifty Years in China: The Memoirs of John Leighton Stuart* (New York: Random House, 1954)中，司徒雷徒未提及他與臺灣人的這次會面，也未提及他與柯喬治的工作關係。

③ 《黃紀男泣血夢迴錄》，頁二〇四。

徐蚌大敗之後，蔣介石於一九四九年一月二十一日被迫辭去總統之位，但不願放掉兵權，且準備將國民政府遷到臺灣，將約四十萬逃難百姓和三十多萬孤立無助的部隊從大陸遷到這島。蔣介石於一九四九年五月底抵臺後，由美國保護臺灣或聯合國託管臺灣，一下子變得希望渺茫。原爲在大陸上壓制共黨分子而施行的戒嚴令，則在這時擴及到臺灣。戒嚴令凍結一九四六年十二月二十五日施行的中華民國憲法，剝奪臺灣人民的自由和基本人權，限制集會結社和媒體，檢查學術出版品。這時，國民黨祕密警察在蔣介石兒子蔣經國(一九一〇—一九八八)領導下，審訊、恐嚇數萬「臺獨」分子、共黨分子和批評國民黨、蔣家者①。數不清的無辜者遭處決或關押，包括廖文毅獨立運動的幾位支持者。一九五〇年二月，一群流亡海外的臺獨運動人士聚集於東京，組成臺灣獨立聯盟。但事實上，國民黨已讓島上批評他們最力者噤聲。接下來三十年，國民黨不容異己，政治恫嚇、知識怠惰、文化忽視三管齊下。

國民黨在臺灣肆無忌憚迫害時，美國國務院的中國通怏怏不樂，共產黨於一九四九年四、五月拿下南京、上海後，他們對國民黨領導階層愈來愈不再抱有幻想。但龐大的社會壓力要杜魯門總統(一八八四—一九七二)勿承認新成立的北京中共政權。國會中親國民黨的「中國遊說團」和

① Jay Taylor, *The Generalissimo's Son: Chiang Ching-kuo and the Revolutions in China and Taiwan* (Cambridge, MA: Harvard University Press, 2000), 191-192.

艾奇遜(Dean Acheson)領導的國務院不同調，對於該如何處理蔣介石在臺灣的難民政權，美國內部出現了激烈爭議。一九四九年二月底，國務卿艾奇遜派南京美國大使館參事莫成德(Livingston Merchant)到臺灣，調查在臺建立一完全不受中國管轄之獨立政府的可行性。事後，莫成德報告，獨立於中國大陸之外的政治實體，可能無力防衛自己。然後，一九四九年十一月三日，美國總領事約翰·麥唐納(John MacDonald)拜訪蔣介石，抗議蔣的國民政府拒絕接受「臺灣人民的合法渴望」，並告知蔣不能再指望美國派兵防衛臺灣①。爲掩飾自己的失策，掩蓋華府的亂象，杜魯門最後決定放棄國民黨政權，因爲他在一九五〇年一月五日發表了以下聲明：

> 美國無意在臺灣獲取特殊權利或特權，無意在此時於臺灣設立軍事基地。美國也無意用自己的軍隊插手現今的情勢。美國不會走上讓自己捲入中國內戰的路，同樣的，美國也不會向臺灣的中國部隊提供軍援或軍事建議②。

---

① *Foreign Relations of the United States, 1949*, vol. 9, "The Far East: China" (Washington, DC: Government Printing Office, 1974), 289, 337-341, 401-403, 406. 以下簡稱為*FRUS*.

② U. S. State Department, *American Foreign Policy, 1950-1955*, Basic Documents (Washington, DC: Government Printing Office, 1957), 2448-2449.

韓戰與臺灣的命運

一九五〇年二月十四日，杜魯門發表上述聲明後只幾星期，蘇聯與中華人民共和國簽署爲期三十年的友好同盟互助條約，根據此約，雙方有任一方遭到第三方的攻擊，對方都必須施以援手。一九五〇年六月二十五日，由俄羅斯提供裝備、訓練的北韓軍隊跨過北緯三十八度線，南韓軍隊措手不及，立即陣腳大亂。金日成入侵南韓時，美國正陷入外交政策辯論、與隱然成形之共產集團國家關係的日益緊張與對華政策失敗的多事之秋中。美國決策者突然決定，不只要在朝鮮半島，還要在亞洲其他地方，乃至世界各個角落，擋住共產勢力進逼。美國投入韓戰，美、臺關係隨之步上新里程碑。六個月前還將臺灣排除在美國安全區之外的美國，這時不得不扭轉其對臺立場，宣布臺灣中立化，並派美國第七艦隊到臺灣海峽，以防中共攻臺。一九五〇年六月二十七日，杜魯門總統發表如下聲明：

我已命第七艦隊前去防止福爾摩沙受到攻擊。因爲這一行動，我已要求福爾摩沙的中國政府停止對大陸的海、空軍事行動。第七艦隊將確使中國政府做到這點。福爾摩沙的未來地位，將等太平洋恢復安定，與日本簽署和平協定，或聯合國審議過後，再做決定①。

因此，韓戰爆發後，杜魯門政府決定支持國民政府保衛臺灣，但同時要蔣介石政府停止從臺灣攻擊大陸。此後五十餘年，杜魯門的政策不僅使臺灣海峽中立化，還將中華民國與中華人民共和國隔開。美國強制促成的隔海分治，自此使美國已採取「兩個中國」或「一中一臺」政策的說法，更爲人所相信。一九五〇年七月二十八日，美國駐中華民國大使館代辦藍欽(Karl Lott Rankin)抵臺。三天後，時任聯合國軍最高司令官的麥克阿瑟，匆匆來臺北一天（七月三十一－八月一日），就「出動」國民黨軍隊攻擊中共的可能性，徵詢蔣介石意見。離臺後，麥克阿瑟扼要說明了臺灣的戰略價值，稱臺灣是「不沉的航空母艦和潛艇支援艦，其位置極佳，可完成進攻戰略，同時又可挫敗以沖繩、菲律賓爲基地之友軍的防禦或反攻行動。」②

一九五〇年十月下旬，中共揮師渡過鴨綠江抗美援朝，美國對中華人民共和國的憂心和敵意

---

① *U.S. Department of State Bulletin* (July 3, 1950). 欲進一步了解杜魯門對臺政策，參閱Chang, Su-ya(張淑雅), "Pragmatism and Opportunism: Truman's Policy toward Taiwan, 1949-1952" (Ph. D. dissertation, Pennsylvania State University, 1988).

② Joseph W. Ballantyne, *Formosa: A Problem for United States Policy* (Washington, DC: Brookings Institution, 1952), 153.

更爲顯露。事實上，一九五一年一月時，中國龐大的「志願軍」(據估計共有兩百三十多萬人)，已把聯合國軍趕回三十八度線。因此，美國開始其「圍堵」新政策時，臺灣成爲對抗共產主義的重要據點。在這情況下，華府迅即提高其對蔣介石政權的軍、經援助。此外，儘管杜魯門政府決定不動用國民黨軍隊投入朝鮮戰場或其他地方，決定不給予蔣介石的難民政權更大的合法性，華府的確在臺灣設立了軍事援助顧問團(Military Assistance Advisory Group)，以蔡斯(William C. Chase)少將爲團長。二次大戰期間，蔡斯少將從新幾內亞出動其第一騎兵師，將日本守軍趕出西南太平洋的洛斯內格羅斯島(Los Negros Island)和馬努斯島(Manus Island)，然後第一騎兵師編入占領日本的第八集團軍，蔡斯隨麥克阿瑟來到東京。後來，一九五二年十二月，美國艾森豪總統(一八九〇—一九六九)訪韓三天期間，蔡斯前去韓國徵詢意見，與艾森豪、美國高階將領一起檢討西太平洋的戰略情勢。

韓國會議(一九五三年二月二日)後不久，艾森豪宣布美國第七艦隊將不再阻攔臺灣國民政府進攻中共①。由於艾森豪政府這一改弦更張，美軍援助顧問團隨之受命加強蔣介石部隊的戰力。該顧問團的美軍人員，不久即由一九五一年五月的三十三名，增加爲一九五一年八月的一百一十六

① Thomas A. Bailey, *A Diplomatic History of the American People* (New York: Appleton-Century-Crofts, 1964), 826. 也參見*The Memoirs of John Leighton Stuart*, 307.

名，一九五二年的四百名，最後到一九五五年的兩千三百四十七名。這時的國民政府軍隊，每個營都至少配置有一或兩名美軍顧問。蔡斯少將於一九五五年屆退，後由史邁斯(George D. Smythe)少將、鮑恩(Frank S. Bowen, Jr.)少將陸續接任。除了訓練、裝備國民黨六十五萬部隊，史邁斯、鮑恩還執行中美防禦條約(見下一節)，監督美國對臺軍援(一九五〇至一九六七年共二十四億美元)①。

美援

一九五一年秋，美國國會配合反共圍堵政策，通過共同安全法案(Mutual Security Act)，臺灣是這一政策的受惠者之一。華府成立美援團(U.S. Aid Mission)，撥款將近十四億九千萬美元，作爲對臺的非軍事援助，直至一九六五年爲止平均每年約一億美元，相當於臺灣國民生產總值的一成。其中一半援助用來促進臺灣經濟發展，以及提供技術援助和剩餘農產品(例如棉花、大豆、麵粉、奶油)，以紓解大批逃難來臺者的生活困境。另一半是貸款，例如一筆工業計畫貸款、一筆整

① 欲更深入了解美軍顧問團(MAAG)，參閱Kerr, *Formosa Betrayed*, 406-407; 吳密察，《臺灣史小事典》(臺北：遠流出版，二〇〇〇)，頁一七一；Karl L. Rankin(藍欽), *China Assignment* (University of Washington Press, 1964), 274-275, 315.

體工業貸款、一筆商業採購貸款。一九四九至一九五一這三年期間，美國共貸款六千五百八十萬美元給臺灣數項工業計畫，包括水泥、水庫和水力發電、鐵路、漁業冷藏設備、鋁、玻璃。每筆貸款象徵性收取百分之〇．七五的年息，一九九四年李登輝(一九二三—)當總統時還清。

沒有美援，臺灣高調宣揚的「經濟奇蹟」不可能出現。一九五二至一九八六年，臺灣年經濟成長超過百分之八。首先，整套援助提供了臺灣三分之一的資本，使臺灣得以建造經濟基礎設施：高雄港十號碼頭(一九五二年四月二十一日用美援款項完成)、中臺灣西螺大橋(一九五三年九月建成)、石門水庫暨水力發電廠(一九五五年七月七日開始運轉)、臺灣崎嶇東岸的縱貫公路(一九六〇年五月八日通車)。另外，美援大幅提升了臺灣的進出口，臺灣進口更多工業產品(從一九五〇年的百分之七．九成長為一九六五年的百分之四十六)，進口更多資本財(從一九五〇年的百分之十三．三成長為一九六五年的百分之二十九．三)、更多農產品(從一九五〇年的百分之四十．七成長為一九六五年的百分之六十五．六)[①]。美國資本財(例如機器工具和零件、原油和潤滑油、金屬器件、橡膠產品、化學品、藥)和剩餘農產品(包括棉花、小麥、大豆、肥料、奶油與奶粉、菸草、玉米、麵粉、食用油)，如表十五所示，占了臺灣進口品的大半。

---

① 中華民國行政院經濟計畫委員會，《臺灣統計資料冊》(一九七七)，頁二一九—二二〇；《臺灣統計資料冊》(一九八一)，頁四—六。

表十五　美國對臺的進口，1951-1965（單位：百萬美元）

年	總進口額(A)	從美國(MSA)進口額(B)	A/B比率(%)
1951	143.3	56.6	16.7
1952	207.0	89.1	39.5
1953	190.6	84.0	43.0
1954	204.0	87.9	44.1
1955	190.1	89.2	43.1
1956	228.2	95.4	46.9
1957	252.2	98.7	42.3
1958	232.9	82.3	39.2
1959	244.4	73.2	35.4
1960	252.2	90.9	30.1
1961	324.1	108.2	36.0
1962	327.5	80.1	33.4
1963	336.8	76.1	24.5
1964	410.4	39.7	22.6
1965	553.3	65.9	9.7

來源：文馨瑩，《經濟奇蹟的背後——臺灣美援經驗的政經分析（1951-1965）》（臺北：自立晚報，1990）：203。

為提升美援資金的援助效益，達成臺灣經濟自主的目標，美援團（一九五二年一月五日改名為美國共同安全總署中國分署）建立名為「作業計畫」（Operation Program）的監督體制。這一作業由施幹克（Hubert G. Schenck）主持，包含四道手續：一、授權；二、撥款；三、分配；四、義務；加上數條有關採購與開支的規定與限制，例如最終用途查核制。卜蘭德（Joseph L. Brent）從一九五四年三月三日起擔任美國共同安全總署（MSA）中國分署署長，一九五八年一月二十五日卸任，一九五八年二月十六日由赫樂遜（Wesley C. Haraldson）接任，直到一九六二年八月九日為止。受惠於美國財務支持與技術建議的大型計畫共有十四項，中國農村復興聯合委員會（簡稱農復會）是其中之一。從一九五一至一九六三年，農復會經費占去美國對臺援助總經費的百分之二十四。事實上，這時期臺灣對農業的投資，有百分之五十九來自農復會補助。五位農復會委員（兩位由美國總統指派，三位由中華民國總統任命）設計、督導臺灣多項農村計畫，包括農業經濟、農業發展、植物生產、林業、水力工程、食物與肥料生產、鄉村衛

圖二十一　美國農業專家在臺灣鄉下，1950年代末期

表十六　美國對臺援助(單位：百萬美元)

	總金額	整體經濟援助(MSA)			
年	DS*/DL*	TC*	DFS*	DLF*	SAC*
1951	90.8/80.1	0.2	10.5	—	—
1952	75.8/62.5	0.2	12.7	—	0.4
1953	100.3/72.0	1.8	26.5	—	—
1954	108.3/74.5	1.9	31.4	—	0.5
1955	132.0/97.5	2.4	29.5	—	2.6
1956	101.6/78.7	3.3	10.0	—	9.6
1957	108.1/77.0	3.4	6.7	—	21.0
1958	81.6/53.3	3.5	7.8	—	17.0
1959	128.9/62.2	2.6	6.4	30.6	27.1
1960	101.1/68.2	2.4	3.8	19.1	7.6
1961	94.2/45.7	2.0	2.4	16.1	28.0
1962	65.9/3.9	2.7	—	—	59.3
1963	115.3/19.8	1.8	—	—	93.7
1964	83.9/56.2	1.5	—	—	26.2
1965	56.5/—	0.4	—	—	56.1
1966	4.2/—	—	—	—	4.2
1967	4.4/—	—	—	—	4.4
1968	29.3/—	—	—	—	29.3
總計	1,482.2/851.6	30.1	147.7	65.8	387.0

來源：中華民國行政院經濟計畫委員會，《臺灣統計資料冊》（1977），頁219。

*DS（國防支援）、DL（開發性貸款）、TC（技術合作）、DFS（直接兵力支援）、DLF（開發基金貸款）、SAC（根據480號法案提供的剩餘農產品）。

生、水土保持、牲畜飼養①。在美國共同安全總署的支持下，農復會聘請美國農業專家，例如考夫曼(I. H. Kauffman)、邁爾斯(W. I. Myers)，前來臺灣啓動開發計畫，爲農民設立農業合作社和貸款機構。農復會還雇請來自提愛姆斯公司(Tippetts-Abbett-McCarthy-Stratton)、莫克國際公司(Morrison-Knudson International)的美國工程師，協助設計、建造青草湖、曾文、明德等水庫②。

在美國「技術援助」計畫下，一九五一至一九七一年間，共有三千零三名臺灣科學家、技術員、教育家和其他人士拿到獎學金赴美深造。以下是在這一計畫下領到獎學金者的行業分類：農業七百五十一人(占百分之二十五)、工業和礦業七百六十三人(百分之二十五)、通信與運輸一百六十三人(百分之五)、勞工管理二十九人(百分之一)、公共衛生兩百零四人(百分之七)、教育四百九十六人(百分之十七)、公共行政三百零八人(百分之十)、社會福利二十一人(百分之一)、廣播與媒體兩百零三人(百分之七)、投資與貿易十七人(百分之零)、直接兵力支援四十八人(百分之二)③。美國對臺的全部援助，條列於表十六。

美援不只解決了臺灣戰後食物短缺、貿易失衡、通貨膨脹惡性循環諸問題，還提供臺灣値錢

---

① 吳密察，《臺灣史小事典》，頁一六六。也參見趙既昌，《美援的運用》(臺北：聯經出版，一九八五)，頁三一、一一五—一三五。

② 欲更深入了解，參閱Neil H. Jacob, *U.S. Aid to Taiwan* (New York: Prager, 1966), 195-197.

③ 趙既昌，《美援的運用》，頁二九、三〇。

的原料、先進的設備、技術知識、資本；沒有美援，臺灣不可能有經濟成長和旺盛的國際貿易。例如，一九五一至一九五九年間，臺灣發展其新興紡織業所亟需的原棉，有百分之九十一．八是在美國共同安全總署的計畫下進口①。美援還促進了臺灣整體航運業的成長，特別是促進了高雄港與基隆港的發展。例如，一九五三年，共有四百一十六艘船載美國貨到基隆卸貨。此外，基隆的進出口總噸數從一九五一年的一百二十萬七千兩百六十一噸，成長爲一九六五年的四百一十一萬五千七百九十九噸②。即使在美援截止後（一九六五年宣告截止，但最後一筆援助於一九六八年抵達），美國仍繼續爲臺灣商品提供最大市場。再者，美國共同安全總署設置的方式和美國補助、貸款發放的手續，都不斷激勵臺灣政府官員、民間部門、學界菁英、各種專業人士同心協力，以改善島上人民的經濟、社會生活。更重要的，一九五〇、六〇年代的美援，在無意之間，爲臺灣人日後之管理自己的外援（一九八〇、九〇年代捐給非洲、拉丁美洲、東南亞之第三世界國家的外援），做好了準備工作。由於美國小麥的大量進口，臺灣人的飲食由以米爲主食漸漸轉爲麵條、麵包。一九五三年，臺灣每人每年平均消費十五．二公斤的麵粉、一百四十一．二公斤的米。到了一九八〇年，臺灣每人每年平均吃掉二十三．六公斤的麵粉製食物，米的消費則降爲一〇六．五

① Shiau, Chyuan-jeng（蕭全政）, "The Political Economy of Rice Policy in Taiwan, 1945-1980" (Ph. D. dissertation, University of Pennsylvania, 1984), 121.

② 基隆港務局，《基隆港建港百年紀念文集》（一九八五），頁一三一。

公斤[①]。

臺灣成爲美國的反共盟邦

不能忘記的是，美國的大筆援助，旨在使國民黨政府配合美國的全球戰略。美國的圍堵政策決定者深信，只有希臘、南韓、南越之類盟邦經濟自主而社會、政治穩定，才能阻止共黨勢力吞噬更多自由人民，而就臺灣來說，只有經濟、社會、政治滿足上述條件，才能抵禦中共的潛在威脅。一九五三年一月，在臺的美國駐華大使館代辦藍欽改任駐華大使，從而提高國民政府的合法性和國際地位。美國駐華大使館奉命在臺執行美國多方面的政策，包括與臺灣一些政府機關協調援助辦法，援助對象不只軍事、安全方面，還有衛生、農村重建、教育方面。藍欽是個好相處而行事謹慎的職業外交官，有顧問霍華德．瓊斯(Howard P. Jones)、政治部門主管董遠峰(Robert W. Rinden)爲其助手。藍欽自稱「寡言之人」，在臺通常避免公開講話，以免遭新聞界誤讀。但在一九六四年的個人著作《中國任務》(*China Assignment*)中，他寫道，「福爾摩沙與中國大陸兩地老

① 農復會，《臺灣糧食平衡表》（臺北：農復會，一九五三與一九八〇年）。

百姓的主要差別，在於前者身體較健康，教育程度較高，生活水平較高。」①但隨著海峽兩岸的緊張升高，藍欽升官的同時，肩上的責任也加重，得解決新的外交難題。

一九五四年九月三日清晨(早上四點四十五分)，廈門的共軍突然猛烈砲轟距大陸沿岸只九公里的金門和小金門，炸死兩名美軍顧問團成員，嚴重威脅臺灣海峽。但在金門砲擊事件使華府注意到臺灣海峽的危險之前，藍欽和美軍顧問團團長蔡斯少將就已一再提醒美國政府，這些沿海島嶼「與守住臺灣關係重大」，強化它們的防衛「攸關」國民政府能否維持住戰略上、心理上對中共的優勢。事實上，一九五四年五月下旬，艾森豪總統與國會領袖會晤時，承認「那些沿海島嶼是福爾摩沙防衛不可分割的一環」，從而發出了再有力不過的信號②。艾森豪得悉金門遭砲擊時，人在科羅拉多州的丹佛度假。聽取過副國防部長羅伯特・安德森(Robert Anderson)的簡報，得知戰事只局限在沿海島嶼，艾森豪稍稍鬆了口氣，但仍決定得有所行動。九月九日，國務卿杜勒斯在從馬尼拉返國途中，繞道臺北，與藍欽、美軍顧問團團長蔡斯、蔣介石商談了五個小時。金門砲

---

① Rankin, *China Assignment*, 129, 202.

② 艾森豪與國會領袖會晤筆記，May 24, 1954, *USFR 1952-1954*, 14 (1): p. 429n3; Tel.28 from Taipei, July 15, 1953, ibid., 14 (1): p. 229; Tel.34 from Taipei, July 17, 1953, ibid., p. 230; Memorandum of Conversation(以下簡稱MC)Chase and Major St. John of Defense, Robertson, et al., re General Chase's Observation about the Situation in Formosa, July 20, 1953, 794a. 5/7-2053, RG59, National Archives(NA). 也參見Stephen E. Ambrose, *Eisenhower: Soldier and President* (New York: Simon and Schuster, 1990), 385.

擊之前，美國國務院和國防部都不希望擴大第七艦隊的防禦範圍，唯恐引來中共的大規模報復①。九月十二日杜勒斯一返國，艾森豪即在丹佛召開特別的國家安全會議。會中未有具體決定，但艾森豪指示杜勒斯請紐西蘭出面，將金門砲擊案提交聯合國安理會。但由於蔣介石極力反對紐西蘭提議，美國爲強化自己的反共立場，維持自己在東亞的威信，決定採納太平洋戰區司令官雷福德(Arthur W. Radford)的強烈建議，與臺灣洽簽雙邊防禦條約②。

負責遠東事務的美國助理國務卿饒伯森(Walter S. Robertson)深信，北京砲轟金門的決定，意在迫使美國上談判桌與中華人民共和國談，並改變臺灣情勢。真正與國民政府代表在臺北、華府兩地商談者是饒伯森。饒伯森於一九五四年十月十二日抵達臺北，將華府欲簽訂雙邊防禦條約的想法告知蔣介石③。十月二十三日，英國外長艾登(Anthony Eden)在巴黎告訴杜勒斯，只要該防衛條約不會使臺灣成爲國民黨政權的「特許避難所」，英國不會反對該條約④。因此，十一月二日開

---

① Rankin, *China Assignment*, 206-207.

② Memo on the 214th NSC Meeting, September 12, 1954, *USFR 1952-1954*, 14 (1), 623. Tel.244, Rankin to Robertson October 5, 1954 ibid., 682-683; Memo, Robertson to Dulles, October 7, 1954, ibid., 14(1). 706.

③ Memo, Robertson to Dulles, re Mutual Defense Treaty with the Republic of China, August 25, 1954, *USFR 1952-1954*, 14 (1): 548; MC, Chiang with Robertson et al., October 13, 1954, ibid., 14 (1), 728-753.

④ MC, Dulles with Eden et al. in Paris, October 23, 1954, ibid., 14 (1), 790-792. 欲進一步了解英國對金馬外島的立場，參見Tracy Lee Steele, "Anglo-American Tensions over the Chinese Offshore Islands, 1954-1958"

始密切協商，國民政府代表是外交部長葉公超和駐美大使顧維鈞，美方代表是國務院中國事務科科長馬康衛(Walter P. McConaughy)。協商期間，杜勒斯只參加了第一場、最後一場會議①。一九五四年十二月二日，中美共同防禦條約在華府簽署時，國民政府喉舌《中央日報》頭版刊出這項消息，並刊出全文。一九五五年一月二十四日，美國國會通過以下的聯合決議：

> 在此授權美國總統得在他認爲必要時動用美國武裝部隊，以保護福爾摩沙和澎湖安全，使免遭武裝攻擊，這一授權包括保護現由盟友掌控之該地區的相關位置和領土②。

這一福爾摩沙決議案通過之後，美國聯邦參議院於一九五五年二月九日批准該條約。二月十一日艾森豪總統在條約上簽字，三月三日與臺灣交換條約，使條約生效。這一條約要求美國保衛臺

（續）

(Ph. D. dissertation, University of London, 1992).

① MC, Dulles with Yeh(葉公超)and Koo(顧維鈞), re Proposed Mutual Security Pact, etc. (1st Meeting), November 2, 1954, *USFR 1952-1954*, 14 (1), 849.

② U.S. Statutes at Large, LIX, 7; 也參見J. R. Beal, *John Foster Dulles: A Biography*(New York: Harper, 1957), 219-221.

灣和澎湖，但將是否動用美軍保衛金、馬的決定權，保留給美國總統。在該條約之後的換文(十二月十日)中，美國還要求中華民國對大陸採取任何軍事行動之前，得先徵詢美國政府意見。接下來二十六年，中美共同防禦條約是美、臺關係的基礎，爲雙方長期而廣泛的合作，確立了法理基礎。這一條約既保住了自由臺灣，也有助於鞏固美國在西太平洋的支配地位與利益，並成爲美國國務院積極捍衛、保護臺灣在聯合國安理會永久席位的指導方針①。

中美共同防禦條約基本上保住國民政府，使免遭中共攻擊，但構成法律約束力的換文，也將國民黨部隊牢牢「拴」在島上，促成杜勒斯所希望的現狀。這是因爲若沒有美軍的事前許可，國民政府不得單方面發動任何攻勢「反攻大陸」。換句話說，美國對臺的安全承諾只局限在提供防禦性武器和保護臺灣使免遭中共攻擊上，但不包括協助國民政府收復大陸。事實上，中美共同防禦條約簽訂之前，艾森豪政府就說服蔣介石撤離位於大陳島群的部隊。自一九三七年以來，臺灣首度恢復了安定與安全，但臺灣大眾了解這條約本身，卻不了解換文的防禦性本質。國民黨政權公開聲稱這條約是在互惠原則下談定，卻不願向臺灣人民公布這一「蹊蹺」之處，而繼續堅稱臺北是中國的臨時首都，「推翻共黨政權和光復大陸」是其「最迫切、最優先的事項」②。在這同

① Rankin, China Assignment, 214. 欲更深入了解，參見U. S. Senate, *Republic of China Military Relations*, 1971, vol. 1, 918-1146.

② 欲更深入了解中美共同防禦條約的磋商過程，參見Su-ya Chang(張淑雅), "John Foster Dulles and the

時，艾森豪政府正與北京代表直接談判，搞「兩個中國」政策，第一次是一九五五年在日內瓦，第二次是一九五八年在華沙。此外，一九五八年一月上旬，藍欽調任駐南斯拉夫大使，由莊萊德(Everett F. Drumright)接任其駐臺職務。在此之前，莊萊德曾任助理國務卿饒伯森的副手和駐香港總領事。一九六六年馬康衛接替莊萊德之職。

金門危機與美國對臺政策

一九五六年七月，美國國會無異議通過反對中華人民共和國進入聯合國的決議案。北京把中美共同防禦條約、一九五四年初美國之誘使一萬四千兩百零九名韓戰中共戰俘從韓國投奔臺灣、美國之反對中共進入聯合國、華府之繼續抵制與中共貿易和諸如此類的舉動，視爲美國欲以臺灣爲基地擴大對中共侵略，欲藉由臺灣幫蔣介石收復大陸。爲反制美國的圍堵政策，將人民的注意力移離失敗的大躍進經濟政策，毛澤東下令福建的人民解放軍對金門展開另一波砲擊。一九五八年八月二十三日晚，頭兩小時的砲擊期間，砲彈落如雨下，造成四百四十名官兵傷亡，重創全島通

(續)

Making of the U.S.-R.O.C. Mutual Defense Treaty of 1954," *EuroAmerica*, vol. 24, no. 2(Taipei: Institute of European and American Studies, Academia Sinica, June 1994): 51-99; Tang Tsou(鄒讜), *The Embroilment over Quemoy* (Salt Lake City: University of Utah, 1959).

訊網。國民政府部署將近十萬兵力(約其戰鬥兵力的四分之一)防守這些沿海島嶼，回應中共砲擊。華府把這些戰術作爲視爲「愚蠢」之舉，但臺北方面認爲若放棄這些沿海島嶼，將形同投降。美國第七艦隊同意替國民政府補給船護航，但大體上保持在距交戰區五公里以外。第七艦隊前後三次運送(九月十八、二十一、二十七日)，將數座美製八英寸巨砲從沖繩、日本、關島運到金門。這些先進的巨砲，加上配備美製響尾蛇飛彈的較先進國民政府軍機，迅即重創共軍。據估計，四十四天猛烈砲擊期間，共軍總共向金門這個一百四十八平方公里的小島，發射了四十八萬發砲彈①。

一九五八年十月六日，中國共產黨喉舌《人民日報》發布國防部長彭德懷(奉毛澤東之命)停止砲擊一星期的命令。經過在臺北三天咄咄逼人的交談，十月二十三日，國務卿杜勒斯終於說服蔣介石宣布，國民政府無意用武力光復大陸。此後，共軍的砲擊漸漸減少。後來杜勒斯因其以「推向冒險邊緣的手法」嚇阻中共侵略而受到讚揚，但批評者稱他對困擾已久的金門問題的處理手法是「福爾摩沙蠢行」②。雙方依舊對峙，無法給對方致命的一擊。中共持續對沿海島嶼進行單

①　中華民國國防部政治作戰部，《扭轉乾坤的一戰：金門八二三砲戰三十週年紀念專集》(臺北，一九八八)，頁二、一九。

②　此前的一九五八年一月，蔣介石也向駐華大使藍欽表示，美國「毋需擔心他的政府會在不事先徵詢(華盛頓)下試圖『反攻大陸』。」但蔣介石也深信，應為反攻大陸做好準備。見Rankin, *China Assignment,*

打雙不打的砲擊，直到一九七九年一月一日中共國防部長徐向前下令停止砲擊爲止①。國民政府守軍也停止其象徵性的雙日反擊，作爲回應。同樣應該指出的是，金馬島嶼的地位，後來成爲美國總統選戰的議題。一九六〇年，美國第一次總統候選人電視辯論中，曾於一九五六年夏短暫訪問臺北的共和黨候選人尼克森，誓言保衛金馬，民主黨候選人甘迺迪則宣布，他會把金馬的問題交給聯合國處理，而不會動用美軍幫蔣介石防守。甘迺迪似乎在暗示，如果當選，他的政府將遵守中美共同防禦條約，只防守臺灣，而不會爲了其他目的維繫或協助國民黨政府。

新美中臺三角關係的形成

甘迺迪、詹森當政期間，蔣介石的國民黨政府對白宮的影響力不如從前。甘迺迪惱火於蔣介石仍堅持其臺北難民政府是全中國唯一的合法政府。一九六四年四月，國務卿魯斯克(Dean Rusk)訪臺，重申美國保障臺灣安全的義務。但對於國民政府是中國唯一合法政府這一主張，魯斯克婉拒重申美國的承諾。藉此，魯斯克清楚表明美國準備採行「兩個中國」政策。但華府根據國際現勢

（續）

312; 也參見Thomas Bailey, *Diplmatic History of the American People*, 852-853.

① 見人民代表大會常務委員會發布的〈告臺灣同胞書〉，《人民日報》（一九七九年一月一日）。

調整其對華政策時，頑固的蔣介石仍死守「漢賊不兩立」的老原則，一再拒絕美國所提讓中華民國和中華人民共和國在聯合國各有席位的雙重代表權提議。蔣甚至揚言否決蘇聯所提的外蒙古入會案，因爲蔣堅持外蒙古仍是中華民國的一部分。從一九六四到一九六九年，美國諸位決策者，從總統詹森、國務卿魯斯克，到美國駐聯合國代表高柏格(Arthur Goldberg)、主掌遠東事務的助理國務卿彭岱(William Bundy)、主掌國際組織事務的助理國務卿薛斯可(Joseph Sisco)，爲了保住中華民國在聯合國的席位傷透腦筋，辦論了多種方案。遺憾的是，蔣介石一心想著要「光復大陸」，因而仍舊拒絕外界的提議。參議院外交關係委員會召集人，阿肯色州選出的民主黨籍參議員傅爾布萊特(J. William Fulbright)，稱臺灣是「非常有分量的國家」，「傾向讓他們兩個(中華民國和中華人民共和國)都成爲(聯合國)會員」①。但由於蔣介石反對美國的「會籍普遍原則加雙重代表權」策略，臺灣失去了一大機會，且在日後爲失去聯合國會籍付出沉重代價。

尼克森於一九六九年當上總統之後不久，爲解決死傷慘重而不得民心的越戰，爲降低美國在亞洲的整體風險和成本，爲防範蘇聯攻擊中國，著手改善與中共的關係。尼克森大肆吹捧的一九六九年關島原則(Guam Doctrine)，暗示美國將減少對臺軍援，與中國和解。在尼克森任內，國務

① J. William Fulbright Papers, University of Arkansas Special Collections, Series 72, Box 26, Folder 1, under "Reporters Round-Up Release," March 20, 1966, 6. 關於對中華人民共和國、中華民國雙重代表權問題的詳細探討，參見Richard C. Bush, *At Cross Purposes*, 108-109, 110-115.

卿羅吉斯(William P. Rogers)和駐聯合國大使老布希(George H. W. Bush)想爲臺灣留住聯合國席位，但也歡迎北京取得聯合國會籍。另一方面，尼克森的國家安全顧問季辛吉(Henry A. Kissinger)，更感興趣於和中共達成某種修好。爲反制蘇聯的全球影響力，季辛吉極熱中於打所謂的「中國牌」，因而準備好隨時犧牲掉臺灣的利益①。一九七一年十月，季辛吉與中國總理周恩來在北京祕密會商時，聯合國大會接納阿爾巴尼亞的提議(第二七五八號決議案)，以七十六票贊成，三十五票反對，十七國棄權的表決結果，將中華民國趕出聯合國，承認中華人民共和國爲代表中國的唯一合法政府。尼克森政府未大力反對聯合國的決定，令臺灣人錯愕又震驚。同一年裡，數個國家與中華民國斷交，將大使館遷到北京，其中包括比利時、厄瓜多、印度、伊朗、黎巴嫩、墨西哥、祕魯。但最重的打擊，來自一九七一年七月尼克森宣布預定訪問大陸時，加拿大與臺灣斷交，一九七二年九月，日本承認中華人民共和國政府，斷絕與臺灣存在已久的外交關係。這一連串的外交挫敗，使臺灣陷入愁雲慘霧，使這座島從臺灣作家吳濁流所謂的「亞細亞的孤兒」變成「國際孤兒」②。

---

① Richard M. Nixon, *The Memoirs of Richard Nixon* (New York: Grosset and Dunlap, 1978), 556-557. 關於尼克森與周恩來就臺灣問題的談判，參見Henry Kissinger(季辛吉), *White House Years* (Boston: Little Brown, 1979), 782-783, 1072-1084.

② 見吳濁流，《亞細亞的孤兒》，(臺北：草根出版，一九九五)。

一九七二年二月二十八日，周恩來與尼克森簽署意義重大的上海公報。這一文件表明，關於臺灣問題，美國

> 認知到海峽兩岸的中國人都堅稱世上只有一個中國，臺灣是中國的一部分。美國政府對此立場不表異議。美國政府重申其對由中國人自己和平解決臺灣問題的關心。考慮到這一前景，美國政府申明從臺灣撤出全部美國武裝力量和軍事設施的最終目標。在此期間，美國政府將隨著這個地區緊張局勢的緩和，逐步減少其在臺灣的武裝力量和軍事設施①。

上海公報是美國與北京關係正常化的第一步，美國與中共緩和緊張關係的開始。但上海公報也改變了亞洲的政治版圖，因爲華盛頓開始低調脫離自杜魯門發表一九五一年六月聲明以來，美國在臺灣所已建立的堅強據點。不過，接下來二十年，上海公報受到不同觀點的解讀。尼克森與季辛吉同意「**認知到**世上只有一個中國，臺灣是中國的一部分」（黑體字爲作者特別強調），卻避

① 欲了解上海公報全文，參見Stephen P. Gibert and William M. Carpenter, *America and Island China: A Documentary History* (Lanham, MD: University Press of America, 1989), 111-114.

免稱臺灣是中華人民共和國的一部分。關於哪個政府代表中國，他們也未說死。在個人回憶錄中，尼克森論道：

> （一九七二年與中國首腦會談期間）臺灣是檢驗雙方關係好壞的試金石。我們覺得不該也不能拋棄臺灣人民；我們堅定認爲臺灣有權利以獨立國家的身分存在。中國人則同樣堅決的欲利用該公報，申明其對該島清楚明白的領土主張……我們知道當下在臺灣問題上不可能獲致一致看法。雙方都同意臺灣是中國的一部分——北京與臺灣兩邊政府都支持的立場——但我們不得不反對北京以武力將臺灣納入共黨統治①。

尼克森公開表示，「我們致力於和中華人民共和國締結新關係，但不會爲此犧牲老朋友」，儘管如此，他的曖昧清楚說明了臺灣脆弱的國際地位②。一九七二年底，已有三十三國和中共建交，同時與中華民國斷交。再者，美國政府以資深職業外交官替換其駐臺北大使馬康衛，且開始如尼克森在上海公報裡所承諾的，撤走臺灣島上的美軍和軍事設施。中美共同防禦條約（臺灣安全

---

① *Memoirs of Richard Nixon*, 570-571. 也參見John H. Holdridge, *Crossing the Divide: An Insider's Account of Normalization of U.S.-China Relations* (Lanham, MD: Rowman and Littlefield, 1997), 92-93.

② Jerome Alan Cohen, "Recognizing China," *Foreign Affairs* 50, no. 1 (October 1971): 31.

的主要憑藉）要到一九七九年才正式廢除，但駐臺美軍由一九七二年的九千人降爲一九七六年的兩千人。國民黨政府雖仍保有約五十萬現役軍人和兩百二十多萬的後備兵力，臺灣大眾卻已愈來愈不滿國民黨統治者不讓人民置喙重大議題。國民政府內充斥著精明的國共內戰倖存者，欠缺真正民主的匯集共識過程。國民政府的決策結構從未符合憲法的規範，沒有符合民主精神的制衡設計。權力落在國民黨領袖一人之手，國民黨領袖有權力可支持其政治野心。從一九四八年到一九七〇年代健康惡化爲止，蔣介石集國民政府軍隊總司令、國民黨主席、國家元首於一身，是不折不扣的掌權者。他兒子行政院長蔣經國，得到當時已臥病不起之總統倚重，一九七〇年代初期就繼承了父親的大權；「在所有政策和重大人事任命上」，蔣經國擁有「真正的決定權，幾乎不受體制約束」①。最後，一九七八年三月二十一日，蔣介石去世將近三年後，國民大會選出蔣經國爲中華民國第六任總統。

但在這一連串外交挫敗和信心危機之後，數千名在美、日、歐留過學或正在留學而受過良好教育的臺灣人，更爲積極投入反國民黨運動。一九七〇年在美國紐澤西州卡尼（Kearny）成立的臺灣獨立建國聯盟更爲壯大，在美國各大城市，包括紐約市聯合國總部前，偶爾舉辦了抗議活動。一

---

① Tien Hung-mao（田弘茂）, *The Great Transition: Political and Social Change in the Republic of China* (Stanford: Hoover Institution Press, 1989), 73.

九七〇年四月二十四日，在美國留學的臺灣人黃文雄、鄭自才，試圖暗殺赴美進行國事訪問的行政院副院長蔣經國，未能得手。這起暗殺未遂案發生於紐約市的廣場飯店前，黃、鄭兩人當場被捕。暗殺雖未成，卻立即激起美國新聞界對臺灣人怨憤不滿的關注。美國新聞媒體直言抗議美國官員的作爲，有時還尖銳批評美國政策，從而對臺灣學生的政治觀點產生程度不一的影響。透過美國新聞媒體的報導，臺灣學生常不由得比較起美國的民主自由社會和臺灣的列寧式政治體制，思索自己故鄉不准示威遊行、限制言論、出版、集會結社自由的問題。接下來二十年，反國民黨的出版品和臺籍美國人的金錢輕鬆流入島內，爲反國民黨勢力提供了寶貴支持。於是，一九七〇、八〇年代，臺灣島內的異議主張，比一九六〇年代更爲大聲，更爲明顯，且發出更爲頻繁①。

吉米・卡特與臺斷交

中共領導階層一再指控美國是中國與臺灣統一的最大障礙。但諷刺的是，真能幫忙中國更快與臺灣統一的國家也是美國。一九八二年七月，中共領導人鄧小平告訴前來北京訪問的美國國家

---

① 欲更深入了解，參閱陳佳宏，《海外臺獨運動史》（臺北：前衛出版，一九九八），頁六一——一〇八。

安全顧問布里辛斯基(Zbigniew Brzezinski)，「你和我一起克服了(關係正常化的)最後難關」①。民意支持度愈來愈低的卡特總統，擔心自己連任失敗、蘇聯威脅愈來愈大，布里辛斯基於是建議他打「中國牌」，在與北京的外交關係上尋求突破性的進展。一九七八年十二月中旬，白宮急急指示國務院將美國即將與中共建交之事告知臺灣政府，十二小時後卡特即宣布承認中華人民共和國「為中國的唯一合法政府」，並將尋覓新辦法「和平解決大陸與臺灣兩地中國人間的紛爭」②。

根據美國駐中華民大國大使安克志(Leonard S. Unger)的說法，國務院只給了他兩小時思索該怎麼向蔣經國告知這個令人驚愕的消息。布里辛斯基擔心若給臺灣太多時間因應卡特的電視宣告，國民政府可能會找很有影響力的參議員赫姆斯阻撓卡特的大計③。因此，一九七八年十二月十六日(臺北時間)凌晨兩點左右，安克志在中華民國外交部次長錢復和總統祕書宋楚瑜(蔣經國的英文翻譯)陪同下，緊急趕赴總統官邸叫醒蔣經國。安克志告知蔣，華府決定在一九七九年一月一日與北京建交，同時與臺灣斷交，廢除中美共同防禦條約。卡特於十二月十五日晚(華盛頓時間)透

---

① Zbigniew Brzezinski(布里辛斯基), *Power and Principle* (New York: Farrar, Straus, Giroux, 1983), 230, 233. 也參閱《北京周報》卅八期(一九八六年九月廿二日)，頁五。

② Jimmy Carter, *Keeping Faith, Memoirs of a President* (New York: Bantam Books, 1982), 190-191. 其他學者，包括June Dreyer(金德芳)，主張當時的國家安全會議亞洲事務主管Michel Oksenberg，是促成卡特決定承認中國的一大推手。

③ 周玉蔻，《十年前的今日凌晨》，《聯合報》(一九八八年十二月十六日)。

過電視向全國宣布此事，衝擊立即一波波襲臺，臺幣幣值暴跌，臺北股市一天內下跌將近一成。但國民黨領導階層早知道會有這一天，因在其「早一步事先擬好而存著備用」的官方聲明中，蔣經國政府表示，卡特政府不只「嚴重傷害了臺灣人民的權利與利益」，還違背了其一再申明「會與中華民國維持外交關係的保證」。國民政府接著提醒美國人和世人，中華人民共和國是「恐怖」、「集權專制」政權，卡特政府的決定是「人類自由與民主制度的一大挫敗」。最後，國民政府誓言絕不與中共政權談判，也不會放棄臺灣「光復大陸，解救同胞的神聖任務」①。

蔣經國繼續倚賴其堅定不移但刺耳的反共言語來安定人心，但臺灣人民覺得被美國出賣，大爲灰心。在臺北，憤怒群眾譴責吉米·卡特是「沒骨氣的美國人」，朝美國大使館丟石頭，砸雞蛋。另一批悲痛萬分的群眾聚集於臺北博愛路的外交部前，抗議國民政府的無能。副國務卿克里斯多福於一九七八年十二月二十七日抵臺以磋商此後臺、美關係時，在機場遭數千名臺灣抗議者以雞蛋、蕃茄、油漆、石塊相迎。抗議者衝破安全線，砸破他的車窗，朝他的臉揮拳洩憤。在美國，卡特承認中華人民共和國的決定，也遭遇正反不一的多種回應。美國國會當時正休會，無法集體回應，但參議院外交關係委員會召集人法蘭克·邱奇(Frank Church，愛達荷州選出的民主黨

① Harry Harding, Jr., *China and the U.S.: Normalization and Beyond* (New York: China Council of the Asia Society and the Foreign Policy Association, 1979), 10.

籍議員），稱那是「堅毅、勇敢的決定」。在政治光譜的另一端，時任共和黨全國委員會主席的老布希，譴責卡特的舉動「不止削弱美國在世界的公信力，還使和平前景爲之黯淡」①。

臺灣關係法

一九七九年初美國國會復會，立即著手立法以修補傷害，減輕「卡特震撼」對臺的不利衝擊。國會大幅修訂、改善了白宮所提拙劣且極不恰當的「臺灣綜合法案」草案。不到兩個月，國會即確立該法案條文，以壓倒性多數（參院是九十比六，眾院是三百四十五比五十五）通過②。在臺灣關係法的草擬、辯論過程中，卡特擔心觸怒中共，因此一再揚言否決該法案。但一九七九年四月十日，卡特軟化，簽署臺灣關係法，明令生效。臺灣關係法界定、規範、監督未來美、臺之間的關係，重申美國對（當時）兩千萬臺灣人民的安全承諾。

卡特政府在防守臺灣上立場雖不如過去明確，卻有一些學者認爲臺灣關係法其實恢復了臺灣

---

① Ibid., 2.

② *U.S. Public Law* 96-8, April 10, 1979, 96th Congress. 也參見John Copper, "The Taiwan Relations Act: A Ten-Year Record," in Chang King-yuh（張京育）, ed., *ROC-US Relations Under the Taiwan Relations Act: Practice and Prospects*（Taipei: Institute of International Relations, 1988）, monograph series no. 33, 3-6.

的主權，因爲該法視臺灣爲「民族國家」。臺灣關係法第四條(b)(1)規定，「凡美國法律提及或涉及外國、外國政府或類似實體時，此等名詞應包括臺灣，此等法律亦應適用於臺灣。」第四條(b)(7)進一步規定，臺灣在美國法院起訴或應訴的能力，不得因爲無外交關係或承認，而受到廢止、侵害、修改、拒絕或其他的影響。事實上，臺灣關係法不只保障了臺灣在美國國內法裡的法律地位，還反映了「一中一臺」政策，因爲該法未「將臺灣視爲中國的一部分，除非臺灣人民希望統一」[①]。卡特簽署臺灣關係法使其生效那一天，美國政府在維吉尼亞州的羅斯林(Rosslyn)設立了美國在臺協會。這是美國「非官方」機構，負責延續兩國人民間的「商務、文化和其他關係」。此外，臺灣關係法第十二條(a)規定，「國務卿應將美國在臺協會與臺灣當局簽署的任何協定之內容全文送交國會。」[②] 因此，美國在臺協會遵照臺灣關係法的要求，以職業外交官爲職員，由國務卿指派三人組成理事會治理該機構，經費來自政府(屬國務院經費裡的一項)，經由該協會所達成的協定及交易，得告知美國國會，並接受美國國會審查、認可。國務卿范錫(Cyrus Vance)立即指派

---

① John Copper, "The Taiwan Relations Act," 6-14; 也參見David Chou, "ROC-US Relations as seen from the Implementation of the Taiwan Relations Act," in Ching King-yuh, ed., *ROC-US Retations under the Taiwan Relations Act*, 14-22. 欲了解臺灣關係法全文，參閱Stephen P. Gibert and William M. Carpenter, *America and Island China: A Documentary History*, 222-229.

② Lester L. Wolff and David Simon eds., *Legislative History of the Taiwan Relations Act* (Jamaica, NY: American Association for Chinese Studies, 1982), 262.

中國通丁大衛(David Dean)爲美國在臺協會首任理事主席。國務院還派了職業外交官葛樂士(Charles T. Cross)擔任該該協會臺北辦事處處長，協助丁大衛管理這新機構。一九七九年夏，臺北辦事處有六十多名職員。丁大衛和葛樂士兩人的權限和受審查的程度，不消說和美國其他外交人員沒有兩樣。

在這同時，臺灣設立名叫「北美事務協調委員會」的準官方機構，取代原設在華府的大使館。此外，爲免名叫「雙橡園」的駐美大使官邸落入中共之手，臺灣將它賣給友臺組織，然後以高得多的價錢買回，並與美方私底下講好，北美事務協調委員會代表將只用雙橡園宴請賓客，不再住進那裡。另一方面，根據臺灣關係法第六條，臺、美之間既有的二十五個雙邊協定和至少五十五個多邊協定仍然有效。自一九七九年一月一日迄今，兩國已商談、締結三十八項新協定，處理交通、文化與教育計畫、海上事務、核能、科技、貿易之類事務，以及與美、臺人員之互惠特權、免稅、豁免權有關的問題①。爲有助於美、臺外交互動，爲執行這種種協定，臺灣將其領事館改爲北美事務協調委員會辦事處，分設於紐約、洛杉磯、芝加哥、舊金山、波士頓、休士頓、亞特蘭大、西雅圖、檀香山之類大城。這些辦事處，一如前領事館，配置經濟、科學、文化、新聞

---

① *Federal Register*, 51, January 14, 1986, 1558-1559; 也參見Office of Treaty Affairs, U. S. Department of State, *Treaties in Force* (Washington, DC: U.S. Government Printing Office, 1987).

方面的專員，且這些專員在美工作期間，如一般外交人員享有外交豁免權和特權。

美國與臺灣的民主化

美國與中華民國斷交時，蔣經國的一些美籍友人，例如駐南韓大使理察・沃克(Richard "Dixie" Walker)、中央情報局副局長雷・克萊恩(Ray Cline)，促請蔣宣布臺灣獨立。蔣不肯，因爲他認爲那將使國民黨和在臺居少數的「大陸人」失去正統性①。另一方面，觀念較偏自由主義的美國人一再提醒蔣經國放鬆對臺的高壓、嚴密管制，因爲臺灣關係法有關切人權和政治民主化的條款。諷刺的是，蔣經國政府以「卡特震撼」中止預定的一九七八年底國大代表、立法委員增額選舉。一九七九年十二月，還將約六十名臺獨運動領袖關押入獄(美麗島事件)。此外，據信祕密警察幹了數樁殘酷的政治謀殺，包括一九八〇年二月二十八日殺害臺灣異議人士林義雄的母親和兩名女兒，一九八〇年七月二日卡內基梅隆大學的陳文成教授遭暴力殺害，一九八四年十月華裔美籍記者劉宜良在舊山金郊區遇害。

① 沃克與克萊恩向蔣經國所提之建議的內容，係二〇〇六年一月邁阿密大學的June T. Dreyer教授提供給作者。

這些恣意殺人案最後受到美國國會的強烈關切。一九八一至一九八二年，眾議院亞太事務小組排定一連串聽證會，以查明國民黨特務是否違反外國代理人登記法(Foreign Agents Registration Act)。在陳文成命案聽證會總結時，普林斯頓大學畢業、曾任職外交體系的眾議員李奇(Jim Leach，愛荷華州選出的共和黨議員)說道，「毋庸置疑，臺灣政府的代理人做了騷擾、恫嚇、監控臺裔美國人的事」[1]。《紐約時報》某篇社論稱劉宜良遇害案是某「警察國家」的人在國外所幹下的「赤裸裸恐怖行徑」，而那國家由「一個家族、一個黨、一個奮鬥目標」在統治。美國最具影響力的報紙，接著批評「愈來愈衰老的(國民黨)領導人，死抱著自一九四九年逃離大陸以來堅信不移的觀點，且自那之後一直施行戒嚴統治。」[2]紐約州選出的民主黨籍國會議員索拉茲(Stephen J. Solarz)，接著促成國會通過武器出口管制法修正案(一九八一)，明訂「若發現外國政府在美國境內一再恐嚇、騷擾個人，得終止對該政府的軍售」[3]。一九八六年五月，索拉茲、李奇和其他幾名美國國會議員，包括紐約州選出的民主黨議員嬌拉汀．費拉羅(Geraldine Ferraro)、羅德島選出的

---

[1] *Time*(U. S.)(August 10, 1981): 19. 也參見U. S. Congress, Committee on Foreign Affairs, Subcommittee, on Asian and Pacific Affairs, *Martial Law on Taiwan and U.S. Foreign Policy Interests*, hearing, 97th Congress, 2nd sess., May 20, 1982 (Washington, DC: GPO, 1982), 231.

[2] Ibid., *The Murder of Henry Liu*, 100th Congress, 1st sess., February 7, March 21, and April 3, 1985, 93-95. 也參見*The New York Times*(Feburary 11, 1985).

[3] Richard C. Bush, *At Cross Purposes*, 195-196.

民主黨參議員克萊伯恩・佩爾(Claiborne Pell)、紐澤西州選出的民主黨參議員羅伯特・托里切利(Robert G. Torricelli)，組成臺灣民主指導委員會。

這一委員會強調以下事實：臺灣的立法院裡，絕大部分是一九四七、四八年在大陸選出的終身職立委，占臺灣兩千萬人口八成五的臺灣土生土長者，只能投票選舉該院的「增額」席位。該委員會不只要求臺灣解嚴，還警告國民黨政府，不施行民主改革，另一條路將是暴力或更糟①。因此，美國國會議員，以直截了當的方式，試圖迫使國民黨放鬆其在臺灣的高壓、獨裁統治。在這同時，愈來愈多美國要人也站出來支持臺灣人民爭取民主和人權。最後，經濟的急速成長、大學學歷人口的日增、日益大膽之反對人士舉辦的一連串示威，促成一九八〇年代臺灣的政治自由化。此外，由於蔣經國擔心遭暗殺，加上也支持菲律賓柯拉蓉・阿奎諾、南韓異議人士的蔣經國美國友人、批評者不斷施壓，他終於為政治多元主義在臺灣富裕社會的發展，邁出新的一步。

美國國會雖對國民黨的人權紀錄多有批評，美國雖於一九七〇年代末期、八〇年代初期對中共曖昧示好，華府還是賣了十七艘二次大戰時的戰艦(十五艘驅逐艦、兩艘潛艇)給臺灣，還提供一億五千萬至兩億五千萬美元的貸款給臺灣，以建造F-5戰機對抗中共的米格戰機。一九七四年，

---

① U. S. Congress, House Committee on Foreign Affairs, Subcommittee on Asian and Pacific Affairs, *U.S.-China Relations, 11 Years after the Shanghai Communiqué*, 98th Congress, 1st sess., Feb. 28, 1983, p. 124; Senate Committee on Froeign Relations, *The Future of Taiwan*, 98th Congress, 1st sess. (November 9, 1983) 14-23.

臺灣開始與諾斯洛普公司合作建造F-5E戰機①。一九七二至一九七九年，華府透過對外軍售、商售管道，轉移總值十一億六千七百萬美元的軍事裝備給臺灣。在這期間，美國以強化兩國經濟關係的方式，給予臺灣另外的協助，包括准許臺灣政府在美國開設四處新辦事處，使在美辦事處達到十四個。這大大促進了雙邊貿易，美、臺貿易額由一九七二年的十八億美元增加為一九七六年的四十八億美元。此外，美國於一九七三年在臺設了一處美國貿易中心，美國輸出入銀行批准三億五千萬至四億美元貸款給臺灣，美國在臺的私人直接投資於一九七五年超過四億美元，到一九七六年五月，已有八家美國銀行在臺設立分支機構②。接下來十年，臺灣的外貿持續成長，一九八七年達到八百八十億美元，位居世界第十三大。臺灣對美的貿易順差，如表十七所示，占了臺灣國內生產總值的將近百分之十六。

一九八〇年代，美國繼續推動與中共的關係正常化，包括國家元首的互訪，但美國仍提供新軍事裝備以提高臺灣的自衛能力。北京不願放棄對臺動武，美國總統雷根(一九一一—二〇〇四)因此不信任中共，而同情、支持臺灣。另一方面，雷根的幕僚，例如麥可．迪佛(Michael Deaver)、奧利佛．諾思(Oliver North)，似乎相信蔣經國會大刀闊斧抑制國民黨的激進、暴力文化。

---

① Douglas H. Mendel, Jr., "American Relations with Republic of China," in John Chay ed., *Problems and Prospects of American-East Asian Relations* (Boulder, CO: Westview Press, 1977), 92.

② Ralph N. Clough, *Island China* (Cambridge, MA: Harvard University Press, 1978), 27-28.

圖二十二　越戰期間基隆港的船塢

表十七　臺灣與美國的貿易失衡

年	出口(百萬臺幣)	進口(百萬臺幣)	出進口差額 / GDP
1969	144,590	186,862	-0.0718
1972	332,499	342,495	-0.0119
1975	388,945	451,589	-0.0626
1978	725,890	684,144	0.0294
1981	912,451	876,234	0.0207
1982	925,055	841,126	0.0467
1983	1,080,781	926,743	0.0796
1984	1,261,974	1,044,069	0.1027
1985	1,296,049	998,912	0.1343
1986	1,646,189	1,241,342	0.1665
1987	1,996,394	1,563,258	0.1593

來源：中華民國行政院主計處，《臺灣全國收入》。

在這情況下，雷根政府仍每年轉移給臺灣價值約七億美元的美國武器。但主要由於國務卿海格(Alexander Haig)想與北京建立「戰略關係」，雷根政府禁止臺灣北美事務協調委員會駐華府的官員，直接進入美國政府機關。臺灣要求售予先進F-X戰機一事，雖得到五十九位美國參議員支持，一九八二年初仍遭到駁回。但華府同意出售C-130H運輸機和SM-I、AIM-7F飛彈，以強化臺灣空防①。六月二十九日，白宮宣布將由舒茲(George P. Shultz)接替海格出任國務卿；兩個星期後(一九八二年七月十四日)，雷根給了臺灣以下六項保證：

> 美國：一、未同意對軍售中華民國一事設定終止期限；二、未同意在軍售中華民國之前先徵詢北京意見；三、不會在臺北、北京之間扮演調解角色；四、未同意修改臺灣關係法；五、未改變其對臺灣主權問題的立場；六、不會逼中華民國與北京談判②。

華府給了臺灣這六大保證後不久，即於一九八二年八月十七日與北京簽署以下聯合公報：

---

① Robert G. Sutter and William Johnson, eds., *Taiwan Entering the 21st Century* (Lanham, MD: The Asian Society and University Press of America, 1988), 63.

② Gibert and Carpenter, *America and Island China*, 326.

考慮到雙方的上述聲明，美國政府聲明，它無意執行長期向臺灣出售武器的政策，向臺灣出售的武器在性能和數量上將不超過中美建交後近幾年供應的水準，它決意逐步減少對臺灣的武器出售，並在經過一段時間走上最後的解決①。

這份名叫「八一七公報」的文件，用語和語氣再度讓臺灣人民緊張。但由於蔣經國捐了一百萬美元給奧利佛・諾思替尼加拉瓜反抗軍設的瑞士祕密帳戶，雷根政府不只支持臺灣在亞洲開發銀行的會籍，還同意協助通用動力公司(General Dynamics)與臺灣合資製造新性能的F-16戰機，並賣給臺灣藍圖、零件以建造派里級巡防艦②。

老布希於一九八九年成爲美國第四十一任總統時，深切了解臺灣仍攸關美國的國家利益。他同樣採行堅定而謹慎的「一中一臺政策」，有別於卡特、季辛吉所支持將臺灣降爲次國家地位(subnational status)的「一國兩制」方針。簡而言之，臺灣關係法與一九八二年的六大保證，繼續支配美國的對臺政策。配合這一政策，老布希以明確立場支持臺灣加入關稅暨貿易總協定(臺灣於二〇〇一年取得會籍時，關貿總協已改爲世界貿易組織)③。一九九一年，中國從俄羅斯買進二十

---

① Ibid., 312-314.

② Jay Taylor, Generalissimos' Son, 391-393. 也參見*Far Eastern Economic Review*(July 24, 1986): 27.

③ *The New York Times*(November 10, 1990): A22，報導了老布希寫給參議員Max Baucus的一封信。美國支

四架蘇凱二十七戰機，決意部署在臺灣海峽附近，令老布希政府大為憂心。鑑於連任選情不利，加以憂心蕭條的國內軍火工業，老布希於一九九二年九月二日一改華府長期以來的政策，宣布出售一百五十架洛克希德馬丁的F-16戰機給臺灣①。臺灣得在一九九三至二〇〇一年支付六十億美元的高額貨款，但李登輝總統大為雀躍，因為他決意用這些先進戰機汰換三百六十多架老舊的F-5E、F-104戰鬥機中隊（F-16於一九九七年全部交機）。此外，老布希政府同意租借三艘諾克斯級巡洋艦給臺灣，並私下講定租借五年後，這三艘主要供防禦用的軍艦將歸屬臺灣海軍。臺灣付三百九十四萬美元租借美國軍艦布魯頓號（Brewton, FF1086），付六百三十四萬美元租羅伯特皮里號（Robert E. Peary, FF1073），租借克爾克號（Kirk, FF1087）的價錢則未公布。根據美國國防部的報告，一九九九年時臺灣有四艘潛艇（包括兩艘造於一九八〇年代的海龍級潛艇）、七艘美國派里級飛彈巡防艦、九艘諾克斯級巡防艦、約二十艘驅逐艦、四架鷹眼空中預警機、十五架奇努克直升機、多種短程地對空飛彈和愛國者飛彈②。

受臺灣鄉親愛戴的李登輝於一九九〇年代中期成為中華民國總統時，臺灣已不再能接受既存的

（續）

持臺灣加入關稅暨貿易總協定／世界貿易組織，認為此舉未觸及主權問題。

① *Financial Times* (September 4, 1992), 18.

② *Newsweek* (April 1, 1996): 31; 也參見U. S. Department of Defense, "Report to Congress Pursuant to the FY 99 Appropriation Bill," *Defense LINK* (March 4, 1998): 8.

國際外交現狀，開始利用外援以打破外交孤立，重新加入國際組織。可想而知，北京仍是最大障礙。但臺灣有約一千億美元的外匯存底(當時是第二大外匯存底國，僅次於日本)，因此決定展開所謂的「金錢外交」。自信而又有魅力的李登輝總統，設立中華民國海外發展基金，以拉攏東南亞、中美洲、非洲、中東的國家，試圖打破中國的圍堵，使臺灣的主權國家地位得到國際承認。一九九五年，李登輝甚至表示願捐十億美元給財政拮据的聯合國，以取得聯合國會籍(目前爲止，臺灣已向聯合國叩關十四次，均因中國強力反對而失敗)。由於李登輝堅持不懈的外交努力，一九九五年臺灣已在九十個國家設立了約一百三十個大使館、領事館、或非官方的代表處。此外，臺灣已與全球各地的「臺灣友人」合力推動四十五項農業、醫療、技術等方面的援助計畫①。李登輝還透過遊說與動員美國國會裡的臺灣友人，於一九九五年六月九日應邀赴母校康乃爾大學發表演說。中國強烈抗議、反對李登輝訪美，揚言取消購買數架波音飛機的購買案。再者，一九九六年三月臺灣第一次民選總統期間，中國不只向臺灣兩大港基隆、高雄附近水域，試射三枚未裝彈頭的彈道飛彈，還在海峽對岸舉行實彈軍演威嚇臺灣選民。柯林頓總統基於臺灣關係法的規定，「憂心臺灣安全」，於是派兩艘航空母艦尼米茲號、獨立號到臺灣附近海域。但誠如柯林頓當政時的美國在臺協會主席卜睿哲(Richard C. Bush)所說，華府與臺北的溝通在一九九〇年代末期變

---

① Richard R. Vuylsteke, "Taiwan in World Affairs, The Road Less Traveled," *Free China Review*(July 1995), 56.

「差」①。

臺、美關係降溫

臺、美關係變「差」，乃是因爲臺灣人民不滿柯林頓總統的中國政策由「圍堵」改爲「交往」。曾以阿肯色州長身分訪臺四次的柯林頓，在一九九二年總統大選期間，抨擊現任總統老布希與「天安門屠夫」妥協。但入主白宮後，柯林頓改變立場，開始有意建立美、中「戰略夥伴關係」。一九九七年，柯林頓邀中華人民共和國國家主席江澤民訪美，一九九八年初夏柯林頓回訪中國時，對中國語多肯定，包括稱讚中國的經濟改革。然後，在上海的圓桌會議上，柯林頓語出驚人，透露他先前告訴江澤民，「我們不支持臺灣獨立、兩個中國、一中一臺，而且我們不認爲臺灣應加入需具有國家身分才能加入的組織。」②柯林頓的向中國傾斜和他即興的「三不」聲明，使美國國會議員驚愕，也使臺灣、日本驚恐。柯林頓的言行還在臺灣不同政治團體間，引發更多有關主權問題的爭辯。美國國務院雖派卜睿哲到臺安撫，說明美國對臺政策沒有改變，臺灣人民

① Richard C. Bush, *At Cross Purposes*, 232.

② Richard Halloran, "The Clinton-Jiang Summit, Who Calls the Tune," *Free China Review* (September 1998): 40.
另一方面，必須切記的，柯林頓在上海公開表述「三不」，代表的是美國總統的非正式聲明。

欲讓臺灣以類似國家的身分出現在世界舞臺上之願望，卻已大受打擊①。在這背景下，李登輝總統於一九九九年七月九日接受德國之聲電臺訪問時，主張設立一「特殊國對國」的外交機構，未來的中、臺談判即在該機構裡進行。

到一九九〇年代，美國許多企業高階主管覬覦擁有十三億消費者，且十年來經濟成長率居世界之冠的中國市場，大舉投資中國大陸。另一方面，審慎且強硬的決策者把在經濟上和軍事上都帶有敵意的中國，視爲對美國利益的威脅。第四十三任總統小布希入主白宮才十星期，就碰上一意料之外的危機，迫使他在臺灣問題上明確表態。二〇〇一年四月一日，美國海軍EP-3偵察機做例行偵察飛行以監視中國軍事威脅時，受迫於中國軍機，迫降海南島，造成中、美正面交鋒。此一危機結束後，小布希於白宮接受美國廣播公司主播查爾斯・吉勃遜(Charles Gibson)訪問。吉勃遜問小布希，「如果臺灣遭中國攻擊，我們有義務防衛臺灣？」小布希毫不遲疑答道，「沒錯，我們有義務，中國人得了解這點。我會這麼做。」吉勃遜接著問道，「全力以赴，但不包括出兵？」小布希以明確且堅定口吻答道，「用一切手段協助臺灣自衛」。幾個星期後，美國即出售新一批先進武器給臺灣②。

---

① Richard C. Bush, *At Cross Purposes*, 231-232. 在一九九六年初派兩個航母戰鬥群到臺灣海峽後，柯林頓就偷偷以書面向中華人民共和國表達了「三不」政策。

② 引自紀錄片〈危險的海峽〉(Dangerous Straits)，美國公共電視臺(Public Broadcasting Service)*Frontline*

許多年來，美國對臺一直採行今日外交界所謂的「戰略模糊」政策，亦即美國承認中華人民共和國政府是唯一合法的中國政府，同時根據臺灣關係法視臺灣爲實質獨立的政治實體，以此立場和臺灣交往。這一政策雖刻意模糊，事實證明務實且有彈性，因爲華府在與中國、臺灣的交往上猶如高明的高空走鋼索者，平衡抓得很好，不偏袒任何一邊。但二〇〇一年九月十一日紐約世貿中心和國防部五角大廈遭恐怖攻擊後，美國亟需更多盟邦、乃至準盟邦，共同對付全球恐怖主義。特別值得一提的，小布希政府在其所公開宣布防止北韓、伊朗發展核武的政策上，擬定了將北韓問題轉包給中國處理的新策略。因此，當中國於二〇〇五年通過所謂的「反分裂法」，爲臺灣宣布獨立時中國的出兵攻臺提供法理基礎時，美國未強力抗議。華府防衛臺灣的意向再次變得較含糊，彷彿臺灣對美國全球戰略不再那麼重要。

鑑於國際恐怖主義威脅，加上中國國力日益強大，正全力對付阿富汗、伊拉克、朝鮮半島問題而無力他顧的小布希政府，開始向臺灣領袖大力施壓，要求放低他們大肆宣揚的民族主義聲調，緩和其反覆無常的對中政策。對於臺灣所提議舉辦公民投票以修改憲法屬性和政治屬性一事（例如將國名由中華民國改爲臺灣，或放棄外蒙爲中華民國領土的主張），美國變得興趣缺缺。更令人難以置信的，爲免觸怒北京，美國政府甚至拒絕按照國際慣例給予臺灣元首外交禮遇。二〇〇六年

節目的紀錄片，二〇〇四年。

（續）

初夏，美國國務院不准臺灣總統陳水扁在前往中美洲途中，過境紐約或洛杉磯之類美國大城。

美國的「模糊政策」

美國政策走上貶抑臺灣主權地位之路，可想而知，也間接改變了臺灣的政局，使從原本的和諧轉變爲激烈爭辯未來與中國該保持何種關係。臺灣雖有令人眼花撩亂的多樣族群，有遭殖民的歷史，有獨特的海洋傳統，但經過國民黨數十年來以「中國人」爲定位的教育洗腦，已使相當高比例的臺灣人，特別是一九四九、一九五〇年跟隨蔣介石逃難來臺之大陸移民的第二代、第三代，抱持過時的觀念，認爲自己與大陸上的中國人同文同種，因而同是中國人。其中有些人想與工資便宜、經濟蒸蒸日上的中國建立商業關係，也希望美、臺關係弱化，因而普遍贊成與中國統一，在政治立場上屬於泛藍一派（藍是國民黨黨徽顏色）。泛藍之從反共立場退縮，似乎表示他們想要藉由重振聲威的強大中華帝國這隻怪物，挑戰美國的霸權。

位在臺灣政治光譜另一端者，則是臺灣大多數人民。這些人自認在民族和文化上都是臺灣人（而非中國人），不願再接受臺灣不受國際承認、非國家的地位。他們「去中國化」，要求讓臺灣擁有日益獨立的主權地位。他們通常支持民主進步黨的黨綱和政策，統稱泛綠。但自泛綠政權於二〇〇〇年新手上路後，臺灣辛苦掙來的民主，如今卻有脫軌陷入無休無止政治僵局、藍綠對立勢如水火的危險。過去幾年，臺灣的立法委員花在打架、抹黑對手的時間、精力，更多於執行國會議員的職責。事實上，光是二〇〇六年，泛藍立法委員就試圖罷免民選的民進黨籍總統陳水扁，三次都未得手。無休無止的反政府街頭抗議和示威、政治上的流言蜚語和含沙射影，經臺灣變態媒體和專業素養低劣的記者粗糙的扭曲、立即的改造，進一步激化要命的族群緊張，使臺灣社會陷入更嚴重的對立。泛藍與泛綠失去理性、教養，失去對不同意見的包容，如今更遠離中道，而更偏向各自的極端。在樂觀的臺灣時局觀察家眼中，這一現象正常，甚至有益，因為建構成熟的民主社會需要漫長時間，且通常一路曲曲折折。他們還深信中國雖部署了數百枚飛彈威嚇臺灣，中華人民共和國短期之內仍無法建構足以攻占臺灣的兩棲武力。其他的中國學者和臺灣觀察家甚至預言，高壓、暴虐的中共政權還未能全面攻臺，就會垮臺。

但在悲觀者眼中，美國持續忽視臺灣人民要求更高國際地位的心聲，以及華府同意降低臺灣的合法性，最終將以災難收場。他們擔心臺灣真正的危險會來自內部，而非外部。可怕的情景未必不會發生。有些泛藍人士，特別是親北京媒體，已擬訂慢慢而有計畫掏空臺灣政體的計謀，已在師法古希臘的木馬屠城計，以重演一六八三年所發生的，將臺灣交給中華人民共和國。這一旦發生，世上唯一超強美國會對臺出手相助？如果如小布希總統所承諾的出手相助，會不會已太遲，會讓美國付出太高的代價？

歷史雖非總是可靠的鑑往知來工具，至少可提供詩人惠特曼所謂的「主題、暗示、激發者」。臺灣四百年來的歷史已充分告訴我們，在二十一世紀，這島會像國際競技場上的足球，被世界強權踢來踢去。在這同時，這段歷史應會激發讀者去思索，沒有了美國的保護，臺灣是否能繼續以自由獨立的政治實體之身存在於世，也應該會促使讀者思考，如果民主臺灣再度落入具敵意的怪物之手，美國是否不只會失去麥克阿瑟口中的「不沉的航空母艦和潛艇支援艦」，還會失去對世上兩個最重要國際海路(臺灣海峽、巴士海峽)的戰略掌控。那一旦成真，將打破東亞的地緣政治均勢，掐住日本取得中東原油和東南亞原料的管道。但最糟糕的是，那將意味著美國在西太平洋的霸權開始消失。

參考書目

一、檔案、合集、官方文件

大清皇家海關總稅務司署，《淡水海關報告》，一八六九、一八七〇、一八九〇、一八九一。
《大清會典事例》，光緒朝，重印本，北京：中華書局，一九九一。第二三九卷，「關稅條」。
——，順治朝，重印本，臺北：志文出版，一九六三。第七七六卷，「刑部兵律關津」。
中國第一歷史檔案館編，《康熙起居注》，第二冊，北京：中華書局，一九八四。
日本外務省，《日本外交文書》，第七冊，東京：外務省，一九五三。
——，《外務省記錄》，一九〇七年九月至一九一五年八月。東京：外交史料館，檔案三—

八—七—一八，正式編號九三，主題「臺灣籍民」。

《臺灣文獻叢刊》，第四種、第十三種、第廿一種、第四十六種、第八十三種、第八十四種。臺北：臺灣銀行經濟研究室，一九五七、一九五八、一九六〇。

《臺灣省五十一年來統計提要》，臺北：臺灣省行政長官公署統計室，一九四六。

《臺灣通志》，編於光緒朝，重印本，臺北：國防研究院，一九六八。

《臺灣總督府外事部》，第二三六號「調查報告」，一九三七年十一月十日。

臺灣總督府編，《公學校修身書》，第一—五卷，臺北：一九一四、一九二八、一九三〇、一九四二、一九四三。

——，《臺灣の南方協力に就て》，一九四三。

——，《臺灣事情》，一九三六。

——，《昭和二十年臺灣統治概要》，一九四五。

政治作戰部，《扭轉乾坤的一戰：金門八二三砲戰三十週年紀念專集》，臺北：中華民國國防部，一九八八。

Britain Foreign Office, China. Microfilms (cited as F.O.), Jan. 27, 1840, F.O. 17/41; Feb. 5, 1842, F.O. 17/60; March 11, 1845, F.O. 17/98; March 20, 1847, F.O. 17/124, no. 41; March 20, 1850, F.O. 677/26, no. 21; Aug. 12, 1850, F.O. 17/168, no. 76; Feb. 13, 1854, F.O. 17/210, no. 2 & no. 4; Sept.

16, 1854, F.O. 663/61, no. 38; Nov. 22 & 27, 1854, F.O. 228/171; Feb. 24, 1855, F.O. 17/235; Dec. 31, 1856, F.O. 228/233; Feb. 29, 1860, F.O. 228/285, no. 23; March 21, 1860, no. 31; July 13, 1861, F.O. 228/313, no. 1; Dec. 9, 1861, F.O. 228/325, no. 14; Dec. 20, 1861, no. 15; October 1, 1864, F.O. 228/374, no. 10; Oct. 25, 1864, F.O. 228/374, no. 11; Jan. 19, 1865, F.O. 228/397, no. 9; T'ung-chih reign 6th year, 26th of 8th moon, F.O. 230/80, no. 30; T'ung-chih reign 6th year, 29th of 3rd moon F.O. 230/81. no. 17; Dec. 16 & Dec. 31, 1862, F.O. 228/330; June 2, 1864, F.O. 228/351, no. 14; July 11, 1866, F.O. 228/420, no. 12; Dec. 15, 1866, F.O. 228/440; Feb. 20, 1867, F.O. 228/440, no. 4; Nov. 25, 1868, F.O. 228/459, no. 35; Dec. 2, 1868, F.O. 228/459; July 11, 1870, F.O. 228/495, no. 21; July 31, 1870, F.O. 228/495, Enclosure 1 in no. 25; and Sept. 12, 1870, F.O. 228/495, no. 28.

British Parliamentary Papers, China(BPPC). 42 vols. Shannon: Irish University Press, 1971(Embassy and Consular Commercial Reports China). vols. 1, 6, 17, 29.

Economic Planning Commission of ROC Executive Yuah. *Taiwan Statistical Data Book*. 1977, 1981.

Federal Register. 51[U.S.]. January 14, 1986.

Foreign Relations of the United States 1952-1954. 14, no. 1.

Heard(Augustine) Collection, Baker Library of Harvard University. V. HM-24 and V. GM-1. In folders.

Jardine, Matheson & Co. Archives 1855-65. B8/2.1 Gochea; B8/7.28-B8/7.88 Tamsui, Banca; and B8/6.4-B8/6.9 Takow. Cambridge: Cambridge University Manuscript Room.

Hosea B. Morse. Letter Books(Pressed copies of Morse's semiofficial letters to Hart and others). Cambridge, MA: Houghton Library, Harvard University.

U.S. Congress. *Narrative of the Expedition of the American Squadron to the China Seas and Japan*. ed., Francis L. Hawks. vol. 2. Washington, DC, 1856.

U.S. Congress. Report no. 596 (accompanied by Joint Resolution H.R. no. 28). Washington, DC.

U.S. Congress. *Martial Law on Taiwan and U.S. Foreign Policy Interests*. Washington, DC, 1982.

U.S. Congress. *U.S.-China Relations, 11 Years after the Shanghai Communiqué*. Washington, DC,1983.

U.S. Congress. *The Future of Taiwan.* Washington, DC, 1983.

U.S. Congress, *U.S. Public Law* 96-8. Washington, DC, 1979.

U.S. Department of Defense. "Report to Congress Pursuant to the FY 99 Appropriation Bill." *Defense LINK*, 3/4/99.

U.S. Department of State. *American Foreign Policy, 1950-1955*. Washington, DC, 1957.

U.S. Department of State. *The China White Paper*. Stanford: Stanford University Press, 1949. Originally issued as *United States Relations with China*.

U.S. Department of State. *Bulletin, July 3, 1950* and *May 28, 1951*. Washington, DC, 1950, 1951.

U.S. Department of State. Significant documents pertaining to Taiwan include Record Group(RG) 59, 1946, no. 9, 13, 14, 30, 1206; RG59, 1947, no. 36, 45, 405, 449, 499, 500, 893, 894A., 2788; RG59, 1948, no. 2, A-9, A-65, 110, 450; and RG59, 1949, 894A.00/1/-749, CSBM, 894A.00/1-2349, CSBM; RG59, 1953, 794a.5/7-2053.

U.S. Department of State. *Treaties in Force*. Washington, DC, 1987.

U.S. National Archives(USNA) Microfilms. Dispatches from U.S. Consuls(CD), Amoy, M-100, R-1, R-2, R-3, R-4, R-6; Canton, M-101, R-1, R-3, R-6; Foochow, M-105, R-3; Hong Kong, M-108, R-6; Macao, M-109, R-1.

USNA. Diplomatic Dispatches, China. vol. 18, M-92, R-6, R-10.

USNA. Department of the Navy. East India Squadron, M-89, R-11; Asiatic Squadron Letters, vol. January 1867 to April 1868; vol. July 1871 to Nov. 1872; vol. 1874.

USNA. Dispatches from U.S. Ministers. China, M-92, R-7, R-15, R-25, R-83, R-84, R-89, R-98, R-99.

U.S. Senate. *Republic of China Military Relations*.vol. 1. Washington, DC, 1971.

二、報章雜誌

《人民日報》(北京)，一九七九年一月一日。
《中國叢報》，第一卷第二期；第二卷第九期；第六卷第一期；第九卷第六期；第廿卷第五期。
《臺灣日日新報》，一九一四年九月十七日；一九三五年十月二十二日；一九四〇年三月廿一日。
《臺灣新生報》，一九四六年四月十九日。
《申報》(上海)，「經濟專題」，一九三四年十二月十七日。
《自由時報》(臺北)，一九九六年三月十三日。
《時事新報》(日本)，社論，一八九五年八月十四日。
《德臣西報》(英文版)，一八五一年六月五日，第三二九期；一八五一年六月十二日，第三三〇期；一八五七年十一月十二日，第六六五期；一八五八年七月十五日，第七〇〇期。
《興南新聞》(臺灣)，一九四〇年二月十三日；一九四二年六月十日；一九四三年二月十三日；一九四三年五月二日；一九四三年十月十二日；一九四四年一月廿四日。
《點石齋畫報》，廣東人民出版，一九八三，一八八四年七月一至十日版，A十二，頁九二；八月一至十日版，B三，頁廿一；九月一—十日版，B六。

Aso Makoto and Ikuo Amano. *Education and Japan's Modernization*. Tokyo: Japanese Ministry of Foreign Affairs, 1972.

Beijing Review. no. 38, 9/22/1986.

China Mail. 6/5/1851, no. 329; 6/12/1851, no. 330; 11/12/1857, no. 665; 7/15/1858, no. 700.

Chinese Repository. vol. 1, no. 2; vol. 2, no. 9; vol. 6, no. 1; vol. 9, no. 6; vol. 20, no. 5.

Far Eastern Economic Review [Hong Kong]. 7/24/1986.

Financial Times [U.S.]. 9/4/1992.

Journal of the Royal Geographical Society [Britain].14（1867）; 43（1873）.

New York Times. 2/11/1985; 11/10/1990.

Newsweek[U.S.]. 4/1/1996.

Public Broadcasting Service [U.S.]. Frontline documentary: "Dangerous Straits." FROL2004.

San Francisco Daily Herald. 7/28/1855.

Time（U.S.）. 8/10/1981.

Washington Post. 3/29/1946.

三、書與期刊文章

Chaen Yoshio著，《大東亞戰火外地的俘虜收容所》，東京：富士出版，一九八七。

Fane, R.A.B. Posonby，〈明忠臣鄭氏記〉，收於《臺灣經濟史十集》。臺北：臺灣銀行經濟研究室，一九六六。

入江文太郎，《基隆風土記》，一九三三。重印本，臺北：成文出版，一九八五。

三菱經濟研究所編，《東洋及南洋諸國之國際貿易與日本的地位》。(東京：三菱經濟研究所，一九三三年十一月。

川村竹治，《臺灣一年》。東京：時事研究會，一九三〇。

中村孝志，〈近代臺灣史要〉，賴永祥譯，見《臺灣文獻》第六卷第二期(一九五五年六月)。

——，〈荷蘭人對臺灣的治理〉，《天理大學學報》。日本奈良：天理大學，一九六四年三月。

——，〈荷蘭時代臺灣史研究的回顧與展望〉，收於許賢瑤譯《荷蘭時代臺灣史論文集》。宜蘭市：佛光人文社會科學院，二〇〇一。

中研院編，《中法越南交涉檔》，第一、二卷。臺北：中研院，一九八三。

中國歷史學會編，《中法戰爭》，第六卷。上海：新知識出版，一九五五。

方豪，《方豪六十自定稿》。臺北：作者自印，一九六九。

——，《臺灣早期史稿》。（臺北：臺灣學生書局，一九九四）。

木宮泰顏，《中日交通史》，陳捷譯。臺北：九思出版，一九七八。

毛利敏彥，《臺灣出兵》。東京：中央公論社，一九九六。

王世慶，〈清代臺灣的米產與外銷〉，見《臺灣文獻》第九卷第一期（一九五八年三月）。

《臺拓社報》，第九十六期，一九四二年一月卅一日；第一〇八期，一九四二年七月卅一日；第一一九期，一九四三年一月十五日。

臺灣拓殖株式會社，《昭和十七年度事務概況書》。臺北：臺灣拓殖株式會社，一九四三。

臺灣教育會編，《臺灣教育沿革志》。臺北：臺灣教育會，一九三九。重印本，臺北：古亭書屋，一九七三。

田汝康，〈十七世紀至十九世紀中國帆船在東南亞航運和商業上的地位〉，《歷史研究》（北京：科學出版，一九五六年八月）。

白尚德（Chantal Zheng）著，《十九世紀歐洲人在臺灣》（*Les Europeens aux portes de la Chine: l'exemple de Formosa au XIX siècle*），鄭順德譯，臺北：南天書局，一九九九。

白惇仁等編，《淡水廳志》，兩卷。淡水：淡水鎮公所，一九八八。

伊能嘉矩，《臺灣文化志》。東京：刀江書院，一九二八。

吉章簡等編，《海南資源與開發》。香港：亞洲出版，一九五六。

朱德蘭，〈臺灣拓殖株式會社的政商網絡關係(一九三六—一九四六)〉，《臺灣史研究》第十二卷第二期。臺北：中研院，二〇〇五。

江日昇，《臺灣外志》十七世紀版，第六卷，重印本，臺北：臺灣省文獻委員會，一九九五。

吳文星等編，《臺灣總督田健治郎日記》。臺北：中研院臺灣史研究所，二〇〇一。

吳密察編，《臺灣史小事典》。臺北：遠流出版，二〇〇二。

吳濁流，《無花果》。Monterey Park: Taiwan Publishing Co., 1984.

——，《亞細亞的孤兒》。臺北：草根出版，一九九五。

李廷璧等編《彰化縣志》，收於《中國方志叢書》，一八三六年版，第十六卷，重印本(臺北：成文出版，一九八三)。

李登輝，《臺灣的主張》。臺北：遠流出版，二〇〇一。

李登輝、中島嶺雄合著，《亞洲的智略》。東京：光文社，二〇〇〇。

村上玉吉，《臺灣紀要》。東京：警眼社，一八九九。重印本，臺北：成文出版，一九八五。

村上直次郎譯，《新港文書》。臺北：臺北帝國大學，一九三三。翻譯本，臺北：捷幼出版，一九九五。

——，中村孝志編，《巴達維亞城日記》(*Dagh-Register gehouden int Casteel Batavia*)兩卷。東

京：平凡社，一九七五。
周婉窈，《臺灣歷史圖說》。臺北：聯經出版，一九九七。
——，〈明清文獻中「臺灣非明版圖」例證〉，收於《鄭欽仁教授榮退紀念論文集》。臺北：稻鄉出版，一九九九。
——，《海行兮的年代》。臺北：允晨文化出版，二〇〇四。
周憲文，《清治臺灣經濟史》。臺北：臺灣銀行經濟研究室，一九五七。
岩生成一，〈近世日支貿易數量考察〉，日本《史學雜誌》第六十二編第十一號（一九五三年十一月）。
——，周學普譯，《十七世紀臺灣英國貿易史料》。臺北：臺灣銀行經濟研究室，一九五九。
林玉茹，〈戰爭、邊陲與殖民產業：戰時臺灣拓殖株式會社在東臺灣投資事業的佈局〉，《中央研究院近代史研究所集刊》四十三期（二〇〇四年三月）。
林滿紅，〈大中華經濟圈概念之一省思：日治時期臺商之島外經貿經驗〉，見《中央研究院近代史研究所集刊》第廿九期（一九九八）。
林鳳岡等編，《華夷變態》，第四、七、八卷，重印本。東京：東洋文庫，一九五八。
姜道章，〈臺灣淡水之歷史與貿易〉，收於《臺灣經濟史十集》，臺北：臺灣銀行經濟研究室，一九六六。

姚瑩，《東溟奏稿》。臺北：臺灣銀行經濟研究室，一九五九。

後藤新平，《後藤新平文書》。東京：雄松堂，一九八〇。

———，〈福爾摩沙(臺灣)的治理〉，收於大隈重信所編《日本開國五十年》(*Fifty Years of New Japan*, London: Smith, Elder & Co., 1909)。

翁佳音，《臺灣漢人武裝抗日史研究》。臺北：國立臺灣大學，一九八六。

基隆市文獻委員會編，《基隆市志》。基隆，一九五四。

基隆港務局，《基隆港建港百年紀念文集》，一九八五。

張本政，《清實錄臺灣史資料專輯》。福州：福建人民出版，一九九三。

張秀蓉等編，《一六七〇至一六八五年英國在臺商館》(*The English Factory in Taiwan 1670 - 1685*)，臺北：臺灣大學出版中心，一九九五。

張京育編，《臺灣關係法下的中華民國、美國關係：實踐與展望》(*ROC-US Relations Under the Taiwan Relations Act: Practice and Prospect*，臺北：國關中心，一九八八。

曹永和，《臺灣早期歷史研究續集》。臺北：聯經出版，二〇〇〇。

梁華璜，〈日本併吞臺灣的醞釀及其動機〉，《成功大學歷史學報》(臺南)第一期(一九七四)。

莊永明編，《臺灣世紀回味》。臺北：遠流出版，二〇〇〇。

許雪姬，〈兩劉之爭與晚清臺灣政治〉，見《臺灣史研究》第十四卷。臺北：中研院臺灣史研究所，一九八五。
——，《日治時期在「滿洲」的臺灣人》，口述歷史叢書(七九)。臺北：中央研究院近代史研究所，二〇〇二。
許雪姬等合編，《續修澎湖縣志》，卷二。馬公：澎湖縣政府，二〇〇五。
連橫，《臺灣通史》。臺中：臺灣省文獻委員會，一九七六。
郭廷以，《臺灣史事概說》。臺北：正中書局，一九五八。
陳佳宏，《海外臺獨運動史》。臺北：前衛出版，一九九八。
陳芳明，《謝雪紅評傳》。臺北：前衛出版，一九九四。
陳國棟，《東亞海域一千年》。臺北：遠流出版，二〇〇五。
——，《臺灣的山海經驗》。臺北：遠流出版，二〇〇五。
陳逸雄譯，〈板垣退助的臺灣論說〉，見《臺灣風物》第卅九卷第三期(一九八九年九月)。
——，〈福澤諭吉的臺灣論說〉，見《臺灣風物》第四十一卷第一期(一九九一年三月)和第四十二卷第一期(一九九二年三月)。
湯熙勇，〈脫離困境：戰後初期海南島之臺灣人的返臺〉，《臺灣史研究》第十二卷第二期(二〇〇五年十二月)。
黃典權，〈蔡牽朱濆海盜之研究〉，見《臺南文化》第六卷第一期(一九五八年八月)。

黃紀南，《黃紀南泣血夢迴錄》。臺北：獨家出版，一九九一。
黃富三，〈清代臺灣外商之研究——美利士洋行〉，見《臺灣風物》第卅三卷第一期（一九八三）。
——，〈臺灣開港前後怡和洋行對臺貿易體制的演變〉，收於《臺灣商業傳統論文集》。臺北：中研院臺史所，一九九九。
——，《林獻堂傳》。南投市：臺灣省文獻委員會，二〇〇四。
黃嘉謨，《美國與臺灣》，近史所專刊十四。臺北：中研院近史所，一九七九。
楊肇嘉，《楊肇嘉回憶錄》。臺北：三民書局，一九七八。
葉振輝，〈英國外交部有關文件簡介〉，《臺灣文獻》第卅六卷第三－四期（一九八五年十二月）。
董顯光，《基督教在臺灣的發展》（臺北：中國郵報社，一九六二）。
農復會，《臺灣糧食平衡表》。臺北。農復會，一九五三。
廖漢臣，〈西班牙人據臺考〉，見《臺北文物季刊》第一卷第一期（一九五二年十二月）。
趙既昌，《美援的運用》。臺北：聯經出版，一九八五。
趙爾巽等編，《清史稿》，兩卷。香港：文學研究社，一九二七。
劉銘傳，《劉壯肅公奏議》，兩卷。臺北：臺灣銀行，一九五八。

蔡慧玉，《走過兩個時代的人——臺籍日本兵》，口述歷史叢書(一)。臺北：中研院臺灣史研究所，一九九七。

蔡蔚群，〈建省以前臺灣的教案(上)，一八七二至一八八五年〉，《臺北文獻》，卷一三三(二〇〇〇年九月)。

鄭順德譯，《艦隊司令孤拔的小水手》(*Le mousse de l'Amiral Courbet*)，臺北：中研院臺灣史研究所，二〇〇三。

鄭麗玲採訪撰述，《臺灣人日本兵的戰爭經驗》。板橋：臺北縣立文化中心，一九九五。

黎拔剛，〈臺灣的郊商〉，收於《中國方志叢書》臺灣地區第九十七號，一八三六年版，重印本。臺北：成文出版，一九八三。

賴永祥，〈一六七〇至一六八三年臺灣鄭氏與英國的通商關係〉，《臺灣文獻》第十六卷第二期。臺北：臺灣省文獻委員會，一九六五。

謝金鑾編，《臺灣縣志》(一八〇七)，重印本。臺北：國防研究院，一九六八。

鍾淑敏，〈臺灣拓殖株式會社在海南島事業之研究〉，《臺灣史研究》，第十二卷第一期。臺北：中研院，二〇〇五。

——，〈臺灣總督府的「南支南洋」政策——以事業補助爲中心〉，《臺大歷史學報》第卅四期。臺北：國立臺灣大學，二〇〇四年十二月。

——，《俘虜收容所——近代臺灣史的一段悲歌》，收於《曹永和先生八十壽慶論文集》。臺北：樂學書局，二〇〇一。

簡萬火，《基隆志》，一九三一。

顏新珠編，《打開新港人的相簿》。臺北：遠流出版，一九九七。

羅吉甫，《野心帝國：日本經營臺灣的策謀剖析》。臺北：遠流出版，一九九二。

蘇同炳，〈海盜蔡牽始末〉，見《臺灣文獻》第二五卷第四期（一九七四年十二月）。

Abeel, David. *Journal of a Residence in China and the Neighboring Countries*. New York: Leavitt, Lord and Co., 1834.

Akira Iriye. *Pacific Estrangement: Japanese and American Expansion, 1897-1911*. Cambridge, MA: Harvard University Press, 1972.

Ambrose, Stephen E. *Eisenhower: Soldier and President*. New York: Simon and Schuster, 1990.

Bailey, Thomas A. *A Diplomatic History of the American People*. New York: Appleton-Century- Crofts, 1964.

Balcom, John, "A Literary Revolution." *Free China Review* 43, no. 5(May 1993).

Ballantyne, Joseph W. *Formosa: A Problem for United States Policy*. Washington, DC: Brookings Institution, 1952.

Barclay, George W. *Colonial Development and Population in Taiwan*. Princeton: Princeton University Press, 1954.

Bax, Bonham Ward. *The Eastern Seas; Being a Narrative of the H.M.S. "Dwarf" in China, Japan, and Formosa*. London: John Murray, 1875.

Beal, J. R. *John Foster Dulles: A Biography*. New York: Harper, 1957.

Bigelow, Poultney. *Japan and Her Colonies*. London: E. Arnold & Co., 1923.

Borao, Jose Eugenio. *Spaniards in Taiwan*. Taipei: SMC Publishing, 2001.

Borton, Hugh. *Japan's Modern Century*. New York: The Ronald Press, 1955.

Brown, Melissa J. *Is Taiwan Chinese? The Impact of Culture, Power, and Migration on Changing Identities*. Berkeley: University of California Press, 2004.

Brzezinski, Zbigniew. *Power and Principle*. New York: Farrar, Straus, & Giroux, 1983.

Bush, Richard C. *At Cross Purposes: U.S.-Taiwan Relations Since 1942*. Armonk, NY: M.E. Sharpe, 2004.

Campbell, William. *Formosa under the Dutch*. London: Kegan Paul, 1903.

Carrington, George William. *Foreigners in Formosa, 1841-1847*. San Francisco: Chinese Materials Center, 1978.

Carter, Jimmy. *Keeping Faith, Memoirs of a President*. New York: Bantam Books, 1982.

Chang Han-yu and Myers, Ramon. "Japanese Colonial Development Policy in Taiwan, 1895-1906: A Case of Bureaucratic Entrepreneurship." *Journal of Asian Studies* 22, no. 4 (August 1963).

Chang Lung-chih, "From Island Frontier to Imperial Colony: Qing and Japanese Sovereignty Debates and Territorial Projects in Taiwan, 1874-1906," Ph.D. dissertation, Harvard University, 2003.

Chang, Su-ya. "Pragmatism and Opportunism: Truman's Policy toward Taiwan, 1949-1952." Ph.D. dissertation, Pennsylvania State University, 1988.

Chen, Edward I-te. "Formosan Political Movements Under Japanese Colonial Rule, 1914-1937." *Journal of Asian Studies* 31, no. 3(May 1972).

———. "Japan's Decision to Annex Taiwan: A Study of Ito-Mutsu Diplomacy, 1894-1895." *Journal of Asian Studies* 37, no. 1 (1977).

Chen Tsu-yu. "The Development of the Coal Mining Industry in Taiwan during the Japanese Colonial Occupation, 1845-1945." In Sally M. Miller et al., eds. *Studies in the Economic History of the Pacific Rim*. London: Routledge, 1998.

Chesneaux, Jean. *Secret Societies in China in the Nineteenth and Twentieth Centuries*. Ann Arbor: The University of Michigan Press, 1971.

Ching, Leo T. S. *Becoming Japanese: Colonial Taiwan and the Politics of Identity Formation*. Berkeley: University of California Press, 2001.

Clough, Ralph N. *Island China.* Cambridge, MA: Harvard University Press, 1978.

Cohen, Jerome Alan. "Recognizing China." *Foreign Affairs* 50, no. 1 (October 1971).

Corcuff, Stephane, ed. *Memories of the Future: National Identity Issues and the Search for a New Taiwan*. Armonk, NY: M.E. Sharpe, 2002.

———. "Le Memoire sur Formosa du Consul de France Vieillard de 1784 et la geopolitique du detroit de Taiwan au XVIIIe siecle." *Proceedings of 2006 International Conference on History and Culture of Taiwan*. Taipei, 2006.

Cossenza, Mario Emilio, ed. *The Complete Journal of Townsend Harris, first American Consul General and Minister to Japan*. New York: Doubleday, Doron & Co. for Japan Society, 1930.

Cox, Thomas R. "Harbingers of Change: American Merchants and the Formosa Annexation Scheme." *Pacific Historical Review* 42 (1973).

Coyett, Frederick, *'t Verwaerloosde Formosa* [Neglected Formosa]. 2 vols. 1675. Trans. Inez de Beauclair. San Francisco: Chinese Materials Center, 1975.

Croizier, Ralph C. *Koxinga and Chinese Nationalism: History, Myth, and the Hero*. Cambridge, MA:

Harvard University Press, East Asian Research Center, 1977.

Davidson, James W. *The Island of Formosa: Past and Present*. London: Macmillan, 1903.

Dennett, Tyler. *Americans in Eastern Asia*. New York: Barnes & Noble, 1941.

Dodd, John. "Formosa." *Scottish Geographical Magazine* 10 (November 1895).

———. *Journal of A Blockaded Resident in North Formosa during the Franco-Chinese War, 1884-5*. 1888. Reprint, Taipei: Ch'eng Wen Publishing, 1972.

Durham, Walter A. Jr. "The Japanese Camphor Monopoly, Its History and Relations to the Future of Japan." *Pacific Affairs* (September 1932).

Dumont d'Urville, Jules. *Le Voyage Pittoresque autour du Monde*. Paris: L. Tenre et. H. Dupuy, 1834.

Edwards, Jack. *Bunzai, You Bastards!* Hong Kong: Corporation Communications, 1991.

Eskildsen, Robert. "Of Civilization and Savages: The Mimetic Imperialism of Japan's 1874 Expedition to Taiwan." *American Historical Review* 107, no. 2 (2002).

Fairbank, John King. *Trade and Diplomacy on the China Coast*. Cambridge, MA: Harvard University Press, 1953.

———, et al., eds. *The I. G. in Peking: Letters of Robert Hart, Chinese Maritime Customs, 1868-1907*. 2 vols. Cambridge, MA: Harvard University Press, 1975.

———. *H.B. Mores: Customs Commissioner and Historian of China*. Lexington, KY: The University Press of Kentucky, 1995.

Farrington, Anthony, ed. *The English Factory in Japan 1613-1623*. 2 vols. London: British Library, 2002.

Flower, Jane. *Japanese Army and English Prisoners of War—1941-1945*. Tokyo: Defense Department, Defense Research Institute, 1955.

Foley, F.J. *The Great Formosan Imposter*. St. Louis: St. Louis University Press, 1968.

Gardella, Robert. *Harvesting Mountains: Fujian and the China Tea Trade, 1757-1937*. Berkeley: University of California Press, 1994.

———. "From Treaty Ports to Provincial Status, 1860-1894," in Murray A. Rubinstein, ed., *Taiwan: A New History*. Armonk, NY: M.E. Sharpe, 1999; expanded edition 2007.

Garnot, Eugene. *L'expedition Francaise de Formosa, 1884-1885*. Paris: Librairie CH. Delagrave, 1894.

Gibert, Stephen P., and William M. Carpenter. *America and Island China: A Documentary History*. Lanham, MD: University Press of America, 1989.

Goddard, W. G. *Formosa*. Ann Arbor: University of Michigan Press, 1966.

Gordon, Leonard. "Early American Relations with Formosa." *Historian* 19 (May 1957).

Gravius, Daniel. *The Gospel of St. Matthew in Formosan* (*Sinkan Dialect*). London: Trubner & Co., 1888.

Griffin, Eldon. *Clippers and Consuls: American Commercial and Consular Relations with Eastern Asia, 1845-1860*. Ann Arbor: Edwards Bros., 1938.

Halloran, Richard. "The Clinton-Jiang Summit, Who Calls the Tune." *Free China Review* (September 1998).

Hao, Yen-p'ing. *The Compradore in Nineteenth Century China: Bridge between East and West*. Cambridge, MA: Harvard University Press, 1970.

———. *The Commercial Revolution in Nineteenth-Century China: The Rise of Sino-Western Mercantile Capitalism*. Berkeley: University of California Press, 1986.

Harding, Hurry, Jr. *China and the U.S.: Normalization and Beyond.* New York: China Council of the Asia Society and th Foreign Policy Association, 1979.

Ho, Samuel P.S. *Economic Development of Taiwan, 1860-1970*. New Haven: Yale University Press, 1978.

Holdridge, John H. *Crossing the Divide: An Insider's Account of Normalization of U.S.-China Relations*. Lanham, MD: Rowman and Littlefield, 1997.

Hsiao, Kung-chuan. *Rural China: Imperial Control in the Nineteenth Century*. Seattle : University of Washington Press, 1967.

Hughes, Christopher. *Taiwan and Chinese Nationalism: National Identity and Status in International Society*. London: Routledge, 1997.

Hummel, Arthur W., ed. *Eminent Chinese of the Ch'ing Period*. Washington, DC: GPO, 1943.

Jacob, Neil H. *U.S. Aid to Taiwan*. New York: Praeger, 1966.

Kang, Peter. "Inherited Geography: Post-national History and the Emerging Dominance of Pimaba in East Taiwan." *Taiwan Historical Research* 12, no. 2(December 2005).

Kerr, George H. *Formosa Betrayed.* Boston: Houghton Mifflin Company, 1965.

———. *Formosa: Licensed Revolution and the Home Rule Movement, 1895-1945*. Honolulu: The University of Hawaii Press, 1974.

Kissinger, Henry. *White House Years*. Boston: Little Brown, 1979.

Koizumi Teizo. *The Operation of Chinese Junks*. Trans. A. Watson. Ann Arbor: University of Michigan Press, 1972.

Kuepers, J.J.A.M. *The Dutch Reformed Church in Formosa, 1627-1662: Mission in a Colonial Context*. Switzerland: Nouvelle Revue de Science Missionaire, 1978.

Kuhn, Philip A. *Rebellion and Its Enemies in Late Imperial China: Militarization and Social Structure, 1796-1864*. Cambridge, MA: Harvard University Press, 1980.

Lamley, Harry J. "The 1895 Taiwan Republic: A Significant Episode in Modern Chinese History." *Journal of Asian Studies* 27, no. 4 (August 1968).

———. "Taiwan Under Japanese Rule, 1895-1945: The Vicissitudes of Colonialism." In Murray Rubinstein, ed., *Taiwan: A New History*. Armonk, NY: M.E. Sharpe, 1999; expanded edition 2007.

———. "From Far Canada to Set Up the First Tamsui Churches." *Free China Review* 43, no. 5 (May 1993).

Langley, Harold D. "Gideon Nye and the Formosan Annexation Scheme." *Pacific Historical Review* 34 (1965).

LeFevour, Edward. *Western Enterprise in Late Ch'ing China, A Selective Survey of Jardine, Matheson & Company's Operations, 1842-1895*. Cambridge, MA: Harvard University, East Asian Research Center, 1970.

Le Gendre. *How to Deal with China, a Letter to De B. Rand Keim, Agent of the United States*. Amoy: Rosario Marcal & Co., 1871.

Lesseps, Jean Baptiste. *Voyage de Laperouse*. Paris: Club des Libraires de France, 1831.

Loir, Maurice. *L'Escadre de L'amiral courbet, Notes et souvenirs*. Paris: Berger-Levrault, 1886.

Long, Simon. *Taiwan: China's Last Frontier*. New York: St. Martin's Press, 1991.

Mackay, George L. *From Far Formosa: The Isand, Its People and Mission*. Ed. J. A. MacDonald. Edinburgh: Oliphant Anderson & Ferrier, 1896.

Mancall, Mark, ed. *Formosa Today*. New York: Praeger, 1964.

Manthorpe, Jonathan. *Forbidden Nation: A History of Taiwan*. New York: Palgrave Macmillan, 2005.

Massarella, Derek. "Chinese, Tartars and 'Thea' or a Tale of Two Companies: The English East India Company and Taiwan in the Late Seventeenth Century." *Journal of Royal Asiatic Society*. Series 3, vol. 3, part 3 (London 1993).

Mateo, Jose E. B. "Spanish Presence in Taiwan, 1626-1642." *National Taiwan University History Journal* 17 (1992).

Meisner, Maurice. "The Development of Formosan Nationalism." *China Quarterly* 15 (July-September 1963).

Mendel, Douglas H. Jr. "American Relations with Republic of China." In John Chay, ed., *Problems and Prospects of American-East Asian Relations*. Boulder, CO: Westview Press, 1977.

Morse, Hosea. B. *International Relations of the Chinese Empire, The Period of Subjection, 1894-1911*. 4

vols. London: Longmans, 1910-18.

———. *The Chronicles of the East India Company Trading to China, 1635-1834*. 3 vols. Oxford: Clarendon Press, 1926-29.

Murray, Dian H. *Pirates of the South China Coast, 1790-1810*. Stanford: Stanford University Press, 1987.

Myers, Ramon. "Taiwan Under the Ch'ing Rule, 1684-1895: The Traditional Order." *Journal of the Institute of Chinese Studies of the Chinese University of Hong Kong* 4, no. 2 (1971).

———, and Mark R. Peattie, eds. *The Japanese Colonial Empire, 1895-1945*. Princeton: Princeton University Press, 1984.

Neumann, William L. "Religion, Morality, and Freedom: The Ideological Background of the Perry Expedition." *Pacific Historical Review* 23 (August 1954).

Nixon, Richard M. *The Memoirs of Richard Nixon*. New York: Grosset and Dunlap, 1978.

Paske-Smith, Montague. *Western Barbarians in Japan and Formosa in Tokugawa Days, 1603-1868*. Kobe: J.L. Thompson & Co., 1930.

Peng, Ming-min. *A Taste of Freedom: Memoirs of a Formosan Independence Leader*. New York: Holt, Rinehart and Winston, 1972.

Pickering, William A. *Pioneering in Formosa: Recollections of Adventures among Mandarins, Wreckers, & Head-hunting Savages*. London: Hurst and Blackett, 1898.

Rankin, Karl L. *China Assignment*: Seattle: University of Washington Press, 1964.

Rouil, Christophe. *Formosa, des batailles Presque oubliees*. Taipei: French Book Store Le Pigeonnier, 2001.

Rubinstein, Murray A. "The Missionary as Observer and Image Maker: Samuel Wells Williams and the Chinese." *American Studies*. Taipei: Academia Sinica, 1980.

Schneider, Adam. "The Business of Empire: the Taiwan Development Corporation and Japanese Imperialism in Taiwan, 1936-1946." UMI Dissertation Services, 1999.

Shiau, Chyuan-jenq. "The Political Economy of Rice Policies in Taiwan, 1945-1980." Ph.D. dissertation, University of Pennsylvania, 1984.

Shiu, Wen-tang. "Literature, History and Collective Memory on the Keelung and Tamsui Battles in the Sino-Frenco War of 1884-1885." *Taiwan Historical Journal*(Fall 2006).

Snow, Edgar. *Red Star Over China*. New York: Penguin, 1978.

Speidel, William M. "The Administrative and Fiscal Reforms of Liu Ming-ch'uan in Taiwan, 1884-1891: Foundation for Self-strengthening." *Journal of Asian Studies* 35, no. 3(May 1976).

Steele, Tracy Lee. "Anglo-American Tensions over the Chinese Offshore Islands, 1954-58." Ph.D. dissertation, University of London, 1992.

Stuart, John C. *Fifty Years in China: The Memoirs of John Leighton Stuart*. New York: Random House, 1954.

Sutter, Robert G., and William Johnson, eds. *Taiwan Entering the 21st Century*. Lanham, MD: The Asian Society and University Press of America, 1988.

Swinhoe, Robert. "Narrative of a Visit to the Island of Formosa." In *Journal of the North-Chinese Branch of the Royal Asiatic Society*. Old series 1(1958).

Taylor, Jay. *The Generalissimo's Son: Chiang Ching-kuo and the Revolutions in China and Taiwan*. Cambridge, MA: Harvard University Press, 2000.

Tien Hung-mao. *The Great Transition: Political and Social Change in the Republic of China*. Stanford: Hoover Institution Press, 1989.

Ts'ai, Hui-yu. "One Kind of Control: The Hoko system in Taiwan under Japanese Rule." Ph. D. dissertation, Columbia University, 1990.

Ts'ai, Shih-shan Henry. *Lee Teng-hui and Taiwan's Quest for Identity*. New York: Palgrave Macmillan, 2005.

———. *Perpetual Happiness: The Ming Emperor Yongle*. Seattle: University of Washington Press, 2001.

———. *Eunuchs in the Ming Dynasty*. Albany: State University of New York Press, 1996.

Ts'ao Yung-ho. "Taiwan as an Entrepot in East Asia in the Seventeenth Century."*Itinerario* 21, no. 3(1997).

Tsou, Tang. *The Embroilment over Quemoy*. Salt Lake City: University of Utah, 1959.

Tsurumi, Patricia E. *Japanese Colonial Education in Taiwan, 1895-1945*. Cambridge, MA: Harvard University Press, 1977.

———. "Taiwan Under Kodama Gentaro and Goto Shimpei." In Albert Craig, ed. *Papers on Japan* 4. Cambridge, MA: Harvard University Press, 1977.

Vuylsteke, Richard R. "Taiwan in World Affairs, The Road Less Traveled." *Free China Review* (July 1995).

Wang, Yeh-chien. "Food Supply in Eighteenth-Century Fukien." *Late Imperial China* 7, no. 2 (December 1986).

Williams, S. Wells. *The Middle Kingdom*. 2 vols. New York: Charles Scribner & Sons, 1883.

Wills, John E. Jr. *Embassies and Illusions: Dutch and Portuguese Envoys to K'ang-hsi, 1666-1687*.

Cambridge, MA: Council on East Asian Studies, Harvard University, 1984.

———. "Seventeenth-Century Transformation: Taiwan Under the Dutch and the Cheng Regime." In Murray A. Rubinstein, ed., *Taiwan: A New History*. Armonk, NY: M.E. Sharpe, 1999; expanded edition 2007.

Wilson, James H. *China, Travels and Investigations in the "Middle Kingdom," A Study of Its Civilization and Possibilities*. New York: D. Appleton and Co., 1887.

Wolff, Lester L., and David Simon, eds. *Legislative History of the Taiwan Relations Act*. Jamaica, NY: American Association for Chinese Studies, 1982.

Yen, Yu-fei Sophia. *Taiwan in China's Foreign Relations, 1836-1874*. Hamden, CT: Shoe String Press, 1965.

索　引

一劃

二劃

三劃

四劃

五劃

六劃

七劃

八劃

九劃

十劃

十一劃

十二劃

十三劃

十四劃

十五劃

十六劃

十七劃

十八劃

十九劃

二十劃

二十一劃

二十四劃

海洋臺灣：歷史上與東西洋的交接

2011年1月初版　　定價：新臺幣380元
2015年10月初版第三刷

著者　蔡石山
譯者　黃中憲
發行人　林載爵

出版者　聯經出版事業股份有限公司
地址　台北市基隆路一段180號4樓
編輯部地址　台北市基隆路一段180號4樓
叢書主編電話　(02)87876242轉211
台北聯經書房　台北市新生南路三段94號
電話　(02)23620308
台中分公司　台中市北區崇德路一段198號
暨門市電話　(04)22312023
郵政劃撥帳戶第0100559-3號
郵撥電話　(02)23620308
印刷者　世和印製企業有限公司
總經銷　聯合發行股份有限公司
發行所　新北市新店區寶橋路235巷6弄6號2F
電話　(02)29178022

叢書主編　簡美玉
校對　馮蕊芳
封面設計　江宜蔚

行政院新聞局出版事業登記證局版臺業字第0130號

本書如有缺頁，破損，倒裝請寄回台北聯經書房更換。　ISBN 978-957-08-3717-9 (平裝)
聯經網址 http://www.linkingbooks.com.tw
電子信箱 e-mail:linking@udngroup.com

Shih-shan Henry Tsai, *Maritime Taiwan*：
Historical Encounters with the East and West（Armonk, NY：M.E. Sharpe, 2009）.

國家圖書館出版品預行編目資料

海洋臺灣：歷史上與東西洋的交接/
蔡石山著．黃中憲譯．初版．臺北市．聯經．
2011年1月（民100年）．400面．14.8×21公分
ISBN 978-957-08-3717-9（平裝）
[2015年10月初版第三刷]
1.臺灣史

733.21 99023552